Umgangschinesisch

Gu Wen und Frank Meinshausen

Umgangschinesisch effektiv

Ein Crash-Kurs der chinesischen Umgangssprache

Schmetterling Verlag

Bibliographische Informationen *Der Deutschen Bibliothek*
Die Deutsche Bibliothek verzeichnet diese Publikation in der Deutschen Nationalbibliographie; detaillierte Daten sind im Internet über
http://dnb.ddb.de
abbrufbar

Schmetterling Verlag GmbH
Lindenspürstr. 38b
70176 Stuttgart
www.schmetterling-verlag.de

Quellennachweis für die Abbildungen:
BASF (63, 170)
La Compagnie (61)
Lufthansa (35, 52)
Siemens (78)
VW (70)
Titelbild: Frieder Hohnholz

05 06 07 08 09 10 / 9 8 7 6 5 4 3 2 1

ISBN 3-89657-449-3
4., durchgesehene Auflage 2005
Printed in Germany

Umschlagsgestaltung nach einem Entwurf von Ilona Tietz
Satz und Reproduktionen: Schmetterling Verlag
Druck: GuS-Druck GmbH, Stuttgart
Binden: IDUPA, Owen

Inhalt

Anhang

Symbolschlüssel

⚠ wichtige Hinweise, besonders zu beachtende Anmerkungen

☝ erster Schwierigkeitsgrad

✌ zweiter Schwierigkeitsgrad

☞ Querverweis auf eine andere Lektion oder Stelle des Buches

⇨ wird zu/verwandelt sich zu

☯ Gegensatzwort (Antonym)

🔑 Übung mit Lösung

📼 CD oder Hörcassette

Verzeichnis der Wortfelder

Die Zahlen weisen auf die Lektionen

Nützliche Ausdrücke im Alltag

Wenn Sie jemandem begegnen oder Sie sich verabschieden

Nǐ hǎo! / Nín hǎo! / Nǐmen hǎo!	*Guten Tag! ; Hallo!*
Zàijiàn.	*Auf Wiedersehen.*

Wenn Sie sich nach dem Namen von jemandem erkundigen wollen

Nín guì xìng?	*Wie ist Ihr werter Name?*
Wǒ xìng Wáng.	*Ich heiße Wang.*
Nǐ jiào shénme míngzì?	*Wie heißt du?*
Wǒ jiào Lǐ Gāng.	*Ich heiße Li Gang.*
Wǒ xìng Lǐ, jiào Lǐ Gāng.	*Ich heiße Li mit Nachnamen, Li Gang mit ganzem Namen.*

Wenn Sie einen Gast empfangen

Huānyíng, qǐng jìn.	*Willkommen, bitte kommen Sie herein!*
Qǐng zuò.	*Bitte nehmen Sie Platz.*
Nǐmen hē shénme?	*Was wollt ihr (wollen Sie) trinken?*
Qǐng hē chá.	*Bitte nehmen Sie sich Tee.*

Wenn Sie sich bedanken oder sich jemand bei Ihnen bedankt

Xièxie. / Fēicháng gǎnxiè.	*Danke. / Vielen Dank.*
Bú kèqi. / Bú xiè.	*Keine Ursache. ; Nichts zu danken.*

Wenn Sie sich bei jemandem entschuldigen

Duìbuqǐ.	*Entschuldigung*
Méi guānxi.	*Macht nichts.*
Hěn bàoqiàn, (wǒ lái wǎn le).	*Es tut mir sehr leid, (ich habe mich verspätet).*

Wenn Sie Taxi fahren

Wǒ yào qù ... Bīnguǎn/Fàndiàn.	*Ich möchte zum ... Hotel.*
Wàng zuǒ/yòu guǎi.	*Nach links/rechts abbiegen.*
(Qǐng) wàng qián kāi.	*(Bitte) fahren Sie geradeaus.*
(Qǐng) tíng xià.	*Stop.*
(Qǐng) tíng zhèr/nàr.	*Halten Sie hier/dort an.*

Wenn Sie keine Auskunft auf eine Frage geben können

Wǒ yě bù zhīdào. / Wǒ yě bú tài qīngchǔ.	*Ich weiß es auch nicht. / Ich bin da auch nicht sicher.*

Hinweisschilder im Alltag

问讯处 wènxùnchù
Information

售票处 shòupiàochù
Tickets

检票处 jiǎnpiàochù
Kartenkontrolle

付款处 fùkuǎnchù
Kasse

服务台 fúwùtái
Rezeption

出口 chūkǒu
Ausgang

入口 rùkǒu
Eingang

安全门 ānquánmén
Notausgang

推 tuī
drücken

拉 lā
ziehen

公共厕所 gōnggòng cèsuǒ
Toilette

男厕所 / 男 nán cèsuǒ / nán
Herren-WC

女厕所 / 女 nǚ cèsuǒ / nǚ
Damen-WC

请勿入内 qǐngwù rùnèi
Bitte nicht eintreten

请勿触摸 qǐngwù chùmō
Bitte nicht berühren

禁止吸烟 jìnzhǐ xīyān
Rauchen verboten

严禁拍照 yánjìn pāizhào
Fotografieren streng verboten

此路不通 cǐlù bùtōng
Kein Durchgang

危险 wēixiǎn
Gefahr

电梯 diàntī
Aufzug

公用电话 gōngyòng diànhuà
öffentliches Telefon

Geleitwort

Chinesisch ist in Deutschland immer noch eine exotische Sprache. Zwar hat sich inzwischen herumgesprochen, daß man nicht nur die klassische chinesische Schriftsprache, sondern auch die moderne Umgangssprache durchaus erlernen kann, doch begegnet man denjenigen, die sich auf dieses Abenteuer einlassen, immer noch mit einer Mischung aus Respekt und Verwunderung. Dabei ist die moderne chinesische Umgangssprache gar nicht so schwierig, wie die meisten denken, ja, es gibt sogar Sprachwissenschaftler in China und Sprachdidaktiker im Westen, die hervorheben, das Chinesische sei an sich so leicht, daß es sich viel eher als Englisch als lingua franca anbiete. Schließlich kennt das Chinesische weder Konjugation noch Deklination, das Pauken von unregelmäßigen Verben und unzähligen Deklinationen, das manch einen in der Schulzeit geplagt hat, entfällt damit. Trotzdem kann man sich im Chinesischen präzise ausdrücken, problemlos Neologismen in die Sprache integrieren, ohne ihr den besonderen Charakter zu nehmen. Radio heißt da nicht wie in vielen anderen Sprachen radio, sondern Maschine zum Tonempfang, shouyinji Fahrrad nicht bicyclette oder bicycle, sondern Selbstbewegungsmaschine. Wem sollte es da schwerfallen, ad hoc ein Wort für Computer zu erfinden, ganz einfach: diannao oder elektronisches Gehirn.
Und dennoch, das Argument von der leichten Erlernbarkeit des Chinesischen scheint nicht zu überzeugen. Denn an erster Stelle steht ihm die Komplexität der chinesischen Schrift entgegen, schließlich, so wird zu Recht entgegnet, braucht der Sprachlerner des Chinesischen mindestens genauso viel Zeit, um seinem Hirn die chinesischen Zeichen nahezubringen, wie im Falle der anderen Sprachen für die Deklinationen und Konjugationen. Auch, so entgegnen die Kenner der Materie, ist es viel eicht gar nicht so leicht, eine Sprache zu erlernen, deren grammatikalisches Regelwerk sich auf ein Minimum reduziert, die dafür aber mit allzu vielen Idiomen und Pragmatismen aufwartet. Chinesisch ist ein Faß ohne Boden, kaum einer wagt zu behaupten, sich in dieser Sprache wirklich zu Hause zu fühlen.
Aus sprachdidaktischer Sicht sind beide Argumente als richtig zu bezeichnen: Das Chinesische ist zugleich leicht und schwer. Der entscheidende Schritt zur Lösung des Problems liegt in der Auswahl einer adäquaten Didaktik zur Vermittlung des Sprachausschnittes, der von den Lernenden gewünscht und gebraucht wird. Das Chinesische ist nämlich nicht exotisch und schwer erlernbar, weil es besonders kompliziert und schwer verdaulich wäre, es steht in schlechtem Rufe, weil wir erst langsam lernen, eine dieser Sprache und ihren Besonderheiten entsprechende Didaktik zu entwickeln.
Zunächst hieß es, Chinesisch sei so seltsam, daß nur Chinesen es nicht-chinesischen Sprachlernern beibringen könnten. Doch unsere chinesischen Lehrer lebten so sehr in ihrer Welt, daß sie sich gar nicht vorstellen konnten, wie

viel uns ihre Methoden an kulturellem Einfühlungsvermögen, Geduld und Duldsamkeit abverlangten. Dieser Sprachunterricht war eher eine Form von Akkulturation denn ein effektives Unternehmen in Hinblick auf das Lernziel Chinesisch. Und da die meisten Lehrer so lehren, wie sie selbst einmal gelernt haben, waren die ersten westlichen Dozenten auch eher ein Abbild der Welt des konfuzianisch geprägten Lernens denn Vorreiter der modernen westlichen Sprachdidaktik.

Die beiden Autoren des vorliegenden Sprachbuches sind diesen Niederungen weit entflohen: Sie haben begriffen, daß die Lösung des Problems nicht nur in der Zusammenarbeit von Lehrendem und Lernendem, von Chinese und Deutschem liegt, sondern auch in der Kombination von Sprachpraxis und Theorie, von Didaktik und Pragmatik und letztlich im Mut zur strengen Selektion. Der eine ist Chinese, hat in China und außerhalb Ausländern das Chinesische beigebracht, selbst aber auch Sprachlernerfahrung; der andere hat Chinesisch in Deutschland und China gelernt, um nun, am Ende eines langen und mühsamen Weges, nach anderen Möglichkeiten Ausschau zu halten. Wichtig ist dabei auch, daß beide mit den Wünschen und Bedürfnissen der diesem Sprachlernbuch zugeordneten Zielgruppe auf das beste vertraut sind. Denn Chinesisch an der Universität zu lernen oder es sich, oft neben einem anstrengenden Beruf, lange nachdem man die letzten hoffentlich positiven Sprachlernerfahrungen bereits hinter sich hatte, nachträglich anzueignen, das stellt Lernende und Lehrende vor Probleme, die sich nicht auf die oben beschriebene Besonderheit des Chinesischen beschränken. Hier müssen in der Praxis des Unterrichts Lösungen ausprobiert und Entscheidungen gefällt werden, die nach mehrfacher Erprobung erst den Anspruch erheben können, allgemeingültig zu sein.

Das so entstandene Sprachbuch ist, wen wundert's, meilenweit von dem entfernt, was ich einst in den Händen hielt, als ich mich mit den Anfängen des Chinesischen beschäftigte. Und damit wird es nicht nur hoffentlich die Bedürfnisse der wachsenden Gruppe von Sprachlernern erfüllen, die beruflich heute schon das Chinesische so dringend brauchen wie andere das Englische oder Französische, sondern es wird seine Funktion auch dort erfüllen, wo es dazu beiträgt, dem Chinesischen die Aura des Exotischen und Unerlernbaren zu nehmen. Nur wenn immer mehr Pioniere mit der Hilfe didaktisch gut konzipierter Sprachlehrbücher merken, wie leicht das Chinesische ist, werden sie immer mehr Menschen davon überzeugen können, daß sie den sich täglich vermehrenden Kontakten zur chinesischen Welt entsprechend diese – im übrigen, wie ich meine, wunderschöne – Sprache lernen müssen und können: wie alle anderen weltweit verbreiteten Sprachen auch.

Susanne Weigelin-Schwiedrzik
Professorin der Modernen Sinologie,
Universität Heidelberg

Vorwort zur verbesserten 3. Auflage

Die wesentlichen Verbesserungen und Neuerungen der zweiten Auflage bestehen in Folgendem:

1. In die «Wortfelder» einiger Lektionen wurden insgesamt rund 30 neue Wörter aufgenommen, u.a. zu den Themenbereichen «Internet» und «Computer».
2. Die zusätzliche Übung «Frage, Antwort und Nacherzählung» fördert schon von Lektion 2 an bis Lektion 9 die aktiven Kommunikationsfähigkeiten der Lernenden und bereitet die «Freien Dialoge» (ab Lektion 10) vor.
3. Das «Chinesische Wörterverzeichnis» wurde um ein deutschsprachiges Register ergänzt. Das Nachschlagen nach Wörtern funktioniert dadurch noch schneller und bequemer.
4. Druckfehler sowie kleinere sprachliche oder inhaltliche Unebenheiten der 1. Auflage wurden beseitigt bzw. entsprechend geglättet.

Die Autoren bedanken sich für die vielen wertvollen Anregungen und Vorschläge, die sie während der letzten zwei Jahre von zahlreichen lehrenden und lernenden Benutzern des Kurses erhalten haben. Sie freuen sich auch weiterhin auf Fragen und jede Art von konstruktiver Kritik.

Heidelberg und München, 2001

Änderungen in der 4. Auflage

1) Inhaltliche Ergänzung und Anpassung der grammatischen Erläuterungen und Beispielsätze zum Partikel «le» (S. 122).
2) Der Begriff «Tennismatch» (und einige damit in Verbindung stehende Wörter und Inhalte) in Lektion 12, Dialog 2 wurde durch das Wort «Fussballspiel» ersetzt.
3) Einige weitere kleine Korrekturen und Änderungen.

Angesichts der stetig steigenden Zahl der Benutzer dieses Lehrbuches bieten die Verfasser an, folgende Homepages als Plattform für den Austausch von Erfahrungen mit dem Buch zu nutzen.

Auf der Seite **www.gulaoshi.de** finden sich Vorschläge zur Unterrichtsgestaltung, zusätzliche Materialien zum Sprachwerb sowie zum kulturellen Hintergrund. Ausserdem verweisen Links auf Seiten mit Informationen zum Selbststudium und zum Chinesischlernen via Internet. Fragen von Lernenden werden umgehend beantwortet. Über die Seite **www.china-kompetent.de** können individuell abstimmbare Kurse zur chinesischen Sprache und Kultur sowie interkulturelle Trainingskurse gebucht werden. Fragen und Anregungen zum vorliegenden Lehrbuch sind ebenfalls jederzeit willkommen. Die Verfasser hoffen, durch diese neuen Möglichkeiten des Austausches den Kontakt mit Lehrenden und Lernenden verstärken zu können.

Heidelberg und München, 2005

Vorwort der Autoren

Umgangschinesisch effektiv ist ein Intensivkurs der chinesischen Umgangssprache. Er richtet sich in erster Linie an Fachkräfte aus Wirtschaft und Industrie, die kurzfristig beruflich nach China reisen müssen oder bereits dort leben und arbeiten. Das Buch eignet sich aber ebenso für jeden, der sich mit Hilfe eines Lehrers oder im Selbststudium Grundkenntnisse des Chinesischen aneignen will. Lernende, die bereits Vorkenntnisse besitzen, können mit dem Kurs ihre Sprachfähigkeit weiter ausbauen. Die Gesamtlerndauer beträgt bei einer gründlichen Durcharbeitung sämtlicher Lektionen 100-120 Stunden. Ein Übungsheft mit 2000 unterschiedlichen Übungen steht zur Verfügung.
Der Kurs beruht auf mehrjährigen Unterrichtserfahrungen der Verfasser. Sein Hauptziel ist es, jedem Benutzer soviel der chinesischen Umgangssprache zu vermitteln, daß er oder sie – mit Hilfe von etwa 1400 erworbenen Wörtern und Wendungen – in allen wichtigen Alltagssituationen in China «sprachlich überleben» kann. Dieses Ziel wird durch die starke kommunikative Ausrichtung des Kurses und Vergleiche zwischen Muttersprache und Fremdsprache gewährleistet. Ein großer Teil der szenischen Dialoge wurde im Hinblick auf die primäre Zielgruppe in ein vorwiegend betriebliches Umfeld gesetzt.
Um das Lernen der Sprache zu erleichtern, basiert das Lehrbuch vollständig auf der Umschrift Hanyu Pinyin und verwendet keine Schriftzeichen. Für diejenigen, die später mit weiteren Kursen auf *Umgangschinesisch effektiv* aufbauen wollen, sind jedoch alle Dialoge in Schriftzeichen im Anhang beigefügt.
Der Benutzerfreundlichkeit halber wurden für die Anordnung, die Schreibweise der Umschrift sowie die Erklärungen in manchen Punkten besondere Regelungen getroffen. So stehen etwa elementare, aber etwas schwierigere Ausdrücke als Redewendungen ohne weitere grammatische Erklärung bei den Vokabeln, oder es wurden für einige ursprünglich neutrale Töne bestimmte feste Töne gesetzt. Alle Zielsätze und Dialoge haben eine danebenstehende deutsche Übersetzung. Am Schluß des Buches findet sich ein chinesisches und ein deutsches Wortverzeichnis.
Dieser Sprachkurs orientiert sich an der vom Europarat entwickelten *Waystage*-Liste der Sprachfunktionen.

前　言

《汉语口语强化教程》是一套初级教材，由一本课本、一本练习册和两盘光盘或录音磁带组成，供短期内前往中国的德语国家商务人员与家属、以及希望在初学阶段先提高口语能力的学习者使用，也可以作为非专业汉语课（如大学公共汉语课、Volkshochschule 等）教学用书，作为强化教材使用，学习时间为 100-120 小时。

本书共有 17 课，每课分课文和练习两部分：课文部分包括基本句型、对话 A 和 B、生词和词组、注释、扩充词汇；练习部分有多种结构性与交际性练习，部分练习附有答案；在课文教学前有语音练习，重点训练对德语背景学习者较难的发音。语音练习和课文配有两盘光盘或录音磁带。与本书配套的还有一本练习册，练习册中有各种练习、阶段复习和总测验共 2000 题，以巩固、复习所学的知识，同时也为教师备课提供更多的选择。

为帮助学习者在到中国后的最初阶段能"生存下去"，本书在编排上强调以表达为主，从简出发，从实用出发，讲授的都是最需要的口语。本书只使用汉语拼音，不使用汉字，但在附录中收有汉字课文，供教师或已有一定基础者参考；语音练习侧重德语背景者发音较难的声母和四声训练；部分初级阶段较难掌握的轻声仍标上原有声调；课文内容围绕日常生活话题，所有课文都是情景对话，一些场面以企业为背景；课文与译文并列，便于学习者随时对照；对一些日常套语不作语法分析，只在生词和词组中列出；语法和句型分析去繁就简，侧重汉德两种语言的对比；每课均附有与课文内容有关的"词汇场"，学习者可以"顺便"熟悉更多的词汇；各种练习旨在加强训练，以达到能进行简单交际的目的；学完本教程，学习者可以初步掌握 1400 个左右的日常生活基本词汇和用语。

为了使教与学更有成效，在使用本书前最好先了解一下教材的结构安排，认真阅读德文的"教学建议"（Hinweise für Lernende und Lehrende）。在此，还有几点教学上的建议：一）语音操练可以在开始阶段集中进行，也可以与前面几课的讲授并行，即每次讲课文时花一部分时间作语音练习，本教材编者在教学时采用的是后一种方法。二）尽管本教材讲授的是口语，教师仍可以酌情介绍一些最常用的汉字，为学习者以后在实际环境中可能的需要或进一步的学习打下基础。

本教材是编者在德国 BASF 公司语言中心和曼海姆大学公共汉语课长期授课的基础上编写的，并通过几轮教学得到了充实。教材在编写过程中曾得到海德堡大学汉学系和上海外国语大学对外汉语系部分教师及各方面人士的热情指导和帮助，BASF 公司和曼海姆大学的学员也从学习角度提了不少建设性意见，德国 BASF 公司、汉莎航空公司、西门子公司、大众汽车公司新闻处还提供了各自企业在中国合作的照片资料，使本书增色不少，编者在此一并表示感谢。
编者欢迎使用者随时提出批评、建议和要求。

编者
1998 年
于海德堡大学

Danksagung

Im Verlauf der Entstehung dieses Buches haben wir von verschiedensten Seiten Ermunterung und tatkräftige Unterstützung erhalten. Unser aufrichtiger Dank gilt daher im besonderen:

Frau Professor Weigelin-Schwiedrzik vom Sinologischen Seminar der Universität Heidelberg. Sie hat das Manuskript durchgesehen, wertvolle Vorschläge zur Verbesserung gemacht und hat, was uns besonders freut, ein Vorwort für das Buch geschrieben.

Frau Brexendorff vom Sinologischen Seminar für die Manuskriptdurchsicht und viele kritische Einwände.

Herrn Professor Huang Jincheng vom Seminar für Chinesisch als Fremdsprache an der International Studies University in Shanghai. Er hat das Buch von Anfang an betreut. Wir verdanken ihm viele weiterführende Anregungen.

Den Professoren Li Wenqi, Zhou Shangzhi, Frau Ben Aijun und Herrn Ge Zhonghua vom gleichen Seminar. Während ihrer Zeit als Gastdozenten in Heidelberg haben sie ebenfalls viele wichtige Verbesserungsvorschläge gemacht.

Beate Schega für ihre unermüdliche Durchsicht verschiedener Manuskriptfassungen und ihre vielfältige, konstruktive Kritik.

Wan Jinglei, Zhou Fan und Zhu Fuhua, die nicht wenig Energie in das Buch gesteckt haben.

Ilona Tietz, die der Umschlagsseite zu einem hervorragenden Design verholfen hat.

Pang Lei von der Pekinger Jugendzeitung für seine Karikaturen zum chinesischen Alltagsleben.

Herrn Professor Dou Hui, Herrn Dr. Andreas Felske und Herrn Liu Jian für viele Fotos, die sie eigens für das Buch in China gemacht haben.

Den Presse- bzw. Kommunikationszentren der BASF AG, der Deutschen Lufthansa AG, der Siemens AG und der Volkswagen AG für die Erlaubnis zum Abdruck von chinabezogenem Bildmaterial. Dem Verlag La Compagnie für die Genehmigung zum Abdruck des chinesischen Horoskops.

Frau Utili vom Studium Generale der Universität Mannheim sowie Frau George und Frau Vukic vom BASF Sprachzentrum für ihre Ermunterung, das Manuskript als Lehrmaterial an den beiden Sprachzentren zu verwenden.

Werner Armbruster, Dr. Ruth Büllesbach, Andrea und Michael Dries, Anke End, Luc Guns, Andreas Huber, Frieder Kurz, Thomas Lanzerath, Johanna Meyer-Alber, Tomke Prey, Yvonne Simonis, Rainer Thoma, Susanne Vollrath, Dr. Klaus Welsch und Christoph Werwie von der BASF sowie Matthias Pitz, Susanne Wagner, Cindy Waluja, Gabriele Wang und Simone Wunderle von der Universität Mannheim. Sie haben als erste Benutzer des Lehrmaterials vom Standpunkt der Lernenden aus gute Vorschläge gemacht.

Die Verfasser

Hinweise für Lernende und Lehrende

Um Leitgedanken und Struktur des Lehrbuches besser erfassen zu können, empfiehlt es sich, vor seiner Benutzung die folgenden Hinweise aufmerksam durchzulesen.

Zur Umschrift «Hanyu Pinyin» und den phonetischen Übungen

Die Phonetik des Chinesischen stellt Lernende mit der Muttersprache Deutsch vor allem vor zwei grundlegende Schwierigkeiten: Die Aussprache der vier Töne und die Beherrschung von Anlauten wie «j, q, x, z, c, s, zh, ch, sh, r», die es im Deutschen nicht oder nur in (sehr) abweichender Form gibt. Der phonetische Teil bietet daher besonders zu diesen beiden Punkten intensive Übungen an. Auf die Phonetik sollte in der Anfangsphase des Kurses die Hälfte jeder (ca. zweistündigen) Unterrichtssitzung verwendet werden. Auch danach sollte während des ersten Drittels der gesamten Kursdauer in jeder Sitzung noch ungefähr eine halbe Stunde für phonetische Übungen reserviert bleiben.

Die Lektionen

Das Lehrbuch hat insgesamt 17 Lektionen, welche jeweils eine Lern- bzw. Unterrichtszeit von etwa 5-6 Stunden erfordern. (Für die ersten beiden Lektionen muß allerdings wegen der erst einzuübenden Umschrift und Phonetik mit mehr Zeitaufwand gerechnet werden). Jede Lektion gliedert sich in *Textteil und Übungsteil*. Die beiden Teile sind auf folgende Weise strukturiert:

Textteil

1. Die *Zielsätze* bestehen aus 5-7 wichtigen Satztypen, deren Beherrschung das unbedingte Lernziel jeder Lektion ist.
2. Die beiden *Dialoge* (A und B) bilden eine Einheit. Sie können inhaltlich in Charakter und Gewichtung verschieden sein (etwa wenn ein Dialog eine eher formelle Situation gestaltet, der andere eine eher informelle), immer umkreisen sie aber das gleiche Thema.
3. Unter *Neue Wörter und Ausdrücke* finden sich alle zu lernenden neuen Vokabeln und Redewendungen. Manchen Wörtern sind aus praktischen Erwägungen hinter dem ☯-Symbol ihre Antonyme (Gegensatzwörter) beigefügt.
4. Die *Anmerkungen und grammatischen Erklärungen* vermitteln über den Vergleich zwischen Ausgangssprache (Muttersprache) und Zielsprache (Fremdsprache) grammatische Grundlagen.
5. Die *Wortfelder* stellen eine Auswahl von nützlichen Wörtern zusammen, die in den thematischen Kontext einer Lektion gehören. Alle Wörter mit nachfolgender Übersetzung kommen im Textteil selbst nicht vor. Weil sie meist in gleichen Satzstrukturen mit Wörtern des Vokabelteils austauschbar sind, tauchen sie jedoch im Übungsteil häufig auf. Sie können zusammen mit den manchmal beigefügten, passenden Verben als zusätzlicher Wortschatz gelernt werden.

Übungsteil

Der Übungsteil umfaßt zwei Gruppen von Übungen: eine *strukturelle* (bestehend aus Basisübung, Austauschübung, den Satzumwandlungen), die sich auf den Aufbau einzelner Satzteile und Sätze konzentriert, sowie eine *kommunikative* (Frage-Antwort-Übung, Wie sagt man's auf Chinesisch?, Gelenkter Dialog und Frage, Antwort und Nacherzählung), in der die Kommunikationsfähigkeit trainiert wird. Die Übungen selbst haben folgende Besonderheiten:

a) Sie wollen den Lernanfängern zunächst einen sicheren Umgang mit einzelnen Satzteilen vermitteln, denn die Fähigkeit, einen Satz fließend zu sprechen, ist nur auf der Grundlage der Beherrschung seiner Teile möglich. Dieses Ziel verfolgen die jeweiligen *Basisübungen*. Die Lernenden sollten zu weiteren Übungen daher erst dann übergehen, wenn sie mit der Übung 1 keine Schwierigkeiten mehr haben.

b) Sie betonen Fragesätze und Verneinungssätze, da die Beherrschung dieser beiden Satztypen rasch auch zu Aussagesätzen befähigt. Lehrende und Lernende sollten daher die *Satzumwandlungen* nie vernachlässigen.

c) Sie wollen eine Wiederholung der neuen sowie der bereits gelernten Satztypen und Ausdrucksweisen ermöglichen. Die *Gelenkten Dialoge* stellen den Lernenden fest umrissene Kommunikationsaufgaben, die sie mit mehr oder minder variabel formulierbaren Antwortsätzen lösen können. In *Frage, Antwort und Nacherzählung* (von Lektion 2 bis Lektion 9) lernt man Fragen zu formulieren, um Informationen zu erhalten, sowie den Inhalt einzelner Antworten in mehreren Sätzen wiederzugeben. In den ab Lektion 10 hinzukommenden *Freien Dialogen* können die Lernenden ihre erworbenen Sprachkenntnisse frei verwenden, indem sie das Thema der Lektion erweitern oder variieren.

d) Sie unterteilen sich in zwei Schwierigkeitsgrade. Die Übungen 1 und 2 sowie alle mit dem -Symbol gekennzeichneten Teilübungen gehören dem ersten Grad an, die Teilübungen mit dem -Symbol dem zweiten. Diese Einteilung besagt nicht, daß (von einigen wenigen Ausnahmen abgesehen) der zweite Grad das in diesem Buch vermittelte Grundstufen-Niveau übersteigt. Vielmehr ist der Inhalt der ersten Übungsgruppe eng an die Zielinhalte jeder Lektion geknüpft. Der Inhalt der zweiten kann dagegen als eine nicht zu schwer faßliche Erweiterung betrachtet werden, die für das Verständnis des Textteils keine Rolle spielt. Diejenigen Lernenden, die über ausreichend Zeit verfügen, sollten versuchen, auch diese zweite Gruppe zu bewältigen.

Zu einigen Übungen sind im Buchanhang Lösungen angegeben. Vor allem diejenigen zu den *Gelenkten Dialogen* sind nicht als Musterlösung zu betrachten, sondern sie geben meist nur eine von mehreren Antwortmöglichkeiten wieder.

Zur Festigung und Erweiterung der Ausdrucksfähigkeit der Lernenden steht diesem Lehrbuch ein Übungsheft beiseite. Darin enthalten sind u.a. *Lückentexte, Multiple-Choice-Aufgaben, Übersetzungen* und *Korrekturübungen*. Die Lösungen dazu sind überwiegend angegeben.

Zur Sprache und Umschrift

Die chinesische Sprechergemeinschaft ist die größte der Welt. Rund 1,3 Milliarden Menschen (in der VR China, Taiwan und in anderen Ländern Südostasiens zusammengenommen) sprechen als Muttersprache Chinesisch bzw. *Hanyu*, die «Sprache des *Han*-Volkes», wie sich die Chinesen selbst nennen. *Hanyu* untergliedert sich in mehrere Dialektfamilien, die sich voneinander zum Teil so stark unterscheiden wie zwei europäische Sprachen ein und derselben Sprachgruppe (z.B. Italienisch und Portugiesisch). Die wiederum größte Gruppe unter diesen Familien ist das sogenannte *Mandarin*. Die nordchinesische Ausprägung des *Mandarin* – gesprochen in einer Gegend in der Nähe von Peking – ist heute offizielle Hochsprache der Volksrepublik China wie auch Taiwans. Das Hochchinesische wird in der Volksrepublik auch als «Allgemeinsprache» (*Putonghua*) bezeichnet.
Weitere Dialektfamilien sind etwa die *Wu*-Dialekte der südöstlichen Küstenprovinzen der VR China oder die *Yue*-Dialekte im Süden, das sogenannte *Kantonesische*. Grundsätzlich wird auch in den Landesteilen mit diesen Dialekten Hochchinesisch verstanden.
Chinesisch gehört zu den sogenannten *isolierenden* Sprachen. Darunter versteht man, daß seine Wörter weitgehend unveränderliche Einheiten sind, die zum Beispiel nicht gebeugt (flektiert) werden können, wie etwa die Wörter der deutschen Sprache. Anders ausgedrückt: Die Form eines chinesischen Wortes allein sagt noch nichts darüber aus, ob es sich um ein Verb (Tätigkeit), ein Adjektiv (Eigenschaft), oder ein Nomen (Ding oder Person) handelt. Bei Nomen werden weder Singular (Einzahl) noch Plural (Mehrzahl), weder grammatische Geschlechter noch Fälle voneinander unterschieden. So kann das Wort «jīnglǐ», je nach Zusammenhang, sowohl «der Manager», «die Manager» als auch «die Managerin» bzw. «die Managerinnen» bedeuten. Mit dem (gesprochenen) Wort «tā» kann «er, ihn, ihm»; «sie, ihr» oder «es» gemeint sein (in der Schrift allerdings werden «er», «sie» und «es» differenziert). Auch Verben können keine Formen für Person, Zeit, Aktiv oder Passiv bilden.
Die obengenannten fehlenden Kennzeichnungsmöglichkeiten mittels der *Form* eines Wortes ersetzt das Chinesische vor allem durch eine Reihe von Satzpartikel (Ergänzungswörter) oder durch die jeweilige Stellung des Wortes im Satz. Während Partikel etwa die Zeitform eines Verbs anzeigen können, entscheidet in einem einfachen Aussagesatz die *feste Reihenfolge von Subjekt-Prädikat-Objekt* darüber, welches Nomen oder Pronomen (Fürwort) das Subjekt bzw. das Objekt des Satzes ist. Zum Beispiel ist im Satz «Wǒ (ich) jiào (rufen) tā (er sie)» das Wort «wǒ» durch seine Stellung notwendigerweise das Subjekt und «tā» das Objekt, so daß der Satz «Ich rufe ihn/sie» bedeutet. Im Satz «Tā jiào wǒ» steht dagegen «tā» an erster (d. h. Subjekt-)Stelle, so daß die Bedeutung nur «Er/sie ruft mich» sein kann.

Das Hochchinesische kennt insgesamt nur etwas über 400 verschiedene Silben. Eine Silbe entspricht in der chinesischen Schrift einem Schriftzeichen. Als Sprecheinheit besteht jede Silbe in der Regel aus einem *Anlaut*, einem *Auslaut* und einem *Silbenton*. Der *Anlaut* ist entweder ein einfacher oder ein doppelter Konsonant. (Nur einige wenige Silben besitzen keinen Anlaut). Der *Auslaut* besteht dagegen entweder aus einem einfachen Vokal, einem zusammengesetzten Vokal oder einem Nasalvokal (Vokal + n/ng). Einige Auslaute können auch als eigenständige Silben auftreten (z. B. «āng»).
Die diesem Lehrbuch zugrundeliegende Lautumschrift *Hanyu Pinyin* (wörtlich: Chinesisch-Lautschrift) wird in der VR China verwendet und basiert auf den 26 Buchstaben des lateinischen Alphabets.

Zur Aussprache des Chinesischen

Konsonantische Anlaute

b (bo)	g (ge)	z (zi)
p (po)	k (ke)	c (ci)
m (mo)	h (he)	s (si)
f (fo)		
d (de)	j (ji)	zh (zhi)
t (te)	q (qi)	ch (chi)
n (ne)	x (xi)	sh (shi)
l (le)		r (ri)

Einfache und zusammengesetzte Auslaute

	i (yi)	u (wu)	ü (yu)
a	ia (ya)	ua (wa)	
o		uo (wo)	
e			
ê	ie (ye)		üe (yue)
er			
ai		uai (wai)	
ei		uei (wei)	
ao	iao (yao)		
ou	iou (you)		
an	ian (yan)	uan (wan)	üan (yuan)
en	in (yin)	uen (wen)	ün (yun)
ang	iang (yang)	uang (wang)	
eng	ing (ying)	ueng (weng)	
ong	iong (yong)		

Konsonanten

b: nicht stimmhaft. Beispiele: bao, bang.
c: «ts»-Laut wie in «***Z***ehn». Beispiele: ceng, cao.
d: nicht stimmhaft. Beispiele: dao, dang.
f: wie im Deutschen. Beispiele: fang, fo.
g: nicht stimmhaft. Beispiele: gao, gang.
h: wie «ch» in «Kra***ch***». Beispiele: hen, hao.
j: wie im englischen «***J***eep». Beispiele: ji, jing.
k: stärker behaucht als im Deutschen. Beispiele: kang, kuo.
l, m, n: wie im Deutschen. Beispiele: lang, mang, nang.
p: stärker behaucht als im Deutschen. Beispiele: pao, peng.
q: wie in «***tj***a», stark behaucht ausgesprochen wie «t-ch». Beispiele: qiao, qiong.
r: Laut, der etwa zwischen dem englischen «r» (right) und dem französischen «j» (z. B in «***j***our») liegt. Beispiele: reng, rao.
s: scharfer «ß»-Laut wie in «Ra***s***t». Beispiele: sao, si.
t: stärker behaucht als im Deutschen. Beispiele: tao, teng.
x: einem «ch»-Laut wie in «di***ch***» folgt ein scharfer «ß»-Laut wie in «Fri***s***t». Beispiele: xing, xi.
z: wie im englischen «rea***ds***». Beispiele: zeng, zao.
ch: stark behaucht, wie im englischen «***ch***urch». Beispiele: chi, cheng.
sh: wie im englischen «***sh***ip». Beispiele: shao, sheng.
zh: stimmloses «dsch» wie in «***Dsch***ungel». Beispiele: zhi, zhe.

Vokale

a: lang wie in «W***a***gen». Beispiele: lang, ma.
e: Murmelvokal wie in «Lag***e***». Beispiele: he, le.
i: lang wie in «Kr***i***se». Beispiele: mi, qi. Nach den Konsonanten *z, c, s* sowie *zh, ch, sh, r* wird das «i» ähnlich wie das englische «i» in «***is***» gesprochen. Beispiele: zhi, ci.
o: kurz wie in «P***o***st», wobei ein leichtes «u» vorangehend mitklingt. Beispiele: bo, fo, mo.
u: lang wie in «d***u***». Beispiele: gu, du.
ü: lang wie in «G***ü***te». Beispiele: lü, nü.

ai: wie in «H***ai***». Beispiele: kai, lai.
ao: wie in «H***au***s», wobei das «u» nur leicht anklingt. Beispiele: lao, nao.
ei: wie im englischen «l***ay***». Beispiele: mei, gei.
er: ähnlich wie im englischen «mirr***or***». Beispiele: érzi, nǚ'ér.
ia: wie das deutsche «ja». Beispiele: qia, xia.
iao: ähnlich wie in «***jau***chzen», nur mit mehr «o» als «u». Beispiele: liao, niao.
ie: ähnlich wie in «L***iai***son», nur ohne Betonung des «i». Beispiele: xie, die.

iou: kurz anklingendes «i» und Betonung auf dem «ou» (vgl. «ou»). Beispiele: liu, niu.

ou: wie im englischen «kn***ow***». Beispiele: lou, hou.

ua: wie im englischen «***wa***ft», wobei das «a» die Betonung trägt. Beispiele: gua, hua.

uai: wie im englischen «***wi***fe». Beispiele: guai, huai.

uei: kurz anklingendes «u» und Betonung auf dem zweiten Vokal. Wie das englische «way». Beispiele: gui, hui.

uo: wie im englischen «***wo***rn». Beispiele: guo, huo.

üe: wie in ***«Kühe»*** ohne «h». Betonung auf dem «ü», nicht auf dem «e». Beispiele: lüe, nüe, jue, xue.

Vokale + n oder ng

an, ***en***, ***in***, ***ün:*** wie im Deutschen. Beispiele: gan, gen, bin, yun.

uan, ***uen:*** kurz anklingender erster Vokal, Betonung auf dem zweiten Vokal. Beispiele: duan, lun.

ian, ***üan:*** gesprochen «i-en» bzw. «ü-en». Betont wird der zweite Vokal. Beispiele: qian, yuan.

ang, ***ing:*** wie im Deutschen. Beispiele: lang, ling.

eng: Murmelvokal (vergleiche «***e***») und «ng». Beispiele: leng, keng.

ong: wie im deutschen «Zeit***ung***». Beispiele: hong, long.

iang, ***uang***, ***ueng:*** Betonung auf dem zweiten Vokal. Beispiele: liang, wang, weng.

iong: wie «jung» gesprochen. Betont wird der zweite Vokal. Beispiele: qiong, xiong.

Anmerkungen

1. Verwendung der Buchstaben «y» und «w»: Beginnt eine Silbe im Anlaut mit «i» oder mit «u» (hat sie also keinen konsonantischen Anlaut) oder besteht die Silbe nur aus dem Laut «i» oder «u», so wird vor «i» ein nicht mitgesprochenes «y» und vor «u» ein nicht mitgesprochenes «w» geschrieben. Beispiele: yi, yin, wu. Folgen außerdem hinter «i» oder «u» noch weitere Vokale, fallen in der Schreibung «i» und «u» weg. Beispiele: ya, yao, yan, wa, wai, wan.

2. Nach j, q, x, y wird das «ü» wie «u» geschrieben. Beispiele: xu, que, yun.

3. Stehen vor «iou», «uei» und «uen» konsonantische Anlaute, wird in der Schreibung der jeweils zweite Vokal weggelassen. Beispiele: jiu, hui, lun.

4. Folgt eine Silbe mit dem vokalischen Anlaut «a», «o» oder «e» auf eine Silbe (des gleichen Wortes) mit vokalischem Auslaut, so wird zwischen beiden Silben das Trennungszeichen (') gesetzt, um Unklarheiten bei den Silbengrenzen zu vermeiden. Beispiele: Tiān'ānmén; nǚ'ér.

Die vier Töne

Unter einem Ton versteht man den bestimmten Stimmverlauf, mit dem eine Silbe (bzw. ein Wort) ausgesprochen wird, also gewissermaßen die «Melodie» der Silbe (des Wortes). Das Hochchinesische kennt insgesamt vier Töne. Von wenigen Ausnahmen abgesehen («Übungen zu den Tönen») trägt jede Silbe einen Ton. Welche Kombination aus Silben und Tönen ein Wort besitzt, entscheidet seine Bedeutung. Verwechselt man Töne, spricht man daher entweder ein falsches oder ein gar nicht existentes Wort. Ein berüchtigtes Beispiel ist die Verwechslung des vierten Tons mit dem dritten Ton bei der Silbe «wen». Aus dem Satz «Ich habe einen Polizisten *gefragt*» (Wǒ wèn le yī ge jǐngchá) wird so die Aussage «Ich habe einen Polizisten *geküßt*» (Wǒ wěn le yī ge jǐngchá). Man sieht: Der Ton macht die «Musik»!

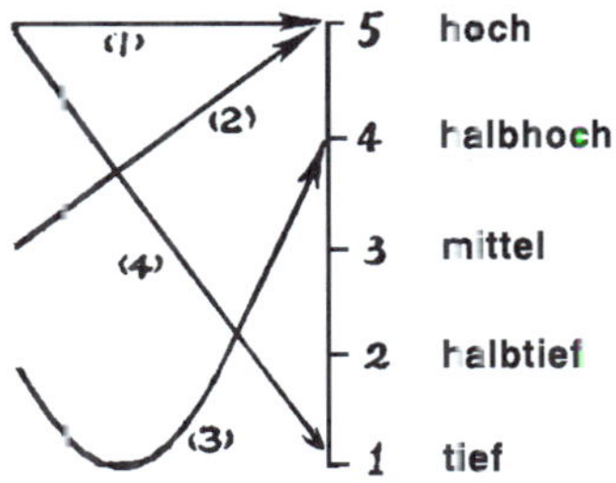

In einem Diagramm nehmen die vier Töne etwa folgenden Platz ein:

Der **1. Ton** mit dem Tonzeichen «ˉ» über einer Silbe ist ein relativ hoch gesprochener, gleichbleibender Ton.
Beispiel: mā *(Mama)*

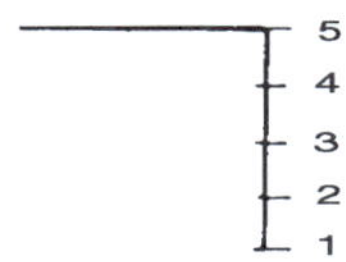

Der **2. Ton** beginnt auf normaler mittlerer Sprechhöhe und steigt dann leicht nach oben, ähnlich der fragenden Intonation im Deutschen. Er hat das Tonzeichen «ˊ».
Beispiel: má *(Hanf)*

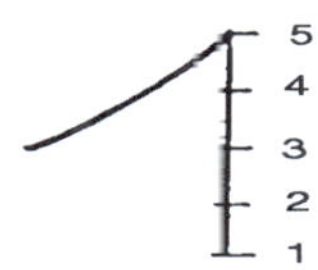

Der **3. Ton** setzt unter der mittleren Sprechhöhe an, fällt dann tief herab und steigt gedehnt wieder nach oben. Sein Tonzeichen ist «ˇ».
Beispiel: mǎ *(Pferd)*

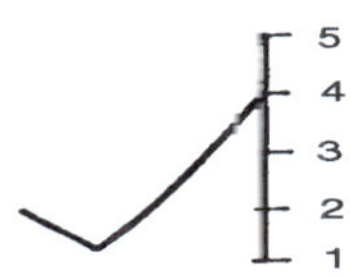

Der **4. Ton** setzt relativ hoch an und fällt dann herab, ähnlich der Intonation der Erleichterung im Deutschen.
Er hat das Tonzeichen «ˋ».
Beispiel: mà *(schimpfen)*

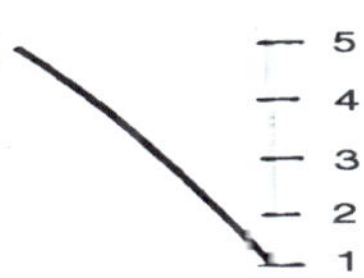

Māma mà mǎ. (Die Mutter beschimpft das Pferd.)

Lesen Sie die folgenden Silben in den vier Tönen

ā á ǎ à
tā tá tǎ tà
nī ní nǐ nì

wō wó wǒ wò
gāo gáo gǎo gào

Anmerkungen

1. Die Tonzeichen werden immer über den Vokal einer Silbe gesetzt. Bei zusammengesetzten Vokalen über denjenigen, der lauter gesprochen wird. Beispiele: kāo, gǒu, huì.

2. Folgen zwei dritte Töne hintereinander, so muß der erste von beiden im zweiten Ton gesprochen werden, wenn er auch im dritten Ton geschrieben bleibt. (Aussprache-)Beispiel: «hěn hǎo» wird zu «hén hǎo».

3. Folgt dem Wort «bù» (nicht) eine Silbe mit dem vierten Ton, wird «bú» im zweiten Ton gelesen und auch geschrieben. Beispiel: «bù duì» wird zu «bú duì».

4. Manche (kurze) Silben haben ursprünglich einen Ton, der aber nur schwach ausgeprägt ist oder beim Sprechen ganz wegfällt. Dieser Ton wird auch «Neutraler Ton» genannt. Über die entsprechende Silbe wird dann kein Tonzeichen gesetzt. Beispiele: māma, zhuōzi.

Übungen zur Phonetik

Konsonantenübungen

a) Die Konsonanten j, q und x

j	ji	jia	jiao	jie	jiu	jian	jin	jiang	jing	jiong	ju	jue	juan	jun
q	qi	qia	qiao	qie	qiu	qian	qin	qiang	qing	qiong	qu	que	quan	qun
x	xi	xia	xiao	xie	xiu	xian	xin	xiang	xing	xiong	xu	xue	xuan	xun

ji/qi	jue/que	xiong/qiong
xia/jia	jun/xun	ju/qu
qing/jing	jie/qie	qian/xian

b) Die Konsonanten z, c und s

z	za	ze	zi	zai	zei	zao	zou	zan	zen	zang	zeng	zong	zu	zuo	zui	zuan	zun
c	ca	ce	ci	cai		cao	cou	can	cen	cang	ceng	cong	cu	cuo	cui	cuan	cun
s	sa	se	si	sai		sao	sou	san	sen	sang	seng	song	su	suo	sui	suan	sun

zi/si	cuo/zuo	cui/zui
san/zan	zang/cang	zou/cou
cong/zong	suan/cuan	cuan/suan

c) Die Konsonanten zh, ch, sh und r

zh	zha	zhe	zhi	zhai	zhei	zhao	zhou	zhan	zhen
ch	cha	che	chi	chai		chao	chou	chan	chen
sh	sha	she	shi	shai	shei	shao	shou	shan	shen
r		re	ri			rao	rou	ran	ren

zhang	zheng	zhong	zhu	zhua	zhuo	zhuai	zhui	zhuan	zhun	zhuang
chang	cheng	chong	chu	chua	chuo	chuai	chui	chuan	chun	chuang
shang	sheng		shu	shua	shuo	shuai	shui	shuan	shun	shuang
rang	reng	rong	ru	rua	ruo		rui	ruan	run	

shuai/zhuai	run/zhun	chi/shi
zhou/shou	zhong/chong	chan/zhan
zhen/shen	shuo/chuo	shun/chun

d) Konsonantenübung mit chinesischen Vokabeln

(Diese Übung kann auch als Diktatvorgabe verwendet werden.)

qìchē (Bus)
zázhì (Magazin)
shísì (vierzehn)
xuéxiào (Schule)
jiàoshòu (Professor)

chēzhàn (Bahnhof)
róngyì (einfach)
huìyì (Sitzung)
xuéxí (lernen)
rènshi (kennen)

shuìjiào (schlafen)
chuánzhēn (Fax)
xiǎojiě (junge Frau)
Yīngwén (Englisch)
chējiān (Werkhalle)

jīngjì (Wirtschaft)
xīngqī (Woche)
shíjiān (Zeit)
xiāngjiāo (Banane)
jùzi (Satz)

jīngcháng (oft)
sùcài (Vegetarisches)
zǎoshàng (Morgen)
juéde (meinen)
jièshào (vorstellen)

yīshēng (Arzt)
shēnghuó (leben)
shìqing (Sache)
yīnyuè (Musik)
xiūxi (sich ausruhen)

chūqù (hinausgehen)
wǎngqiú (Tennis)
nǚ'ér (Tochter)
cānjiā (teilnehmen)
qǐyè (Betrieb)

huòzhě (oder)
jiǔshí (neunzig)
zhèyàng (so)
chū chāi (Dienstreise)
yuēhuì (Verabredung)

Sìchuān (Provinzname)
zhèngzài (gerade)
jiéshù (aufhören)
jiāojuǎn (Film)
sīchóu (Seide)

Übungen zu den vier Tönen

Lesen Sie die Einträge der Tabellen 1 und 2 laut Zeile für Zeile, zunächst horizontal und anschließend von oben nach unten. Beginnen Sie mit Tabelle 1 und gehen Sie erst, wenn Sie diese beherrschen, zur zweiten, schwierigeren, über. Hier verändert sich, horizontal gelesen, mit jeder neuen Spalte der Ton der *ersten* Silbe (vom ersten bis zum vierten Ton) und vertikal gelesen, der Ton der *zweiten* Silbe (vom ersten Ton bis zum «neutralenTon»).

Tabelle 1

1 + 1	fēijī	xīngqī	jīntiān	pīnyīn
	Flugzeug	*Woche*	*heute*	*Lautschrift*
1 + 2	fēicháng	Zhōngguó	Zhōngwén	jīnnián
	äußerst	*China*	*Chinesisch*	*dieses Jahr*
1 + 3	jīnglǐ	zhōngwǔ	gōnglǐ	Xiānggǎng
	Manager	*Mittag*	*Kilometer*	*Hongkong*
1 + 4	tā shì	gāoxìng	gōngzuò	zhīdào
	sie/er ist	*sich freuen*	*Arbeit*	*wissen*
1 + 0	xiānsheng	gēge	māma	zhuōzi
	Herr	*ält. Bruder*	*Mama*	*Tisch*
2 + 1	shíyī	shíjiān	zuótiān	míngtiān
	elf	*Zeit*	*gestern*	*morgen*
2 + 2	Déwén	míngnián	tóngxué	yóujú
	Deutsch	*nächstes Jahr*	*Kommilitone*	*Postamt*
2 + 3	péngyǒu	hái yǒu	shíwǔ	píngguǒ
	Freund	*noch haben*	*fünfzehn*	*Apfel*
2 + 4	bú duì	shí'èr	shí yuè	tóngshì
	falsch	*zwölf*	*Oktober*	*Kollegin*
2 + 0	shénme	shéi de	juéde	biéde
	was	*wessen*	*meinen*	*andere*
3 + 1	Běijīng	nǎxiē	lǎoshī	xǐhuān
	Peking	*welche*	*Lehrer*	*mögen*
3 + 2	hěn máng	Měiguó	yǐqián	kěnéng
	beschäftigt	*USA*	*früher*	*wahrscheinlich*
3 + 3	hěn hǎo	Fǎyǔ	zhǐ yǒu	jǐ diǎn
	sehr gut	*Französisch*	*es gibt nur*	*wieviel Uhr*
3 + 4	lǐngdài	nǐ kàn	wǒ jiào	nǚshì
	Krawatte	*schau mal*	*ich heiße*	*Dame*
3 + 0	nǐ ne?	jiějie	hǎo ma?	hǎo de
	und du?	*ält. Schwester*	*gut?*	*gut!*
4 + 1	zhèxiē	nàxiē	Yàzhōu	shàngbiān
	diese	*jene*	*Asien*	*oben*
4 + 2	qùnián	dàxué	dìtú	èrshí
	letztes Jahr	*Universität*	*Stadtplan*	*zwanzig*
4 + 3	Rìběn	hàomǎ	dìzhǐ	xiàwǔ
	Japan	*Nummer*	*Adresse*	*Nachmittag*
4 + 4	zuìjìn	xiànzài	diànhuà	dàgài
	zur Zeit	*jetzt*	*Telefon*	*etwa*
4 + 0	tàitai	mèimei	rènshi	kèqi
	Frau	*jüng. Schwester*	*kennen*	*bescheiden*

Die zwanzig Wörter/Wortgruppen der Tabelle 2 vereinen alle Tonkombinationen zweisilbiger Wörter im modernen Hochchinesisch (ein großer Teil der chinesischen Wörter besteht aus zwei Silben). Gleichzeitig gehören sie zu den am häufigsten gebrauchten Wörtern bzw. Wortgruppen der Lektionen 1-3. Der/die Lernende sollte versuchen, sich die korrekte Aussprache aller Einträge während der Durcharbeitung der Lektionen 1-3 einzuprägen, um beim Lernen aller weiteren Vokabeln einen Vergleichsmaßstab zu besitzen, an dem sich eigene Fehler korrigieren lassen. Gibt es zum Beispiel mit der Tonfolge des Wortes «yóujú» Schwierigkeiten, kann man sich an der Tonfolge des Wortes «Déguó» orientieren. Voraussetzung ist natürlich, daß man diese bereits mühelos sprechen kann.

Tabelle 2

	1. Ton	2. Ton	***3. Ton***	***4.Ton***	***Neutraler Ton***
1. Ton	gōngsī	huānyíng	Yīngyǔ	fānyì	tāmen
2. Ton	chuánzhēn	Déguó	méiyǒu	míngpiàn	máng ma?
3. Ton	wǒ jiā	wǔshí	nǐ hǎo	wǒ shì	wǒ de
4. Ton	mìshū	bù máng	Hànyǔ	zàijiàn	xièxie

Lektion 1: Begrüßung

Zielsätze

1. Qǐngwèn, nín shì Wáng jīnglǐ ma?	*Entschuldigen Sie, sind Sie Geschäftsführer Wang?*
2. Wǒ shì Wáng Lù.	*Ich bin Wang Lu.*
3. Tā bú shì Wáng Lù.	*Er ist nicht Wang Lu.*
4. Wǒ hěn hǎo, nǐ ne?	*Es geht mir gut. Und dir?*
5. Tāmen dōu hěn hǎo.	*Es geht ihnen allen gut.*
6. Nǐ yě hěn máng ma?	*Hast du auch viel zu tun?*

Dialog 1

Herr Schuhmann (A) wartet im Empfangsraum eines Betriebes auf Herrn Wang (B), mit dem er einen Gesprächstermin hat. Als dieser eintritt, steht Schuhmann auf und grüßt ihn:

A: Nín hǎo!	*Guten Tag!*
B: Nín hǎo!	*Guten Tag!*
A: Qǐngwèn, nín shì Wáng jīnglǐ ma?	*Entschuldigen Sie, sind Sie Geschäftsführer Wang?*
B: Shì, wǒ shì Wáng Lù. Nín shì...?	*Ja, ich bin Wang Lu. Und Sie sind...?*
A: Wǒ shì Shūmàn.	*Ich bin Herr Schuhmann.*
B: Ò, nín shì Shūmàn xiānsheng. Huānyíng, qǐng jìn.	*Ach, Sie sind Herr Schuhmann. Willkommen! Bitte kommen Sie herein.*
A: Xièxie.	*Danke.*

Dialog 2

Frau Sand (A) trifft auf der Straße ihren Bekannten Li Gang (B):

A: Nǐ hǎo ma?	*Wie geht es dir?*
B: Wǒ hěn hǎo, nǐ ne?	*Gut. Und dir?*
A: Wǒ yě hěn hǎo, xièxie. Liú nǚshì hé Hú xiānsheng hǎo ma?	*Mir geht es auch gut, danke. Wie geht es Frau Liu und Herrn Hu?*
B: Tāmen dōu hěn hǎo. Hú xiānsheng xiànzài shì zǒngjīnglǐ.	*Es geht beiden sehr gut. Herr Hu ist jetzt Generalmanager.*
A: Tā xiànzài hěn máng ma?	*Hat er gerade viel zu tun?*
B: Tā zuìjìn hěn máng. Nǐ ne? Nǐ yě hěn máng ma?	*Er hat in der letzten Zeit viel zu tun. Und du? Bist du auch sehr beschäftigt?*
A: Wǒ? Wǒ bú tài máng.	*Ich? Ich habe nicht besonders viel zu tun.*

Neue Wörter und Ausdrücke

nín hǎo!	*guten Tag!*
nín	*Sie* (höfliche Anredeform)
hǎo	*gut* (☞ Lektion 12)
qǐngwèn	*Könnten Sie mir sagen...; Entschuldigung, eine Frage bitte*
shì	*sein* ☯ **bú shì**: *nicht sein*
jīnglǐ	*Geschäftsführer, -in; Manager, -in*
ma	Fragepartikel
wǒ	*ich; mich*
Wáng Lù	Eigenname
Shūmàn	Eigenname: *Schuhmann*
ò	*ah!, oh!* (Ausdruck des Erkennens, plötzlichen Verstehens)
xiānsheng	*Herr*
huānyíng	*willkommen!* (☞ Lektion 17)
qǐng jìn	*Bitte kommen Sie herein!*
xièxie	*danke*
nǐ	*du; dich*
hěn	*sehr, ziemlich*
ne	Fragepartikel (☞ Lektion 12)
yě	*auch, ebenso*
Liú	Familienname
nǚshì	*Frau, Dame* (in formellen Situationen)
hé	*und*
Hú	Familienname
tāmen	Plural: *sie*
dōu	*alle, -s*
xiànzài	*jetzt, nun, gegenwärtig*
zǒngjīnglǐ	*Chefmanager/-in, Hauptgeschäftsführer/-in*
zǒng	*Chef-, Haupt-, General-*
tā	*er, sie, es; ihn, sie ,es*
máng	*beschäftigt sein, viel zu tun haben*
zuìjìn	*in letzter Zeit*
bù	*nicht (sein); nein*
bú tài	*nicht sehr, nicht besonders* (folgt dem «bù» eine Silbe mit dem vierten Ton, wird «bú» im zweiten Ton gesprochen und hier auch so geschrieben)

Anmerkungen und grammatische Erklärungen

1. Die Personalpronomina heißen im Singular:

wǒ: *ich/mich* **nǐ**: *du/dich* **tā**: *er, sie, es/ihn, sie, es*

Durch Anhängen der Nachsilbe «**men**» werden die Pluralformen gebildet:

wǒmen: *wir/uns* **nǐmen**: *ihr/euch* **tāmen**: *sie*

«Tā» wird, je nach Geschlecht, im Chinesischen durch ein anderes Schriftzeichen ausgedrückt. Die Silbe «men» kann auch an Personenbezeichnungen gehängt werden, um den Plural auszudrücken. Sie wird allerdings selten benutzt.

jīnglǐmen: *die Manager*; xuéshēngmen: *die Schüler*

2. «**Nín hǎo**», «**nǐ hǎo**» und «**nǐmen hǎo**» (Guten Tag) sind zu jeder Tageszeit anwendbare Grußformeln. «Nín hǎo» ist eine besonders höfliche Anrede. «Nǐmen hǎo» wird dagegen benutzt, wenn mehrere Personen gegrüßt werden sollen. Die Anrede mit «nín» (Sie) wird in China im allgemeinen viel seltener verwendet als bei uns das Wort «Sie».

3. Namen und Anredeformen

Der (meist einsilbige, selten zweisilbige) chinesische Familienname steht bei Nennung des Gesamtnamens immer vor dem (ein- oder zweisilbigen) Vornamen. Namen werden allen Anredeformen (Titel, Berufsbezeichnungen etc.), anders als im Deutschen, immer vorangestellt.

Wáng jīnglǐ: *Geschäftsführer Wang*; Lǐ nǚshì: *Frau Li*

4. Satzaussage mit «**shì**»

Die einfache Satzaussage wird mit dem Prädikat «shì» (sein) gebildet.

⚠ Ihre Verneinung wird durch das Adverb «**bù**» ausgedrückt, das immer vor «shì» steht.

Tā		**shì**	Hú nǚshì.	*Sie **ist***	*Frau Hu.*
Tā	**bú**	**shì**	Hú nǚshì.	*Sie **ist nicht***	*Frau Hu.*

5. Fragesatz mit «**ma**»

Eine der Möglichkeiten, im Chinesischen Fragesätze zu konstruieren, besteht im Anhängen des Fragepartikels «ma» an einen Aussagesatz. Der dadurch entstehende Fragesatz behält die Wortstellung «Subjekt-Prädikat -[Objekt]» des Aussagesatzes bei. Es gibt also keine Umstellung von Subjekt und Prädikat wie im Deutschen (Er ist... ⇨ Ist er...?).

Nín shì Wáng Lù xiānsheng ma?				*Sind Sie Herr Wang Lu?*		
Shì,	wǒ	**shì**	Wáng Lù.	***Ja**.*	*Ich **bin***	*Wang Lu.*
Bú shì,	wǒ **bú**	**shì**	Wáng Lù.	***Nein.***	*Ich **bin nicht***	*Wang Lu.*

⚠ Bei Antworten gibt es im Chinesischen keine gesonderten Wörter für «ja» oder «nein». Stattdessen wird für «ja» entweder das Prädikat des Fragesatzes wiederholt oder mit einem vollständigen Aussagesatz geantwortet. Bei «nein» antwortet man entweder mit «bù»-Prädikat oder ebenfalls mit einem (verneinten) Aussagesatz.

6. «**Wŏ shì Wáng Lù.**» (Ich bin Herr Wang.)
Im Chinesischen stellt man sich nicht als «Herr X» oder «Frau X» vor, sondern nennt nur den eigenen Namen. Ist der chinesische Familienname einsilbig muß unbedingt der Vorname mitgenannt werden.

7. Die Fragen «**nín hăo ma?**», «**nĭ hăo ma?**» und «**nĭmen hăo ma?**» erkundigen sich nach dem Befinden anderer Personen: Wie geht es Ihnen/dir/euch?

8. Die Konjunktion «**hé**» (und) verbindet in der Regel Nomen oder Pronomen.
⚠ Sie kann jedoch keine Verben oder (Teil)sätze miteinander verbinden.

9. Das Adverb «**hĕn**»
⚠ Ist ein Adjektiv das Prädikat des Satzes, wird nicht das Verb «shì» verwendet, sondern dem jeweiligen Adjektiv wird das Adverb «hĕn» vorangestellt. «Hĕn» wird dann mit «sein» übersetzt. Seine volle Bedeutung «sehr, ziemlich» erhält das Adverb nur, wenn man es beim Sprechen besonders betont. In verneinten Sätzen und Fragesätzen wird «hĕn» nicht verwendet.

Tā		máng	ma?	***Ist*** *sie*		*beschäftigt?*
Tā	**hĕn**	máng.		*Sie* ***ist***		*beschäftigt.*
Tā **bù**		máng.		*Sie* ***ist*** *nicht*		*beschäftigt.*

10. Der Fragepartikel «**ne**» steht hier am Satzende und kann im Deutschen mit «und was ist mit..., und wie steht's mit...» oder ganz einfach mit dem Wort «und» wiedergegeben werden.
Nǐ **ne**? — *Und wie steht's mit dir?/Und du?*

11. Das Adverb «**dōu**» (alle) drückt meist die Gesamtheit bereits genannter Dinge oder Personen aus. Es steht immer vor dem Prädikat. «Dōu» kann, anders als das Wort «alle» im Deutschen, in der Regel nicht am Satzanfang oder ohne ein vorangehendes Nomen oder Pronomen benutzt werden. Man kann also (auf Chinesisch) nicht sagen: «Alle sind Geschäftsführer», sondern muß das Wort «sie» (tāmen) oder ein Nomen davor ergänzen.

Tāmen	**dōu**	shì jīnglǐ	***Sie alle*** *sind Geschäftsführer.*
Mìshū	**dōu**	hěn máng.	***Die Sekretärinnen*** *haben* ***alle*** *viel zu tun.*

Bei seiner Verneinung hat «dōu» die gleiche Wortstellung wie «alle» im Deutschen.
dōu bù — ***alle*** *nicht*;   bù **dōu** — *nicht* ***alle***

Wortfelder

Personalpronomen

wǒ   nǐ   tā
wǒmen *(wir/uns)*   nǐmen *(ihr/euch)*   tāmen

Anredeformen

xiānsheng   nǚshì   xiǎojiě *(junge Frau)*

Chinesische Namen

Wáng Lù   Hú Yīpíng   Lǐ Gāng
Zhāng Lìjiā   Wàn Jīngléi   Liú Jiàn

Deutsche Namen

Shūmàn *(Schuhmann)*   Sāngdé *(Sand)*   Luódé *(Rohde)*
Bào'ěr *(Bauer)*   Kèlè *(Klee)*   Shīmìtè *(Schmitt)*

Positionen in einer Firma

zǒngjīnglǐ
fùzǒngjīnglǐ *(stellvertretender Hauptgeschäftsführer, -in)*
jīnglǐ
chǎngzhǎng *(Betriebsleiter, -in)*
zhǔrèn *(Direktor, -in)*   fùzhǔrèn *(Vizedirektor, -in)*
zhíyuán *(Angestellte, -r)*   mìshū *(Sekretär, -in; Assistent, -in)*
dàibiǎo *(Vertreter, -in)*

Übungen

1. Basisübung

⚠ Wechseln Sie sich innerhalb der Basisübung dieser und aller weiteren Lektionen möglichst mit einem Partner/einer Partnerin bei jedem neuen Wort/jeder neuen Wortkombination mit dem Fragen bzw. dem Antworten ab.

Üben Sie die chinesischen Personalpronomina (PP).

a) Lassen Sie sich verschiedene PP auf Deutsch nennen, für die Sie das chinesische Äquivalent angeben müssen.

b) Bilden Sie deutsche PP mit dem Zusatz «nicht sein» und lassen Sie ins Chinesische übersetzen:

Beispiel: A: Sie sind nicht/kein... — B: Tāmen bú shì...

c) Lassen Sie sich von einem Partner oder einer Partnerin eine Frage mit einem der drei Wörter «hǎo / máng / lèi (müde)» stellen und geben Sie eine beliebige Antwort. (Auf die Frage «nǐ hǎo ma?» antwortet man normalerweise positiv.) Sie können auch versuchen, Wörter wie «auch / alle / zur Zeit / in letzter Zeit» in den Satz zu bringen.

Beispiel: A: Nǐmen lèi ma? — B: Wǒmen bú lèi.

Hú xiānsheng — nǐ — Lǐ nǚshì — Wáng mìshū — tāmen — Wú lǎoshī hé Wáng lǎoshī — nǐmen — Gù xiǎojiě hé Mǎ xiǎojiě — Fàn nǚshì hé Fāng xiānsheng — Luó zǒngjīnglǐ — Liú jīnglǐ hé Huáng mìshū

2. Austauschübung

a) Nín shì Wáng jīnglǐ ma?
Shì, wǒ shì Wáng Lù.

Shūmàn xiānsheng	Shūmàn
Zhāng nǚshì	Zhāng Lìjiā
Kèlè jīnglǐ	Kèlè

b) Tā shì Wáng jīnglǐ ma?
Bú shì, tā bú shì Wáng jīnglǐ.

Hú nǚshì	Bào'ěr jīnglǐ
Luódé xiānsheng	Wàn jīnglǐ
Zhāng nǚshì	Hú zǒngjīnglǐ

c) Tā yě shì jīnglǐ ma?
Bú shì, tā bú shì jīnglǐ, tā shì mìshū.

tāmen	mìshū	jīnglǐ
nǐ	Lǐ mìshū	fùzǒngjīnglǐ
tā	fùzǒngjīnglǐ	zǒngjīnglǐ

d) Wáng nǚshì hé Wú xiānsheng hǎo ma?
Tāmen dōu hěn hǎo.

Luódé nǚshì hé Bào'ěr xiānsheng
Lǐ xiānsheng hé Zhāng xiǎojiě
Hú zǒngjīnglǐ hé Kèlè fùzǒngjīnglǐ

e) Nǐ zuìjìn máng ma?
Wǒ zuìjìn bú tài máng.

Shūmàn zǒngjīnglǐ
Wáng jīnglǐ hé Zhāng jīnglǐ

3. Frage-Antwort-Übung

Beantworten Sie als Sprecher B die Fragen von Sprecher A.

A: Qǐngwèn, nín shì Luódé nǚshì ma? B: ....

A: Huānyíng, huānyíng. Qǐng jìn. B: ....

A: Nǐ hǎo ma? B: ....

A: Nǐ ne? B: ....

A: Nín shì Shūmàn xiānsheng ma? B: .... (nein)

A: Nǐ yě shì mìshū ma? B: .... (ja/nein)

Formulieren Sie nun die Fragen von A zu den vorgegebenen Antworten von B.

A: ....? B: Wǒmen dōu bú tài máng.

A: ....? B: Tā zuìjìn hěn hǎo.

4. Satzumwandlungen

Verwandeln Sie die folgenden Aussagesätze durch Anhängen von «ma» in Fragesätze. Geben Sie außerdem verneinende Antworten auf alle Fragesätze.

a) Tā shì mìshū.
b) Tā yě shì mìshū.
c) Tāmen dōu shì mìshū.
d) Wǒ hé tā shì jīnglǐ.
e) Wǒ shì mìshū.
f) Luódé nǚshì hé Shūmàn xiānsheng zuìjìn dōu hěn máng.
g) Tāmen dōu shì jīnglǐ.
h) Tāmen hěn máng.
i) Tāmen zuìjìn hěn máng.
j) Tāmen zuìjìn dōu hěn máng.

5. Wie sagt man's auf Chinesisch?

a) Ich bin auch Manager.
b) Er ist nicht Herr Wan, er ist Herr Zhang.
c) Er ist kein Sekretär, er ist Manager.
d) Er ist kein Manager und er ist auch kein Sekretär.
e) Ihnen geht es allen sehr gut.
f) Sind Sie jetzt auch beschäftigt?
g) Hat sie in der letzten Zeit auch viel zu tun?
h) Frau Rohde hat gerade viel zu tun, Herr Schuhmann nicht.
i) Die Assistenten sind alle nicht sehr beschäftigt.
j) Die Sekretärinnen sind nicht alle sehr beschäftigt.
k) Frau Rohde ist stellvertretende Hauptgeschäftsführerin, Herr Schuhmann ist Sekretär.
l) Ich habe in letzter Zeit nicht besonders viel zu tun. Frau Li und Herr Hu sind beide sehr beschäftigt. Herr Hu ist jetzt Hauptgeschäftsführer.

Chinesische und deutsche Fachkräfte bei der Wartung und Überholung von Flugzeugen in Beijing.

6. Gelenkter Dialog

Übernehmen Sie die Rolle von A oder B (oder C) und führen Sie anhand der nachfolgenden Vorgaben einen Dialog mit einem Partner oder einer Partnerin.

⚠ Beachten Sie bei diesem und allen folgenden gelenkten Dialogen: Die vorgegebenen Sätze sind als bloße Inhaltsangabe der Lösungssätze zu verstehen. Sie dürfen daher *nie* direkt übersetzt werden, sondern müssen immer zu wörtlicher Rede umformuliert werden.

Beispiel: **A** fragt B, ob er Herr Wang ist.
Lösung: Qǐngwèn, nín shì Wáng xiānsheng ma?

a) **A** grüßt B. — **B** grüßt zurück. — **A** möchte wissen, ob B Manager ist. — **B** verneint und antwortet, daß er Assistent ist. — **A** stellt sich selbst als (Herr) X vor. — **B** heißt A willkommen und bittet ihn, in sein Büro zu kommen. — **A** dankt B.

b) **A** fragt B, wie es ihm geht. — **B** antwortet, daß es ihm gut geht. Dann möchte er wissen, wie es A geht. — **A** sagt, daß es ihm auch gut gehe und erkundigt sich dann nach dem Befinden des Managers Hu und Herrn Liu. — **B** teilt ihm mit, daß es beiden gut gehe. — **A** fragt weiter, ob beide jetzt viel zu tun haben. — **B** bestätigt dies.

Lektion 2: Nationalität und Sprache

Zielsätze

1. Zhè shì wǒ péngyǒu.	*Das ist mein Freund.*
2. Wǒ shì Àodí Gōngsī de Shūmàn.	*Ich bin Herr Schuhmann von der Firma Audi*
3. Tā jiào Lǐ Gāng.	*Er heißt Li Gang.*
4. Tā jiào shénme míngzì?	*Wie heißt sie?*
5. Tā shuō Hànyǔ hé Yīngyǔ.	*Sie spricht Chinesisch und Englisch.*
6. Nǐ shì nǎ guó rén?	*Aus welchem Land kommst du?*
7. Nín shì Zhōngguó rén háishì Rìběn rén?	*Sind Sie Chinese oder Japaner?*

Dialog 1

Auf einer Party macht Frau Zhang (A) Herrn Li (B) und Herrn Klee (C) miteinander bekannt:

A: Wǒ jièshào yīxià, zhè shì wǒ péngyǒu Lǐ xiānsheng, zhè shì Àodí Gōngsī de Kèlè xiānsheng.	*Darf ich vorstellen: Das ist mein Freund Herr Li und das ist Herr Klee von der Firma Audi.*
B: Nín hǎo! Wǒ xìng Lǐ, jiào Lǐ Gāng. Rènshi nín hěn gāoxìng.	*Guten Tag! Mein Name ist Li, Li Gang. Es freut mich, Sie kennenzulernen.*
C: Wǒ yě hěn gāoxìng.	*Es freut mich ebenfalls.*
B: Zhè shì wǒ de míngpiàn.	*Hier ist meine Visitenkarte.*
C: Xièxie. «Gang Edward Li»..., qǐngwèn Lǐ xiānsheng, nín shì nǎ guó rén?	*Danke. «Gang Edward Li»... Herr Li, eine Frage bitte: Aus welchem Land kommen Sie?*
A: Lǐ xiānsheng shì Tàiguó rén.	*Herr Li ist Thailänder.*

Dialog 2

Bei einer Führung durch einen deutsch-chinesischen Joint-Venture-Betrieb wird Herr Bauer (A) auf das gute Englisch einer jungen Chinesin aufmerksam und nimmt den chinesischen Manager des Betriebes (B) beiseite:

A: Tā de Yīngyǔ fēicháng hǎo. Tā jiào shénme míngzì?	*Ihr Englisch ist hervorragend. Wie heißt sie?*
B: Tā jiào Zuǒténg Yànlíng, shì wǒmen gōngsī de fānyì.	*Sie heißt Zuoteng Yanling und ist die Dolmetscherin unserer Firma.*

A: Zuǒténg Yànlíng...Tā shì Zhōngguó rén háishì Rìběn rén?	*Zuoteng Yanling... Ist sie Chinesin oder Japanerin?*
B: Tā shì Zhōngguó rén, tā shuō Hànyǔ, Yīngyǔ hé Rìyǔ.	*Sie ist Chinesin. Sie spricht Chinesisch, Englisch und Japanisch*
A: «Zuǒténg Yànlíng» shì Rìběn míngzì ba?	*«Zuoteng Yanling» ist ein japanischer Name, nicht wahr?*
B: Shì, tā bàba shì Rìběn rén māma shì Zhōngguó rén.	*Ja. Ihr Vater ist Japaner und ihre Mutter ist Chinesin.*

Neue Wörter und Ausdrücke

jièshào yīxià	*jemand anderen vorstellen, bekannt machen* (☞ Lektion 10)
zhè	*diese, -r, -s, der, die, das* ☯ **nà:** *jene, -r, -s; das (dort)*
péngyǒu	*Freund, -in*
Àodí Gōngsī	*Firma Audi*
Àodí	Firmenname: *Audi*
gōngsī	*Firma, Gesellschaft*
de	Partikel zur Bildung des Genitivs oder Attributs
xìng	(mit dem Familiennamen) *heißen*
jiào	(mit dem Gesamtnamen oder dem Vornamen) *heißen* (☞ Lektion 15)
Rènshi nín (wǒ) hěn gāoxìng.	*Sehr erfreut, Sie kennenzulernen.*
gāoxìng	*sich freuen, erfreut sein*
míngpiàn	*Visitenkarte*
Nín shì nǎ guó rén?	*Aus welchem Land kommen Sie?*
guó(jiā)	*Land, Staat*
Tàiguó rén	*Thailänder, -in*
Tàiguó	*Thailand*
rén	*Mensch*
Yīngyǔ	*Englisch*
fēicháng	*außerordentlich, ungewöhnlich*
Nǐ jiào shénme míngzì?	*Wie heißt du?*
míngzì	*Name*
Zuǒténg Yànlíng	japanisch-chinesischer Mischname (in chinesischer Aussprache – «Zuoteng» ist ein japanischer Familienname)
fānyì	*Dolmetscher, -in; Übersetzer, -in; übersetzen*
Zhōngguó rén	*Chinese, Chinesin*
Zhōngguó	*China*
háishì	*oder* (nur in Fragesätzen)
Rìběn rén	*Japaner, -in*

shuō	*sagen, sprechen*
Hànyǔ	*Chinesisch*
Rìyǔ	*Japanisch*
Rìběn	*Japan*
ba	Partikel zum Ausdruck einer Vermutung
bàba	*Vater*
māma	*Mutter*

Anmerkungen und grammatische Erklärungen

1. Der Partikel «**de**»:
Eine Genitivbeziehung zwischen Nomen (oder Nomen und Pronomen) wird mit dem Partikel «de» ausgedrückt. Der Genitiv steht dabei immer an erster Stelle.

gōngsī de jīnglǐ	*der Manager **der Firma***
gōngsī de jīnglǐ de míngpiàn	*die Visitenkarte **des Managers der Firma***

Leichter merken läßt sich die Stellung des Genitivs, wenn man beim Partikel «de» an das «s»-Affix im Englischen denkt, das ebenfalls den Genitiv anzeigt:

*the friend'**s** name:* péngyǒu **de** míngzì (der Name des Freundes)

Mit Hilfe von «de» werden außerdem Attribute gebildet.
xiànzài de nán péngyǒu: *der **jetzige** Freund*

2. «wǒ péngyǒu» (mein Freund)
Der Partikel «de» fällt bei einem Genitivbezug oft weg, wenn zwischen Personalpronomen und dem Substantiv eine enge oder verwandtschaftliche Beziehung besteht. Dies gilt auch für die Zugehörigkeit zu bestimmten Gruppen oder Institutionen.
wǒmen gōngsī: *unsere Firma*   wǒ lǎoshī: *meine Lehrerin*

3. Länderbezeichnungen, Nationalitäten und Sprachen (☞ Wortfelder)
Im Chinesischen gibt es eine Reihe von Länderbezeichnungen mit **«guó»** (Land) als zweiter Silbe (Déguó: Deutschland). Der größte Teil der Ländernamen wird jedoch ohne «guó» gebildet (Àodìlì: Österreich).

Um den Angehörigen einer Nationalität zu bezeichnen, folgt dem jeweiligen Namen des Landes das Wort «**rén**» (Mensch).

Déguó + **rén** ⇨ Déguó **rén** (Deutsche, -r)
Àodìlì + **rén** ⇨ Àodìlì **rén** (Österreicher, -in)

Sprachennamen werden durch die Silbe **«yǔ»** (Sprache) gebildet. Sie wird an den ein- bis mehrsilbigen Namen des jeweiligen Landes gehängt (wobei die Silbe «guó», bei den Ländernamen mit «guó», wegfällt).

Déguó ⇨ Déyǔ (Deutsch);   Yīngguó ⇨ Yīngyǔ (Englisch)
Yìdàlì (Italien) ⇨ Yìdàlìyǔ (Italienisch)

Visitenkarten werden in China mit beiden Händen übergeben und entgegengenommen

Bei der Bezeichnung für Chinesisch wird der Name des Volkes (Han) benutzt und von «**Hànyǔ**» gesprochen.

4. Der Ausdruck « (...) **jiào shénme míngzì?**» ist die gebräuchlichste Frageform nach Namen von Personen. Nach «**jiào**» (heißen) gibt man entweder den Vornamen oder den gesamten Namen an. Dem Prädikat «**xìng**» (heißen) folgt im Chinesischen nur der Familienname.

Tā	**jiào**	shénme míngzì?	*Wie*	***heißt***	*sie?*
Wǒ	**jiào**	Yīpíng/Hú Yīpíng.	*Ich*	***heiße***	*Yiping/Hu Yiping.*

⚠ Gegenüber Respektspersonen oder Fremden empfiehlt sich die wesentlich höflichere Frage «**Nín guì xìng?**» (☞ Lektion 14, Punkt 3 der Anmerkungen).

5. «**Háishì**» (oder) wird meistens zur Bildung von Alternativfragen verwendet. Ist «shì» das Verb des Satzes (Nín shì Zhōngguó rén **háishì** Rìběn rén?) wird es nach «háishì» nicht mehr wiederholt. Bei allen anderen Verben ist dagegen eine Wiederholung möglich. In Sätzen mit «háishì» fällt der Fragepartikel «ma» weg. Für «oder» in Aussagesätzen steht «**huòzhě**» (☞ Lektion 13).

6. Der Partikel «**ba**» steht immer am Satzende und drückt eine Annahme aus.
Nín shì fānyì **ba**? — *Sie sind Übersetzerin, **nicht wahr**?*
«Ma» oder andere Frageformen werden in Sätzen mit «ba» nicht verwendet.

Wortfelder

Soziale Beziehungen

péngyǒu nán péngyǒu *(fester Freund)* nǚ péngyǒu *(feste Freundin)*
tóngxué *(Mitschüler, -in; Kommilitone, Kommilitonin)*
tóngshì *(Kollege, Kollegin)* lǎobǎn *(Chef, -in)*
āyí *(Kindermädchen; Haushaltshilfe)* línjū *(Nachbar, -in)*

Familienmitglieder (1) (☞ Wortfeld Lektion 12)

bàba māma
gēge *(älterer Bruder)* jiějie *(ältere Schwester)*
dìdi *(jüngerer Bruder)* mèimei *(jüngere Schwester)*

Firmennamen:

Tàipíngyáng Gōngsī *(Firma Pazifik)*
Àodí Gōngsī
Dōngyà Jítuán *(Ostasien Gruppe)*
Bāsīfū Gōngsī *(Firma BASF)*
Xīménzǐ Gōngsī *(Firma Siemens)*
Ōusīláng Gōngsī *(Firma Osram)*
Yàzhōu Jìnchūkǒu Gōngsī *(Im- und Exportfirma Asien)*
Wǔhàn Qìchēchǎng *(Automobilwerk Wûhàn)*

Länder	Nationalitäten	Sprachen
Zhōngguó	Zhōngguó rén	Hànyǔ
Tàiguó	Tàiguó rén	Tàiyǔ
Déguó *(Deutschland)*	Déguó rén	Déyǔ
Éguó *(Rußland)*	Éguó rén	Éyǔ
Fǎguó *(Frankreich)*	Fǎguó rén	Fǎyǔ
Měiguó *(USA)*	Měiguó rén	Yīngyǔ/Měiyǔ
Yīngguó *(England)*	Yīngguó rén	Yīngyǔ
Rìběn	Rìběn rén	Rìyǔ
Xīnjiāpō *(Singapur)*	Xīnjiāpō rén	
Àodìlì *(Österreich)*	Àodìlì rén	
Ruìshì *(Schweiz)*	Ruìshì rén	
wàiguó *(Ausland)*	wàiguó rén	wàiyǔ
		xuéxí *(lernen)* Déyǔ

Übungen

1. Basisübung

a) Lassen Sie sich von einem Partner/einer Partnerin die folgenden Vokabeln abfragen:
Chinesin — Deutschland — Japanisch — Rußland — USA — China — Deutsch — Russisch — Japan — England — Englisch — Franzose — Japanerin — Frankreich — Chinesisch — Russe — Engländerin — US-Amerikaner — Französisch — Deutsch — Amerikanisches Englisch

b) Lassen Sie sich außerdem die nachfolgenden deutschen Ausdrücke abfragen:
mein Assistent — ihr Freund — die Dolmetscherin von Li Gang — unsere Firma — die Mutter des Freundes — die Freundin der Mutter — der Übersetzer der Firma — die Sekretärin des Managers — die Mutter meiner Freundin — der Freund meiner Mutter — der chinesische Name meiner Freundin — der Name der Freundin meiner Mutter — die Visitenkarte der Mutter meiner Freundin

meine Visitenkarte — eure Namen — die Sekretärin von Managerin Hu — seine Freundin — der Vater des Kollegen — die Kollegin des Vaters — der Manager von der Firma Audi — der Dolmetscher von Frau Zhang — die Visitenkarte meines jüngeren Bruders — die Visitenkarte vom Kollegen meiner jüngeren Schwester

2. Austauschübung

a) Qǐngwèn, nǐ shì nǎ guó rén?
Wǒ shì Zhōngguó rén.

Déguó rén	Fǎguó rén	Rìběn rén
Měiguó rén	Yīngguó rén	Éguó rén

b) Tā de Yīngyǔ hǎo ma?
Tā de Yīngyǔ fēicháng hǎo.

Déyǔ	Hànyǔ
Fǎyǔ	Rìyǔ

c) Nǐ jiào shénme míngzì?
Wǒ jiào Lǐ Gāng.

Zhāng Lìjiā	Kèlè	Bào'ěr
Hú Yīpíng	Liú Jiàn	eigener Name

d) Tā shì Rìběn rén háishì Zhōngguó rén?
Tā shì Rìběn rén.

Měiguó rén	Zhōngguó rén
Rìběn rén	Tàiguó rén
Fǎguó rén	Déguó rén
Déguó rén	Éguó rén

e) Tā shuō Yīngyǔ háishì Rìyǔ?
Tā shuō Rìyǔ.

Rìyǔ	Hànyǔ
Hànyǔ	Yīngyǔ
Fǎyǔ	Déyǔ
Déyǔ	Éyǔ

3. Frage-Antwort-Übung

Beantworten Sie als Sprecher B die Fragen von Sprecher A bzw. reagieren Sie auf seine/ihre Anrede.

A: Rènshi nín hěn gāoxìng.	B: ....
A: Zhè shì nǐ de míngpiàn ba?	B: ....
A: Nín shì Àodí Gōngsī de Kèlè xiānsheng ma?	B: .... (Nein, von der Firma BASF.)
A: Nǐ shì nǎ guó rén?	B: ....
A: Tā shuō Déyǔ ma?	B: ....
A: Tā de Déyǔ hǎo ma?	B: ...., nǐ de Déyǔ ne?
A:	
A: Tā jiào shénme míngzì?	B: ....
A: Tā shì Fǎyǔ fānyì ba?	B: ....
A: Tā shì Yīngguó rén háishì Měiguó rén?	B: ....(weder ... noch)
A: Nǐ shuō Yīngyǔ háishì Déyǔ?	B: ....(kein... auch kein...)
A: Tā shì Wáng jīnglǐ de mìshū háishì Lǐ zhǔrèn de mìshū?	B: ....

4. Satzumwandlungen

Verwandeln Sie die folgenden Aussagesätze durch Anhängen von «ma» in Fragesätze. Geben Sie außerdem verneinende Antworten auf alle Fragesätze.

a) Tā jiào Lǐ Gāng.
b) Zhè shì Lǐ Gāng de míngpiàn.
c) Shūmàn xiānsheng shuō Déyǔ.
d) Liú xiānsheng shì Yīngguó rén.
e) Wǒ shì Xīménzǐ Gōngsī de fānyì.
f) Tā bàba (hé) māma dōu shuō Yīngyǔ.
g) «Wáng» hé «Lǐ» dōu shì Zhōngguó míngzì.
h) Wáng jīnglǐ hé Lǐ jīnglǐ dōu shì Zhōngguó rén.

5. Wie sagt man's auf Chinesisch?

a) Das ist die Visitenkarte von Herrn Rohde.
b) Wie heißt er?
c) Heißt er Li oder Wang (mit Familiennamen)?
d) Das ist nicht mein Name.
e) Ihr englischer Name ist nicht «Helen».
f) Spricht sie Englisch oder Französisch?
g) Ist das Chinesisch oder Japanisch?
h) Wie heißt die Sekretärin von Manager Wan?
i) Wie heißt der Assistent von eurem Manager?

j) Sein Vater ist Deutscher und seine Mutter Chinesin. Sie beide sprechen Chinesisch und Deutsch.
k) Sie sprechen weder Chinesisch noch Japanisch, (aber) sie sprechen Deutsch.
l) Dies ist meine Freundin Hu Yiping und das ist mein Kollege Bauer.
m) Ich heiße Rohde und bin Dolmetscher der Firma Osram. Mein chinesischer Name ist «Luode».
n) Sie heißt Zuoteng Yanling und ist Chinesin. Sie ist Dolmetscherin der Firma Audi. Ihr Englisch und ihr Japanisch sind hervorragend.

6. Gelenkter Dialog

Übernehmen Sie die Rolle von A oder B (oder C) und führen Sie anhand der nachfolgenden Vorgaben einen Dialog mit einem Partner oder einer Partnerin.

a) Frau Zhang (C) stellt zwei Personen einander vor. Die eine ist Herr Wang (B), die andere ist Herr Klee (A) von der Firma Siemens. — **A** gibt B die Hand und erklärt, daß er sich freue, ihn kennenzulernen. — **B** erwidert diese Erklärung.

b) **A** meint, daß das Englisch von B sehr gut sei und möchte von ihm wissen, ob er Dolmetscher ist. — **B** antwortet, daß er der Assistent von Managerin Zhang ist. — **A** möchte wissen, wie B heißt. — **B** nennt ihm seinen gesamten Namen (Wang Lu). Er möchte nun auch den Namen von A wissen. — **A** nennt ihm seinen Vornamen (Wolfgang) und überreicht ihm seine Visitenkarte. — **B** bedankt sich und erkundigt sich nach der Nationalität von A. — **A** sagt ihm, aus welchem Land er kommt.

7. Frage, Antwort und Nacherzählung

Suchen Sie ein Foto oder eine lustige Werbeanzeige aus einer Zeitung bzw. Zeitschrift heraus, worauf eine Person abgebildet ist. Stellen Sie dann einem Partner oder einer Partnerin beliebige Fragen zu dieser Person. Zum Beispiel:

wie die Person heißt — aus welchem Land sie kommt — ob sie ein Kollege / eine Kollegin Ihres Partners / Ihrer Partnerin ist oder ein Freund / eine Freundin von ihr/ihm — ob sie eine bestimmte Sprache spricht bzw. lernt — ob ihr ... (eine Sprache) gut ist — ob sie gerade viel zu tun hat oder nicht usw.

Nachdem alle Fragen beantworten worden sind, fassen Sie selbst das Gesagte noch einmal zusammen.

Lektion 3: Adressen und Nummern

Zielsätze

1. Diànhuàbù zài nǎr?	*Wo ist das Telefonbuch?*
2. Zhāng xiǎojiě zài Tiānjīn gōngzuò.	*Frau Zhang arbeitet in Tiænjªn.*
3. Nǐ yǒu tā de dìzhǐ ma?	*Hast du ihre Adresse?*
4. Nǐ yǒu mei yǒu tā de dìzhǐ?	*Hast du ihre Adresse?*
5. Tāmen de chuánzhēn shì duōshǎo?	*Wie lautet ihre Faxnummer?*
6. Liú xiānsheng shì shéi?	*Wer ist Herr Liu?*
7. Wǒ bú rènshi Sāngdé xiānsheng.	*Ich kenne Herrn Sand nicht.*

Dialog 1

Herr Klee (A) fragt seine chinesische Sekretärin Helen (B) nach dem Telefonbuch, um die Nummer der neugegründeten Import-Export-Firma Asien nachzuschlagen:

A: Helen, diànhuàbù zài nǎr?	*Helen, wo ist denn das Telefonbuch?*
B: Zài zhèr.	*Hier.*
A: Lǐbiān yǒu Yàzhōu Gōngsī de diànhuà hàomǎ ma?	*Steht die Nummer der Firma Asien drin?*
B: Yǒu, tāmen de diànhuà shì sì wǔ líng yāo yāo èr.	*Ja, ihre Nummer ist 450112.*
A: Tāmen de chuánzhēn shì duōshǎo?	*Wie lautet (denn) ihre Faxnummer?*
B: Shì sì wǔ líng èr yāo yāo.	*Die ist 450211.*

Dialog 2

Frau Hu Yiping (A) und Herr Schuhmann (B) sitzen plaudernd in einem Cafe. Ihr Gespräch kommt auf eine gemeinsame Freundin:

A: Tīngshuō Zhāng xiǎojiě xiànzài zài Tiānjīn gōngzuò.	*Wie ich gehört habe, arbeitet Frau Zhang jetzt in Tianjin.*
B: Zhāng xiǎojiě? Zhāng xiǎojiě shì shéi?	*Frau Zhang? Wer ist Frau Zhang?*
A: Zhāng Lìjiā, nǐ rènshi tā. Tā yǐqián shì Hànbǎo Dàxué de xuéshēng.	*Zhang Lijia, du kennst sie. Sie war früher Studentin der Universität Hamburg.*
B: Ò, Lìjiā! Nǐ yǒu tā de dìzhǐ ma?	*Ach, Lijia! Hast du ihre Adresse?*
A: Yǒu. Tā jiā zài Tiānjīn Wǔyī Lù shí	*Habe ich.* [Sie zieht ein Notizbuch aus

hào, yóubiān shì yāo líng èr liù sì wǔ. | der Tasche.] *Ihr Zuhause ist in Tianjin, in der Wuyi-Straße Nummer 10. Die Postleitzahl ist 102645.*

B: Nǐ yǒu mei yǒu tā de diànhuà? | *Hast du ihre Telefonnummer?*

A: Wǒ zhǐ yǒu tā bàngōngshì de diànhuà. Tā jiā hái méiyǒu diànhuà. | *Ich habe nur die Nummer ihres Büros. Sie hat zu Hause noch kein Telefon.*

Neue Wörter und Ausdrücke

diànhuàbù	*Telefonbuch*
zài	Verb: *sich befinden, liegen*
nǎr	*wo, wohin*
zhèr	*hier* ☯ **nàr**: *dort, da*
lǐbiān	*drinnen, darin* ☯ **wàibiān**: *außen, draußen*
yǒu	*haben, besitzen; es gibt* ☯ **méiyǒu**: *nicht haben, es gibt nicht*
Yàzhōu Gōngsī	*Firma Asien*
Yàzhōu	*Asien*
diànhuà hàomǎ	*Telefonnummer*
diànhuà(jī)	*Telefon(apparat)*
hàomǎ	*Nummer*
chuánzhēn(jī)	*Fax(gerät)*
duōshǎo	hier: *welche, wie* (Frage nach einer Zahlenfolge bzw. Nummer) (☞ Lektion 8)

Die Grundzahlen von null bis zehn

líng	null	0 / 零	sì	vier	四	bā	acht	八
yī (yāo)	eins	一	wǔ	fünf	五	jiǔ	neun	九
èr (liǎng)	zwei	二	liù	sechs	六	shí	zehn	十
sān	drei	三	qī	sieben	七			

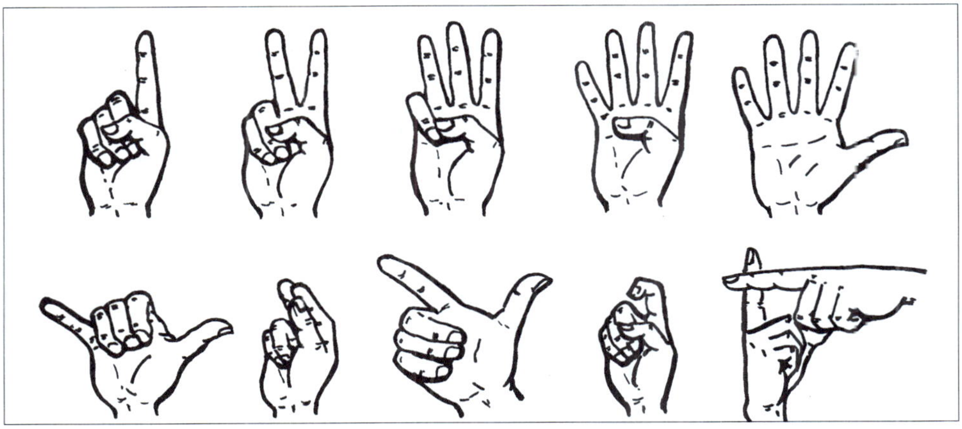

tīngshuō	*Wie ich gehört habe...*
xiǎojiě	Anrede für Frauen: *junge Frau* (☞ Lektion 10)
zài	Präposition: *in, an, bei*
Tiānjīn	*Ortsname*
gōngzuò	*Arbeit; arbeiten*
shéi	*wer; wen*
rènshi	*kennen, kennenlernen*
yǐqián	*früher, ehemalig; (da)vor*
Hànbǎo Dàxué	*Universität Hamburg*
Hànbǎo	*Hamburg*
dàxué	*Universität*
xuéshēng	*Student, -in*
dìzhǐ	*Adresse*
jiā	*Familie, Zuhause; Privat-*
lù	*Straße*
hào	*(Haus-/Gebäude-) Nummer*
yóubiān	*Postleitzahl*
méiyǒu	*nicht haben, es gibt nicht*
zhǐ	*nur, bloß*
bàngōngshì	*Büro*
hái	*noch*

Anmerkungen und grammatische Erklärungen

1. «Seine chinesische Sekretärin Helen»:
Manche Büroangestellte und Manager, die bei Unternehmen mit ausländischer Beteiligung tätig sind, oder für Ausländer Dienstleistungen anbieten, lassen sich mit einem westlichen Vornamen anreden.

2. Funktionen von «**zài**»
Wird «zài» als Vollverb benutzt, wird es im Deutschen mit «sich befinden», «liegen» oder einfach mit «da sein» übersetzt.

Lǐ zǒngjīnglǐ		**zài** ma?	***Ist*** *Hauptgeschäftsführer Li* ***da****?*	
(Lǐ zǒngjīnglǐ)		**zài.**	*Hauptgeschäftsführer Li*	***ist da.***
Tā	**bú**	**zài.**	*Er*	***ist nicht da.***

Dahinter folgt oft eine Ortsangabe.

Chuánzhēnjī		**zài nǎr?**	***Wo***	***ist***	*das Faxgerät?*
(Chuánzhēnjī)		**zài zhèr.**	***Hier***	***ist***	*das Faxgerät.*
Tā	**bú**	**zài Zhōngguó.**	*Er*	***ist nicht***	***in China****.*

⚠ Das Fragewort «**nǎr**» (wo) steht, wie chinesische Fragewörter im allgemeinen, im Fragesatz in der Regel an der Stelle, an der im Aussagesatz die Personen bzw. Dinge stehen, nach denen gefragt wird.
Hat «zài» dagegen Präpositionsfunktion (☞ Dialog E), wird es mit «an», «in» oder «bei» wiedergegeben.

Tāmen	**zài** nǎr	gōngzuò?	***Wo*** *arbeiten sie?*	
Tāmen	**zài** dàxué	gōngzuò.	*Sie arbeiten*	***an*** *der Universität.*
Tāmen bú	**zài** dàxué	gōngzuò.	*Sie arbeiten nicht*	***an*** *der Universität.*

3. Das Verb «**yǒu**» kann entweder «etwas haben, besitzen» bedeuten, oder das Vorhandensein von Dingen, Personen, Sachverhalten ausdrücken («es gibt, existiert»).

⚠ Im Gegensatz zu allen anderen Verben wird die Verneinung von «yǒu» mit «**méiyǒu**» gebildet. In der Umgangssprache kann das «yǒu» von «méiyǒu» auch wegfallen.

Tā	**yǒu**	míngpiàn.	*Sie* ***besitzt***	*eine*	*Visitenkarte.*
Tā	**méiyǒu**	míngpiàn.	*Sie* ***besitzt***	***keine***	*Visitenkarte.*
Zhèr	**méiyǒu**	diànhuà.	*Es* ***gibt*** *hier*	***kein***	*Telefon.*

⚠ Die Entsprechung zu «ja» und «nein» ist bei Fragen mit «yǒu» immer «yǒu» (für «ja») bzw.«méiyǒu» (für «nein»).

Nǐ yǒu diànhuàbù ma?		*Hast du ein Telefonbuch?*		
Yǒu,	wǒ yǒu diànhuàbù.	***Ja,***	*ich habe ein*	*Telefonbuch.*
Méiyǒu,	wǒ méiyǒu diànhuàbù.	***Nein,***	*ich habe kein*	*Telefonbuch.*

4. Das Substantiv «**hàomǎ**» (Nummer) fällt in der Umgangssprache häufig weg.
diànhuà hàomǎ ⇨ diànhuà; chuánzhēn hàomǎ ⇨ chuánzhēn

5. Telefon- und Zimmernummern werden nicht als ganze Zahlen ausgesprochen, sondern ihre Ziffern werden nacheinander genannt. Die Zahl eins («yī») wird dabei manchmal als «**yāo**» ausgesprochen.
sān yāo sì hào: *Nummer dreihundertvierzehn*

6. Das Fragewort «**duōshǎo**» fragt hier nach einer Zahlenfolge (Nummer).

Tā de diànhuà (hàomǎ) shì **duōshǎo**?	***Welche*** *Telefonnummer hat sie?*
Tā de diànhuà (hàomǎ) shì **568735.**	*Ihre Telefonnummer ist* ***568735.***

7. Die Formulierung «**tā jiā zài...**» (wörtlich: «ihr/sein Zuhause ist in...») kann auch mit «sie/er wohnt in...» wiedergegeben werden. Das Wort «**jiā**» bezieht sich immer auf die Familie, also entweder auf das Elternhaus oder die selbstgegründete Familie. Zwischen «jiā» und einem vorangestellten Personalpronomen oder einer Personenbezeichnung steht kein «de».

8. In China beginnt man bei der Betrachtung der Dinge immer mit den größeren Einheiten und geht dann zu kleineren über. So auch bei Adressen oder der Datumsangabe (☞ Lektion 4, Punkt 6 der Anmerkungen).

Beispiel:	Land:	Zhongguo
	Stadt:	Tianjin
	Straße:	Wuyi Lu 10 hao
	Name:	Zhang Lijia

Wortfelder

Kontinente:

Yàzhōu	Ōuzhōu *(Europa)*	Měizhōu *(Amerika)*
Fēizhōu *(Afrika)*	Àozhōu *(Australien)*	

Weltstädte

Niǔyuē *(New York)*	Huáshèngdùn *(Washington)*	Sūlíshì *(Zürich)*
Lúndūn *(London)*	Dōngjīng *(Tokyo)*	Mòsīkē *(Moskau)*
Wéiyěnà *(Wien)*	Bālí *(Paris)*	Luómǎ *(Rom)*

Chinesische Städte

Běijīng *(Peking)*	Shànghǎi	Chóngqìng
Guǎngzhōu *(Kanton)*	Nánjīng *(Nanking)*	Xiānggǎng *(Hongkong)*
Shěnyáng	Qīngdǎo *(Tsingtao)*	Xī'ān

Deutsche Städte

Fǎlánkèfú *(Frankfurt)*	Bō'ēn *(Bonn)*	Bólín *(Berlin)*
Hǎidébǎo *(Heidelberg)*	Bùláiméi *(Bremen)*	Délèisīdùn *(Dresden)*
Mùníhēi *(München)*	Láibǐxī *(Leipzig)*	Sītújiātè *(Stuttgart)*

Straßennamen

Wǔyī Lù *(Wuyi-Straße)* Tàipíng Jiē *(«Straße des höchsten Friedens»)*
Xī'ān Dàjiē *(Xi'an Boulevard)*
Tiān'ānmén Guǎngchǎng *(Platz des Himmlischen Friedens)*

Schulen

xuéxiào *(Schule)*	xiǎoxué *(Grundschule)*
zhōngxué *(Mittelschule, Gymnasium)*	dàxué
xuéyuàn *(Institut, Hochschule)*	
xuéshēng *(Schüler, Student)*	lǎoshī *(Lehrer, -in)*
xiǎoxuéshēng *(Grundschüler, -in)*	zhōngxuéshēng *(Mittelschüler, -in)*
dàxuéshēng *(Student, -in)*	

shuòshì *(Magister)* bóshì *(Doktor, -in)* jiàoshòu *(Professor, -in)*

9. Positiv-Negativ-Fragesätze (Prädikat-«**bu**»-Prädikat-Fragesätze)
Als Alternative zum Anhängen des Fragepartikels «ma», entsteht ein Fragesatz auch dadurch, daß ein Prädikat mit seiner verneinten Form («bù» + Prädikat) erweitert wird. Diese Konstruktion kann auch verwendet werden, wenn das Prädikat ein Adjektiv ist. Allerdings darf vor dem Adjektiv dann, wie im Fragesatz mit «ma», weder «hěn» noch ein anderes Adverb stehen.

Zhè **shì bu shì** Lǐ xiānsheng? — *Ist das Herr Li?*
Tā de Yīngyǔ **hǎo bu hǎo**? — *Ist ihr Englisch gut?*

⚠ Beachten Sie: Ist «yǒu» das Prädikat, lautet der entsprechende Positiv-Negativ-Fragesatz «**yǒu mei yǒu**».

Nǐ **yǒu mei yǒu** tā de míngpiàn? — *Hast du seine Visitenkarte?*
Tā de bàngōngshì **yǒu mei yǒu** diànhuà? — *Gibt es in ihrem Büro ein Telefon?*

10. Die Adverbien «**zhǐ**» (nur) und «**hái**» (noch) stehen im Gegensatz zum Deutschen nicht hinter, sondern vor dem Prädikat.

Wǒ **zhǐ** shuō Déyǔ. — *Ich spreche **nur** Deutsch.*
Tā **hái** méiyǒu míngpiàn. — *Er hat **noch** keine Visitenkarte.*

Übungen

1. Basisübung

a) Lesen Sie folgende Nummern (in Einzelziffern) auf Chinesisch:

1 2 3 4 5 6 7 8 9 10 — 123 321 — 456 654 — 78910 10987 — 12345 678910 — 109876 54321 — 13579 246810

b) Bringen Sie folgende Prädikate zusammen mit ihren Verneinungen ins Chinesische und bilden Sie in einem zweiten Schritt mit den Prädikaten kurze Sätze:

sein — haben — sich befinden — beschäftigt sein — sprechen — kennen — arbeiten

c) Übertragen Sie folgende Ausdrücke ins Chinesische unter Verwendung des Wortes «jiā»:

meine Wohnung — dein Zuhause — ihre Wohnung — die Wohnung meines älteren Bruders — die Wohnung von Manager Wang — die Wohnung von Frau Schuhmann — die Wohnung seiner Sekretärin — die Wohnung meiner Freundin — die Wohnung seines japanischen Freundes — die Wohnung der Kollegin von Herrn Schuhmann — meine Privatadresse — die Telefonnummer ihrer Wohnung — die Privatadresse meines Freundes — die Faxnummer der Wohnung von Manager Wang — die Telefonnummer der Wohnung deiner Kollegin — Telefon- und Faxnummer der Wohnung von Frau Hu

2. Austauschübung

a) Diànhuàbù zài năr?
Zài zhèr/nàr.

diànhuà	chuánzhēn
Kèlè xiānsheng	Wŭyī Lù
nĭ de bàngōngshì	Lĭ xiānsheng de míngpiàn

b) Nĭ zài năr gōngzuò?
Wŏ zài Mĕiguó gōngzuò.

jiā (lĭ)	bàngōngshì
Àodí Gōngsī	Shànghăi
Rìbĕn gōngsī	Wŭhàn Dàxué

c) Nĭ yŏu tā de diànhuà ma?
Wŏ méiyŏu tā de diànhuà.

tāmen de míngpiàn	tā jiā de dìzhĭ
zhèr de diànhuàbù	Wàn jīnglĭ de chuánzhēn

3. Frage-Antwort-Übung

Beantworten Sie als Sprecher B die Fragen von Sprecher A.

A: Qĭngwèn, nĭmen jīnglĭ zài ma?	B: ....
A: Wŏmen de diànhuàbù zài năr?	B: ....
A: Nàr yŏu Wáng xiānsheng de míngpiàn ma?	B: ....
A: Nĭ de diànhuà/chuánzhēn shì duōshăo?	B: .... Und deine?
A:	
A: Zhè shì bu shì tāmen de dìzhĭ?	B: .... (ja/nein)
A: Tā shì shéi?	B: ....
A: Nĭ rènshi Zhāng xiăojiĕ ma?	B: Nein, wer...................?
A: Tā jiā zài bu zài Bĕijīng?	B: .... (nein)
A: Tā de bàngōngshì yŏu mei yŏu diànhuà?	B:....................................
A: Tā yŏu mei yŏu nán péngyŏu?	B:....................................
A: Nĭ zuìjìn zài năr gōngzuò?	B: ....
A: Shéi rènshi Zhāng lăoshī?	B: ....
A: Shéi zài Yīngguó gōngzuò?	B: ....
A: Nĭ rènshi shéi?	B: ....

4. Satzumwandlungen

a) Verwandeln Sie folgende Sätze in Positiv-Negativ-Fragesätze:

tā shì fānyì — nĭ yŏu míngpiàn — tā zài — tāmen bù máng — tāmen bù shuō Hànyŭ — tā rènshi tā — tā bù gōngzuò

b) Verwandeln Sie die folgenden Sätze in Fragesätze, wobei Sie jeweils die Fragepronomen ergänzen, die nach den unterstrichenen Satzteilen fragen. Geben Sie anschließend verneinende Antworten:

Tāmen de diànhuà hé chuánzhēn hàomă zài zhèr.
Yàzhōu Gōngsī de chuánzhēn shì 670098.
Lĭ xiăojiĕ xiànzài zài Mĕiguó gōngzuò.

Sāngdé nǚshì rènshi Liú nǚshì hé Hú xiānsheng.
Sāngdé nǚshì rènshi Zhāng xiānsheng hé Lǐ nǚshì.
Tā jiā zài Běijīng Lù.
Wǒ yǒu tā gōngsī de diànhuà.

5. Wie sagt man's auf Chinesisch?

a) Ist Frau Wu da? — Nein, sie ist nicht da.
b) Wo ist sie? — Sie ist im Büro.
c) Wo ist die Firma Asien?
d) Wie lautet ihre Telefonnummer und Faxnummer?
e) Wer ist ihr (fester) Freund?
f) Kennt ihr ihn alle?
g) Wer ist in ihrem Büro?
h) Wen kennt seine Übersetzerin?
i) Wer kennt den Assistenten von Frau Wang?
j) Ist Guangdong-Straße Nummer 6 seine Privatadresse?
k) Das ist ihre frühere Telefonnummer. Die jetzige Telefonnummer ist 67001131.
l) In unserer Firma gibt es Dolmetscher, in ihrer Firma nicht.
m) Er hat früher in einer US-Firma gearbeitet.
n) Wo hat er früher gearbeitet?
o) Kennst du sie? Sie war früher Professorin der Peking-Universität.
p) Ich kenne Zhang Lijia. Sie war früher Studentin der Universität Hamburg. Jetzt arbeitet sie in Tianjin. Ich habe ihre private Telefonnummer noch nicht.

Ein chinesisches Lotterielos. Die Acht gilt als besondere Glückszahl.

6. Gelenkter Dialog

Übernehmen Sie die Rolle von A oder B (oder C) und führen Sie anhand der nachfolgenden Vorgaben einen Dialog mit einem Partner oder einer Partnerin

a) **A** fragt B, ob sie Hu Yiping kenne. — **B** bejaht und sagt, daß sie mit ihr befreundet sei. Sie will wissen, wo Frau Hu gerade ist. — **A** nennt ihr ihre Arbeitsstelle (Peking) und ihre Beschäftigung (Dolmetscherin). — **B** will ihre Adresse wissen. Sie hat zwar eine Adresse, aber diese ist nicht aktuell. — **A** nennt B Frau Hus neue Adresse (mit Postleitzahl). — **B** will wissen, ob sie die Telefonnummer hat. — **A** meint nein.

b) **A** will sich von B die Vermutung bestätigen lassen, daß Herr Li noch in Shanghai ist. — **B** sagt A, daß er woanders (z.B. Tianjin) arbeitet. — **A** fragt nach der Adresse. — **B** hat sie auch nicht. — **A** will wissen,

Das Beijing Lufthansa Center, ein deutsch-chinesisches Gemeinschaftsunternehmen.

ob zwei andere Bekannte (X und Y) die Adresse haben. — **B** meint, auch diese beiden hätten sie nicht. — **A** erkundigt sich, ob B die Freundin von Herrn Li kennt. — **B** fragt nach dem Namen der Freundin. — **A** nennt den Namen. — **B** kennt sie, aber er weiß nicht, ob sie noch in Shanghai ist. — **A** meint, sie sei in Shanghai. — **B** fragt nach ihrer Telefonnummer. — **A** nennt sie ihm (87231110).

7. Frage, Antwort und Nacherzählung

Suchen Sie ein Foto oder eine lustige Werbeanzeige aus einer Zeitung bzw. Zeitschrift heraus, worauf eine Person abgebildet ist. Stellen Sie dann einem Partner bzw. einer Partnerin beliebige Fragen zu dieser Person (beziehen Sie dabei nach Möglichkeit auch einige Fragen aus Lektion 2 mit ein). Zum Beispiel:

Wer die Person ist und ob Ihr Partner bzw. Ihre Partnerin sie kennt — wo sie sich befindet — ob ihr Partner bzw. Ihre Partnerin sich auch in diesem Land bzw. dieser Stadt befindet — was sie arbeitet/studiert — wo sie früher gearbeitet/studiert hat — ob Ihre Partnerin bzw. Ihr Partner ihre Telefonnummer oder Adresse hat — wo sie zu Hause ist — ob sie dort ein Faxgerät hat.

Nachdem alle Fragen beantwortet worden sind, fassen Sie selbst das Gesagte noch einmal zusammen.

Lektion 4: Uhrzeit und Datum

Zielsätze

1. Xiànzài jǐ diǎn?	*Wieviel Uhr ist es jetzt?*
2. Nǐ zhīdào xiànzài jǐ diǎn?	*Weißt du, wieviel Uhr es jetzt ist?*
3. Wǒmen zhèr shì xiàwǔ.	*Bei uns ist es Nachmittag.*
4. Jīntiān jǐ hào? Xīngqī jǐ?	*Der Wievielte ist heute und welcher Wochentag?*
5. Nǐ kàn, zhè shì jīntiān de bàozhǐ.	*Schau mal: Das ist die Zeitung von heute.*

Dialog 1

Herr Klee (A) will seine Firma in Deutschland anrufen. Da er noch nicht lange in China ist, ist er unsicher über den Zeitunterschied und fragt deshalb eine Kollegin (B):

A: Xiànzài jǐ diǎn?	*Wieviel Uhr ist es jetzt?*
B: Xiànzài yī diǎn bàn.	*Jetzt ist es halb zwei.*
A: Nǐ zhīdào xiànzài Déguó jǐ diǎn?	*Wissen Sie, wieviel Uhr es jetzt in Deutschland ist?*
B: Xiànzài wǒmen zhèr shì xiàwǔ yī diǎn bàn, Déguó shì zǎoshàng liù diǎn bàn.	*Bei uns ist jetzt nachmittags halb zwei, dann ist es in Deutschland morgens halb sieben.*
A: Déguó xiànzài shì xiàjì shíjiān.	*Deutschland hat gerade die Sommerzeit.*
B: Ò, duì, duì, nàr yīnggāi shì zǎoshàng qī diǎn bàn.	*Ach richtig, richtig – dort müßte es (dann) morgens halb acht sein.*

Dialog 2

Der Manager Bauer (A) ißt mit einem chinesischen Kollegen Liu (B) in einem privaten Restaurant einer Provinzstadt zu Mittag. An der Wand hängt zur Dekoration ein alter Kalender mit Frauenmode-Modellen:

A: Liú xiānsheng, jīntiān jǐ hào? Xīngqī jǐ?	*(Herr) Liu, der Wievielte ist heute? Und welcher Wochentag?*
B: Jīntiān? Zuótiān xīngqī'èr, shì wǒ mèimei de shēngrì. Jīntiān shì shí hào, xīngqīsān.	*Heute? Gestern war Dienstag, der Geburtstag meiner jüngeren Schwester. Und heute ist Mittwoch der Zehnte.*
A: Bú duì, nǐ kàn, jīntiān shì shíyī hào, xīngqīsān.	*Stimmt nicht.* (Er deutet auf den Kalender.) *Schau mal, heute ist Mittwoch der Elfte.*

B: Zhè shì qùnián de yuèlì.	*Das ist ein Kalender vom letzten Jahr.*
A: Shì ma?	*Wirklich?*
B: Zhè shì jīntiān de bàozhǐ, yī jiǔ jiǔ liù nián yī yuè shí rì xīngqīsān.	*Das ist die Zeitung von heute, Mittwoch dem 10. Januar 1996.*
A: Ò, duìbuqǐ.	(Bauer schüttet versehentlich etwas Tee über die Zeitung): *Oh, Entschuldigung!*
B: Méi guānxi.	*Macht nichts.*

Neue Wörter und Ausdrücke

jǐ diǎn?	*wieviel Uhr?*
diǎn	*...Uhr* (☞ Lektion 8, 15)
bàn	*halb; Hälfte*
zhīdào	*wissen, kennen*
Déguó	*Deutschland*
xiàwǔ	*Nachmittag, nachmittags*
zǎoshàng	*Morgen, morgens*
xiàjì shíjiān	*Sommerzeit* (In China wird die Zeit im Sommer nicht umgestellt)
shíjiān	*Zeit, Zeitdauer*
duì	*richtig, genau*
yīnggāi	*sollte, müßte*
jīntiān	*heute*
jǐ hào?	*der wievielte?*
hào	*Datum: der ~te* (meist in der Umgangssprache)
xīngqī jǐ?	*welcher Wochentag?*
xīngqī	*Woche, Wochentag*
zuótiān	*gestern*
mèimei	*jüngere Schwester*
shēngrì	*Geburtstag*
bú duì	*falsch; nicht stimmen*
kàn	*sehen, schauen; besuchen*
qùnián	*das vergangene Jahr, letztes Jahr*
yuèlì	*Monatskalender*
shì ma?	*tatsächlich?! wirklich?!*
bàozhǐ	*Zeitung*
nián	*Jahr*
yuè	*Monat*
rì	*Datum: der ~te* (meist in der Schriftsprache)
duìbuqǐ	*Entschuldigung! / Es tut mir leid!*
méi guānxi	*Keine Ursache! / Macht nichts!*

Anmerkungen und grammatische Erklärungen

1. Uhrzeitangabe und Frage nach der Uhrzeit
Bei der Uhrzeitangabe wird die jeweilige Zahl vor das Wort «**diǎn**» gestellt.

bā diǎn: *acht Uhr*

⚠ Bei «zwei Uhr» sagt man «**liǎng** diǎn» (☞ Lektion 6, Punkt 7 der Anmerkungen), nicht «èr diǎn»!

«Halbe Stunden» werden durch das Anhängen von «**bàn**» (Hälfte, halb) angegeben. Ausgegangen wird immer von der bereits überschrittenen Stunde.

liù diǎn bàn: *halb sieben* (wörtlich: *ein halb nach sechs*)

Ähnlich werden «Viertel- und Dreiviertelstunden» durch Hinzufügen von «**yī kè**» (Viertel nach...) bzw. «**sān kè**» (drei Viertel / Viertel vor ...) bezeichnet.

liù diǎn yī kè: *Viertel nach sechs;* jiǔ diǎn sān kè: *Viertel vor zehn*

«Yī kè», «bàn» und «sān kè» können auch durch die Angabe der entsprechenden Minuten («**fēn**») hinter der vollen Stunde ersetzt werden, also durch «shíwǔ fēn» (15 Minuten), «sānshí fēn» (30 Minuten) und «sìshíwǔ fēn» (45 Minuten).

⚠ Wird eine Minutenzahl von 1-9 hinter einer vollen Stunde genannt, muß zuvor eine Null mitgesprochen werden:

sieben Uhr fünf = qī diǎn **líng** wǔ fēn.

«**Jǐ diǎn**» (wörtlich: wieviele Stunden?) fragt nach der Uhrzeit. Die nähere Bestimmung welcher Uhrzeit (z. B. «gestern um... Uhr») steht immer vor dem Fragewort.

Xiànzài jǐ diǎn? — *Wieviel Uhr ist es **jetzt**? / Wie spät ist es **jetzt**.*

2. «**Zhīdào**» bezeichnet das Kennen von Sachverhalten, Dingen und Personen. Im Gegensatz zu «rènshi» bedeutet «zhīdào» in Bezug auf Menschen aber kein persönliches Kennen.

Wǒ **zhīdào** Dèng Xiǎopíng. — *Ich **kenne** Deng Xiaoping (weiß, wer er ist).*

Zieht «zhīdào» als Objekt einen vollständigen Satz nach sich, hat dieser die Wortstellung Subjekt-Prädikat-Objekt. Im Deutschen wird oft mit «daß» angeschlossen.

Tāmen zhīdào tā zài Tiānjīn. — *Sie wissen, **daß** er in Tianjin ist.*

3. «**Wǒmen zhèr**» (bei uns):

⚠ Um im Chinesischen «bei/von/zu jemandem» auszudrücken, muß man direkt hinter das Personalpronomen noch ein Ortspronomen setzen.

Tāmen nàr méiyǒu chuánzhēn. — ***Bei ihnen** gibt es kein Fax.*
Diànhuàbù zài **shéi nàr**? — ***Bei wem** ist das Telefonbuch?*

4. «**Yīnggāi**» (sollte, müßte) drückt eine (starke) Annahme oder eine Folgerung aus.

Tā bàba shì Rìběn rén. Tā de Rìyǔ **yīnggāi** hěn hǎo.
*Ihr Vater ist Japaner. Also **sollte/müßte** ihr Japanisch (eigentlich) sehr gut sein.*

5. Die Zahlen von 11-99
Steht vor der Zahl Zehn («shí») eine Zahl von 2-9, wird durch diese Zahl ein Mehrfaches von Zehn angegeben. Die vor Zehn stehende Zahl ist also als ein Multiplikator aufzufassen.

èrshí: *20*; sānshí: *30;* sìshí: *40*; wǔshí: *50* usw.

Steht hinter einer Zehnerstelle eine Zahl von 1-9, so wird diese Zahl zu der jeweiligen Zehnerstelle hinzuaddiert.
Shíyī: *11*; shí'èr: *12*; shísān: *13*; shísì: *14*; shíwǔ: *15* usw.
Èrshíyī: *21*; èrshí'èr: *22*; èrshísān: *23*; èrshísì: *24*; èrshíwǔ: *25* usw.

6. Datumsangabe und Frage nach dem Datum
Bei der Datumsangabe werden die Zahlen den Datumseinheiten («**hào**»/«**rì**», «**yuè**» und «**nián**») immer vorangestellt.
Die Jahreszahl wird dabei in der Reihenfolge ihrer Ziffern ausgesprochen.

yī jiǔ jiǔ liù nián: *das Jahr **1996***

Die Monate werden ebenso wie die Kalendertage durchgezählt.

bā **yuè**: *August*; wǔ **hào**: *der Fünfte*

«**Hào**» wird vor allem in der Umgangssprache, «**rì**» in der Schriftsprache, aber auch allgemein in den Medien verwendet.

Auch die Wochentage werden von Montag bis Samstag durchgezählt. Die entsprechende Zahl steht allerdings hinter «**xīngqī**» (Woche).

xīngqīyī: *Montag («Wochentag eins»)* xīngqī'èr: *Dienstag*
xīngqīsān: *Mittwoch* usw.

Der Sonntag wird mit «**xīngqīrì**» oder mit «**xīngqītiān**» bezeichnet.

Eine Besonderheit bei Datumsangaben ist schließlich, daß immer die größere Einheit vor der kleineren genannt wird.

1997 **nián** 10 **yuè** 21 **hào**: 21. Oktober 1997

Treten zu einer Datumsangabe Wochentag, Tageszeit und Uhrzeit, werden diese in folgender Reihenfolge hinter die Einheit «Tag» gesetzt:
(X nián X yuè) 21 hào xīngqī'èr xiàwǔ wǔ diǎn shí fēn.
Dienstag, der 21. (X. Monat X. Jahr) Nachmittags fünf Uhr zehn.
Ebenso wie bei der Frage nach der Uhrzeit wird bei der Frage nach dem Monat und dem Tag vor die entsprechende Datumseinheit das Wort «**jǐ**» und (vor «jǐ»)

Vor einer Fluganzeigetafel

eine nähere Zeitbestimmung (zum Beispiel «gestern/heute/morgen» usw.) gesetzt.

Míngtiān **jǐ** hào? — Míngtiān bā hào.
Der wievielte *ist morgen?* — *Morgen ist der Achte.*

Eine Ausnahme bildet die Frage nach dem Wochentag («**xīngqī**»). Hier steht «**jǐ**» dahinter.
Jīntiān xīngqī **jǐ**? — ***Welcher*** *Wochentag ist heute?*

7. In Sätzen der Umgangssprache, die entweder die Zeit, das Wetter (☞ Lektion 11), oder Preise (☞ Lektion 7) angeben, wird normalerweise «**shì**» nicht verwendet. Nur bei der Verneinung oder zur besonderen Betonung stehen «**bú shì**» bzw. «**shì**».

Jīntiān jǐ hào? — Jīntiān shí hào. — Bù, jīntiān **bú shì** shí hào, **shì** shíyī hào!
Der Wievielte ist heute? — Heute ist der Zehnte. — Nein, heute ist nicht der Zehnte, sondern der Elfte!

8. «**Nǐ kàn**» (schau mal) will die Aufmerksamkeit einer Person auf etwas ziehen. Wird eine Namensanrede verwendet, steht sie meistens vor «nǐ kàn».

Wortfelder

Uhrzeitangabe

~ fēn *(~ Minuten)*
yī kè/shíwǔ fēn *(Viertel nach/15 Minuten)*
bàn/sānshí fēn *(halb/30 Minuten)*
sān kè/sìshíwǔ fēn *(drei Viertel/45 Minuten)* ~ diǎn

Tageszeiten

zǎoshàng
zhōngwǔ *(Mittag,mittags)*
wǎnshàng *(Abend, abends)*
shàngwǔ *(Vormittag, vormittags)*
xiàwǔ

Weitere Zeitangaben

zuótiān	jīntiān	míngtiān *(morgen)*
qùnián	jīnnián *(dieses Jahr)*	míngnián *(nächstes Jahr)*
shàng (ge) xīngqī *(letzte Woche)*	zhè (ge) xīngqī *(diese Woche)*	xià (ge) xīngqī *(nächste Woche)*
shàng ge yuè *(letzten Monat)*	zhè ge yuè *(diesen Monat)*	xià ge yuè *(nächsten Monat)*

zhōumò *(Wochenende)*

Kalender:

rìlì *(Abreißkalender)* yuèlì niánlì *(Jahreskalender)*

Druckerzeugnisse

bàozhǐ zázhì *(Zeitschrift, Magazin)* huàbào *(Illustrierte)*

Namen einiger Zeitungen

Rénmín Rìbào *(Volkszeitung)*
Zhōngguó Rìbào *(China Daily)*
Běijīng Wǎnbào *(Pekinger Abendzeitung)*
Jīngjì Rìbào *(Wirtschaftszeitung)*
Jīngjì Xīnwén *(Wirtschaftsnachrichten)*
kàn bào *(Zeitung lesen)*

Datum

xīngqīyī *(Montag)* xīngqī'èr *(Dienstag) usw.*
xīngqītiān / xīngqīrì *(Sonntag)*
yī yuè *(Januar)* èr yuè *(Februar) usw.*

Übungen

1. Basisübung

a) Lassen Sie sich von einem Partner/einer Partnerin auf Deutsch verschiedene Uhrzeiten nennen, die Sie ins Chinesische bringen müssen.

b) Lassen Sie sich in gleicher Weise Wochentage nennen und übersetzen Sie.

c) Nun lassen Sie sich die nachfolgenden Datumsangaben nennen und geben die jeweilige chinesische Entsprechung:
31.12. — 20.6, — 16.2. — 8.8. — 30.6. — 17.9. — 1.10. — 19.7. — 26.3. — 1.1. — 14.4. — 16.11.

d) Wiederholen Sie die gleiche Übung mit einigen Jahreszahlen:
1911 — 1949 — 2000 — 1921 — 1945 — 1937 — 1894 — 1966 — 1919 — 2020

e) Übertragen Sie folgende Ausdrücke ins Chinesische:
bei Frau Fan — bei ihnen — bei Herrn Gu — bei Sekretärin Li — bei ihm — bei uns — bei Lehrer Fang — bei wem — bei der Dolmetscherin — bei Manager Luo — bei dir — bei meiner Freundin — bei ihren Schülern — bei ihr — bei seinem Kollegen Herrn Li — bei euch — bei meinen Eltern

2. Austauschübung

a) Lǐ xiānsheng, nǐ zhīdào Liú xiǎojiě zài nǎr?
Zài Hú nǚshì nàr.

wǒmen zhèr
Zhāng jīnglǐ nàr
tā jiějie nàr
tā péngyǒu nàr
tā tóngshì nàr
tāmen nàr

b) Nǐ kàn, zhè shì jīntiān de bàozhǐ.

jīntiān de Jīngjì Rìbào
zuótiān de Zhōngguó Rìbào
jīntiān de Déguó bàozhǐ
zuótiān de Yīngguó bàozhǐ

3. Frage-Antwort-Übung

Beantworten Sie als Sprecher B die Fragen von Sprecher A.

A: Xiànzài jǐ diǎn? B: ....
A: Nǐ zhīdào xiànzài Niǔyuē jǐ diǎn? B: ....
A: Zhōngguó yǒu xiàjì shíjiān ma? B: .... (nein)
A: Jīntiān jǐ hào? B: ....
A: Jīntiān xīngqī jǐ? B: ....
A: Jīntiān jǐ hào? Xīngqī jǐ? B: ....
A: Duìbuqǐ. B: ....

A: Fēicháng duìbuqǐ. B:...
A: Nǐ de shēngrì shì jǐ yuè jǐ hào? B:...
A: Diànhuàbù zài nǐ nàr ba? B: .... (ja/nein)
A: Nǐ yǒu mei yǒu jīntiān de bàozhǐ? B: .... (ja/nein)
A: Zhè shì jǐ hào de bàozhǐ? B:...
A: Zhè shì xīngqī jǐ de bàozhǐ? B: ....
A: Zhè shì shénme bàozhǐ? B:...
A: Jīntiān de bàozhǐ zài shéi nàr? B:...

4. Wie sagt man's auf Chinesisch?

a) nachmittags halb fünf — vormittags Viertel nach zehn — abends Viertel vor zehn — morgens Viertel vor sechs — nachmittags fünf Uhr 55 — mittags zwölf Uhr eins

b) heute Mittag um zwölf — morgen Vormittag halb elf — gestern Abend Viertel nach acht — morgen Abend zehn nach elf — gestern Morgen fünf nach sechs — heute Nachmittag zehn vor vier

c) Montag Abend neun Uhr — Mittwoch Mittag halb zwölf — Sonntag Mittag Viertel nach zwölf — Samstag Abend zehn nach zehn — Dienstag Nachmittag zwanzig nach drei — Donnerstag Morgen fünf vor acht

d) Dein Geburtstag ist am Sechsten, nicht wahr? — Der 31. Mai ist der Geburtstag seines Vaters. — Der Geburtstag ihrer Mutter ist nicht der 10. Juni, sondern der 20. Juni.

e) Manager Wang ist abends am Sechsten nicht in seinem Büro. — Frau Zhang war am Montag Vormittag nicht bei mir. — Am 31. Mai ist er bei seinem Vater. — Am 22. Juni abends ist sie nicht bei ihrer Mutter. — Bei uns gibt es keine China Daily. — Bei Manager Wang liegt die Volkszeitung.

f) Ich lese im Büro chinesische Zeitungen und zu Hause deutsche Zeitungen.

g) Bei wem ist das Telefonbuch von Shanghai? — Bei Manager Wang.

h) Das ist ein (Monats)Kalender vom letzten Jahr. Schau mal: Dies ist die heutige Wirtschaftszeitung. Heute ist Mittwoch, der 10. Januar 1996.

5. Gelenkter Dialog

Übernehmen Sie die Rolle von A oder B (oder C) und führen Sie anhand der nachfolgenden Vorgaben einen Dialog mit einem Partner oder einer Partnerin.

a) **A** möchte das aktuelle Datum wissen. — **B** meint, daß der 16. ist. — **A** widerspricht und behauptet, es sei der 17. — **B** zweifelt, weil an diesem Tag der Geburtstag seines älteren Bruders ist. — **A** entgegnet, daß der Geburtstag seiner Mutter auch an diesem Tag sei. — **B** hält an seiner Meinung fest und verweist auf die neueste Ausgabe der Pekinger Abendzeitung. — **A** gibt zu, daß tatsächlich der 16. ist und der Geburtstag seiner Mutter (erst) am nächsten Tag.

b) **A** erkundigt sich bei einem Kollegen (B) nach der augenblicklichen Uhrzeit in China. — **B** antwortet, daß es bei ihnen hier nachmittags ein Uhr und in China also acht Uhr abends ist. — **A** macht B auf die Sommerzeit in Deutschland aufmerksam. — **B** gibt A recht und meint, daß es dann in China sieben Uhr sein müßte. — **A** fragt, ob es in China auch die Sommerzeit gibt. — **B** verneint. — **A** erkundigt sich, ob B am vergangenen Abend zu Hause gewesen ist. — **B** bestätigt, zu Hause gewesen zu sein. — **A** fragt genauer nach, ob er um sieben Uhr zu Hause gewesen ist. — **B** verneint und sagt, daß er um sieben Uhr im Büro Zeitung gelesen hat.

6. Frage, Antwort und Nacherzählung

Suchen Sie ein Foto oder eine lustige Werbeanzeige aus einer Zeitung bzw. Zeitschrift heraus, worauf eine Person abgebildet ist. Stellen Sie dann einem Partner bzw. einer Partnerin beliebige Fragen zu dieser Person (beziehen Sie dabei nach Möglichkeit auch einige Fragen aus Lektion 2 und 3 mit ein). Zum Beispiel:

Wer die Person ist und ob Ihr Partner bzw. Ihre Partnerin sie kennt — wie sie heißt — aus welchem Land sie kommt (bzw. ob sie aus dem Land X oder dem Land Y kommt) — ob sie die Sprache X oder Y spricht/lernt — wo sie sich befindet — ob ihr Partner bzw. Partnerin sich auch in diesem Land / dieser Stadt befindet — wo sie arbeitet/studiert — wie ihre Firma/Universität heißt — ob ihre Partnerin bzw. Partner ihre Telefonnummer oder Adresse hat — wo sie zu Hause ist — ob sie dort ein Faxgerät hat.

Nachdem alle Fragen beantwortet worden sind, fassen sie selbst das Gesagte nocheinmal zusammen.

Im Unterschied zur westlichen Astrologie gelten die chinesischen Tierkreiszeichen jeweils ein Jahr lang.

Lektion 5: Orte und Entfernungen

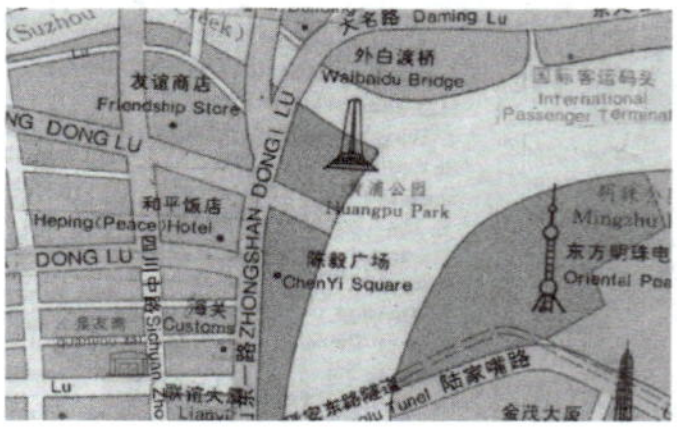

Zielsätze

1. Nǐ zhǎo shénme?	*Was suchst du?*
2. Dìtú zài nàxiē shū xià.	*Der Stadtplan ist unter den Büchern dort.*
3. Zhè shì shéi de zhuōzi?	*Wessen Schreibtisch ist das?*
4. Nǐ shénme shíhòu qù Shànghǎi?	*Wann fährst du nach Shanghai?*
5. Bàngōnglóu bú zài qiánbiān.	*Das Verwaltungsgebäude ist nicht da vorne.*

Dialog 1

Herr Sand (A) durchstöbert im Büro einige Schubladen und Bücherborde. Sein Kollege Hu (B) wird darauf aufmerksam:

B: Sāngdé xiānsheng, nǐ zhǎo shénme?	*Herr Sand, was suchen Sie?*
A: Wǒ zhǎo Shànghǎi Dìtú, Shànghǎi Dìtú zài nǎr?	*Ich suche den Stadtplan von Shanghai, wo ist er?*
B: Zài nàxiē shū xià. Nǐ shénme shíhòu qù Shànghǎi?	*Er liegt unter den Büchern dort. Wann fahren Sie nach Shanghai?*
A: Xià xīngqīyī qù. Wǒmen yǒu mei yǒu Pǔdōng Tèqū Dìtú?	*Am Montag nächster Woche. Haben wir einen Plan von der Sonderzone Pudong?*
B: Yǒu, zài zhuō shàng.	*Ja, er liegt auf dem Schreibtisch.*
A: Zài shéi de zhuō shàng?	*Auf wessen Schreibtisch?*
B: Zài Wàn gōngchéngshī de zhuō shàng.	*Auf dem Schreibtisch von Ingenieur Wan.*
A: Zhè shì Zhōngwén dìtú, wǒmen yǒu mei yǒu Yīngwén dìtú?	*Das ist ein chinesischer Stadtplan. Haben wir auch einen englischsprachigen?*
B: Wǒmen hái méiyǒu Yīngwén dìtú.	*Wir haben noch keinen in englischer Sprache.*

Dialog 2

Frau Bauer (A) will zur Verkaufsabteilung der Fabrik, in der sie noch nicht lange beschäftigt ist, und fragt einen Arbeiter (B) nach dem Weg:

A: Qǐngwèn, bàngōnglóu zài nǎr?	*Entschuldigung, eine Frage: Wo ist das Verwaltungsgebäude?*

Ein chinesisch-deutsches Joint-Venture-Unternehmen baut eine Produktionsanlage für Kunststoffe in Nanjing.

B: Nín zhǎo bàngōnglóu? Bàngōnglóu zài qiánbiān.	*Sie suchen das Verwaltungsgebäude? Das ist da vorne.*
A: Dàgài duō yuǎn?	*Wie weit ist es ungefähr?*
B: Dàgài èrbǎi mǐ. Nǐ kàn, qiánbiān de gāo lóu shì sān chējiān, bàngōnglóu zài sān chējiān hòubiān.	*Ungefähr 200 Meter. Schauen Sie, das vordere hohe Gebäude ist Werkhalle 3 und das Verwaltungsgebäude liegt dahinter.*
A: Xièxie.	*Dankeschön.*
B: Bú kèqi.	*Keine Ursache.*
A: Shùnbiàn wèn yīxià, xiāoshòubù zài jǐ lóu?	*Übrigens, in welchem Stockwerk ist die Verkaufsabteilung?*
B: Xiāoshòubù bú zài bàngōnglóu, zài wǔ hào lóu èr lóu.	*Die Verkaufsabteilung ist nicht im Verwaltungsgebäude, sondern in Gebäude Nummer fünf, zweiter Stock.*

Neue Wörter und Ausdrücke

zhǎo	*suchen* (☞ Lektion 8)
shénme	*was, was für ein*
dìtú	*(Stadt-)Plan, Landkarte*
nàxiē	Plural: *jene* ☯ **zhèxiē**: *diese*
(yī)xiē	*einige, ein paar*
shū	*Buch*
xià/xiàbiān	*unter, unterhalb; unten*
shénme shíhòu	*wann*
shíhòu	*Zeit; Zeitpunkt, Moment*
qù	*hingehen, gehen nach, fahren nach; weggehen*
xià	*nächste, -r, -s* ☯ **shàng**: *letzte, -r, -s*
tèqū	*Sonderzone, Sondergebiet*
zhuō(zi)	*(Schreib-)Tisch*
shàng/shàngbiān	*auf, darauf; oberhalb, über; oben*
shéi de	*wessen*
gōngchéngshī	*Ingenieur, -in*
Zhōngwén	*Chinesisch*
Yīngwén	*Englisch*

bàngōnglóu	*Verwaltungsgebäude*
qián/qiánbiān	*vor, davor; vorn*
dàgài	*etwa, ungefähr* (☞ Lektion 15)
duō	*wie*
yuǎn	*weit, fern* ☯ **jìn**: *nah, in der Nähe*
bǎi	*hundert*
mǐ	*Meter*
gāo	*hoch* ☯ **dī**: *niedrig, tief*
lóu	*Gebäude; Stockwerk, Etage*
chējiān	*Werkhalle*
hòu/hòubiān	*hinter, dahinter; hinten*
bú kèqi	*Keine Ursache! Nichts zu danken!*
shùnbiàn wèn yīxià, ...	*Übrigens (nebenbei gefragt...)*
shùnbiàn	*nebenbei, übrigens, bei der Gelegenheit* (☞ Lektion 15)
wèn	*fragen*
yīxià	*mal; mal kurz*
xiāoshòubù	*Verkaufsabteilung*
jǐ	*wieviele*

Anmerkungen und grammatische Erklärungen

1. Das Fragewort «**shénme**» (was) fragt vor allem nach Dingen. Als Attribut (was für ein...) erkundigt es sich nach Art und Beschaffenheit von Dingen.

Tā zhǎo **shénme**?	***Was*** *sucht sie?*
Zhè shì **shénme** dìtú?	***Was für eine*** *Landkarte ist das?*
Zhè shì **Zhōngguó** dìtú.	*Das ist eine* ***China****karte.*

2. Die Ortswörter «**shàngbiān**» (oben, über; eigentlich: «Oberseite»), «**xiàbiān**» (unten, unter; eigentlich: «Unterseite»), «**qiánbiān**» (vorne, vor; eigentlich: «Vorderseite») und «**hòubiān**» (hinten, hinter; eigentlich: «Hinterseite») geben eine genaue Lage im Raum an. Nach ihrer jeweiligen Verwendung und Stellung im Satz lassen sich unterscheiden:

a) Ortswörter mit einer Ortsangabe. Die Ortsangabe (ein Substantiv) steht, umgekehrt wie im Deutschen, vor dem Ortswort.

Yī chējiān	zài bàngōnglóu	**hòubiān**.	
Die Werkhalle eins ist		***hinter***	*dem Verwaltungsgebäude.*

Das Ortswort wird also praktisch wie ein Substantiv behandelt.
Bàozhǐ zài shū **shàngbiān.**
Die Zeitung liegt ***auf*** *dem Buch.* [Wörtlich: *Die Zeitung ist (**auf**) Buch-**Oberseite***]

b) Ortswörter ohne eine Ortsangabe. Das Ortswort steht ohne weitere Ortsangabe dabei entweder unmittelbar hinter dem Verb «zài».

Bàngōnglóu zài **qiánbiān**. — *Das Verwaltungsgebäude ist* ***da vorne.***

Oder es steht direkt am Satzanfang und «zài» fällt weg.

Qiánbiān yǒu rén. — ***Da vorne*** *ist jemand.*

c) Adjektivisch verwendete Ortswörter. Sie stehen vor einem Substantiv und sind, wie gewöhnliche Adjektive, mit dem Partikel «de» daran angeschlossen.

qiánbiān de zhuōzi: *der* ***vordere*** *Tisch*; **xiàbiān** de shū: *das* ***untere*** *Buch*

«**... shàng**»/«**... xià**»**:** Bei den Ortswörtern «shàngbiān» und «xiàbiān» kann die Silbe «bian» auch wegfallen.

«**Zhuō shàng**»: Das unbetonte «zi» als letzte Silbe kann hier auch wegfallen.

zài zhuō(zi) **xià**: ***unter*** *dem Tisch*

3. Unterschiede zwischen «**yǒu**» und «**zài**» in Existenzsätzen:
Steht vor dem Verb als Ortsangabe die größere Einheit, dann heißt das Verb «**yǒu**». Steht dagegen die kleinere Einheit vor dem Verb, dann heißt das Verb «**zài**».

a) «**Yǒu**» als Verb

Größere Einheit	Verb	Kleinere Einheit	
Wǒmen bàngōngshì	**yǒu**	bàozhǐ.	*In unserem Büro **liegen** Zeitungen.*
Zhuōzi shàngbiān	**méiyǒu**	shū.	*Auf dem Tisch **liegt** kein Buch.*
Nàr	**yǒu mei yǒu**	dìtú?	***Gibt es** dort eine Landkarte?*

b) «**Zài**» als Verb

Kl.Ein.	Verb	Größere Einheit	
Bàozhǐ	**zài**	wǒmen bàngōngshì.	*Die Zeitungen **sind** in unserem Büro.*
Shū	**bú zài**	zhuōzi shàngbiān.	*Die Bücher **liegen** nicht auf dem Tisch.*
Dìtú	**zài bu zài**	nàr?	***Ist** die Landkarte dort?*

4. Das Verb «**qù**» (gehen/fahren nach) steht direkt vor einer Ortsangabe.

Nǐ míngtiān	**qù**	nǎr?	*Wohin*	***fährst***	*du morgen?*
Wǒ míngtiān	**qù**	Nánjīng.	*Ich*	***fahre***	*morgen nach Nanjing.*

5. Im Fragesatz steht «**shéi de**» (wessen) immer an der Stelle des (Pro-)Nomens, nach dem gefragt wird.

Zhè shì **shéi de** bàngōngshì?	***Wessen** Büro ist das?*
Zhè shì **Wàn jīnglǐ de** bàngōngshì.	*Das ist das Büro **von Manager Wan.***

6. Sprachennamen können, statt mit der Endsilbe «yǔ», auch mit der Endsilbe «**wén**» (Sprache/Schrift) gebildet werden.

Fǎyǔ/Fǎwén: *Französisch*; Rìyǔ/Rìwén: *Japanisch*

Im Chinesischen ist das von einem Landesnamen abgeleitete Adjektiv [z. B. Déguó: Deutsch] nicht gleichlautend mit dem vom Namen der Sprache abgeleiteten Adjektiv [Déwén: «deutsch», im Sinne von «deutsch<u>sprachig</u>»].

Yīng**wén** shū/bàozhǐ/dìtú — *englisch**sprachige** Bücher/Zeitungen/Landkarten*

<u>Aber:</u> Yīngguó gōngsī — *eine englische Firma*

Das Adjektiv «~sprachig» wird im Chinesischen mit «~**wén**» gebildet und nicht mit «~**yǔ**». «Yīng**yǔ** shū» bedeutet dagegen «Englisch(lehr)buch».

7. Die Frage mit «**duō**» (wie...?) bezieht sich immer auf ein nachfolgendes Adjektiv und fragt nach dessen Grad bzw. Ausmaß.

Xiāoshòubù lí [von] zhèr **duō** yuǎn? — ***Wie** weit ist es von hier zur Verkaufsabteilung?*

8. «**Gāo lóu**«: Steht ein einsilbiges Adjektiv unmittelbar vor dem Substantiv, auf das es sich bezieht, so kann der Partikel «de» auch wegfallen.

gāo (de) lóu: *ein hohes Gebäude*; hǎo (de) shū: *ein gutes Buch*

9. «**Yīxià**» (mal; mal kurz) steht hinter Verben und drückt die kurze Dauer von Handlungen aus.

Wǒ kàn **yīxià** Zhōngguó Rìbào.	*Ich schau mir* ***mal kurz*** *die China Daily an.*
Qǐng wèn **yīxià** Lǐ xiānsheng.	*Bitte frage* ***mal (kurz)*** *Herrn Li.*

10. «**Èr lóu**»: In China wird das Erdgeschoß als erster Stock gerechnet. Dementsprechend ist der chinesische zweite Stock («èr lóu») der deutsche erste Stock, «sān lóu» der deutsche zweite Stock usw.

Wortfelder

Büroeinrichtung

shūguì *(Bücherschrank)*
shāfā *(Sessel, Sofa)*
diànshàn *(Ventilator)*
chōuti *(Schublade)*
shūjià *(Bücherregal)*
kōngtiáo *(Klimaanlage)*
zhuōzi
yǐzi *(Stuhl)*

Technische Berufe

jìshùyuán *(Techniker, -in)*
zǒnggōngchéngshī *(Chefingenieur, -in)* gōngchéngshī
zhuānjiā *(Experte, Expertin)*

Ortsangaben

zhōngjiān *(in der Mitte)*
shàng/shàngbiān
lǐ/lǐbiān *(innen, darin)*
qián/qiánbiān vorn
zuǒbiān *(links, auf der linken Seite)*
pángbiān *(neben)*
xià/xiàbiān unten
wài/wàibiān *(außen, draußen)*
hòu/hòubiān hinten
yòubiān *(rechts, auf der rechten Seite)*
zài zhuōzi shàngbiān / xiàbiān *(auf/unter dem Tisch)*

Zahlen

bǎi
qiān *(tausend)*
wàn *(zehntausend)*

Längenmaße und Entfernungsangaben

límǐ *(Zentimeter)*
mǐ
gōnglǐ *(Kilometer)*
cháng *(lang)*
duǎn *(kurz)*
yuǎn
jìn

Übungen

1. Basisübung

a) Lassen Sie sich von einem Partner/einer Partnerin nach den folgenden Ortswörtern fragen und geben Sie die (eine) chinesische Entsprechung:
auf — unterhalb — vor — hinter — innen — außen — neben — in der Mitte

b) Bringen Sie nun die folgenden Ortsangaben ins Chinesische:
in der Schublade — unter dem Stuhl — auf dem Tisch — unter dem Sessel — auf dem Bücherregal — auf dem Stuhl — vor Gebäude Nummer fünf — hinter dem Verwaltungsgebäude — außerhalb des Büros — neben dem hohen Gebäude

2. Austauschübung

a) Nǐ zhǎo shénme?
Wǒ zhǎo Pǔdōng Dìtú.

shénme	Hú xiǎojiě de dìzhǐ
shénme	jīntiān de bàozhǐ
shénme	wǒ de Yīngyǔ shū
shéi	Wàn xiānsheng
shéi	Liú gōngchéngshī
shéi	nǐmen zhèr de zǒngjīnglǐ

b) Dìtú zài nǎr?
Dìtú zài nàxiē shū xià.

diànhuàbù	shāfā shàng
bàozhǐ	shūjià shàng
Hànyǔ shū	yǐzi shàng
míngnián de niánlì	zhuōzi shàng
tāmen de míngpiàn	bàozhǐ xià
Yīngwén dìtú	Hànyǔ shū xià

c) Zhè shì shéi de shū?
Zhè shì wǒ de shū.

diànhuà hàomǎ	Zhāng nǚshì
zhuōzi	Lǐ chǎngzhǎng
bàozhǐ	Kèlè gōngchéngshī
dìtú	wǒmen bàngōngshì

d) Jīnglǐ bàngōngshì zài jǐ hào lóu?
Jīnglǐ bàngōngshì zài sān hào lóu sān lóu.

tā jiā	wǔ	wǔ
xiǎoshòubù	yī	èr
sān chējiān	qī	èr
Hú gōngchéngshī de bàngōngshì	èr	sì

3. Frage-Antwort-Übung

Beantworten Sie als Sprecher B die Fragen von Sprecher A.

A: Nǐ zhǎo shénme? B: ....
A: Nǐ zhǎo shénme dìtú? B: ....
A: Nǐ zhǎo shéi? B: ....
A: Nǐ shénme shíhòu qù Běijīng? B: ....
A: Nǐ qù bu qù Pǔdōng? B: ....
A: Tāmen xiànzài qù nǎr? B: ....
A: Zhè shì shéi de bàozhǐ? B: ....
A: Bàngōnglóu zài qiánbiān háishì hòubiān? B: ....
A: Jīnglǐ bàngōngshì zài jǐ lóu? B: ....
A: Xièxie. B: ....

A: Nǐ xià xīngqīyī qù nǎr? B: ....
A: Nàxiē shū xiàbiān shì shénme? B: ....
A: Liú jīnglǐ qiánbiān shì shéi? B: ....
A: Zhèxiē shū shì Zhōngwén shū háishì Yīngwén shū? B: ....
A: Nǐ de zhuō shàng yǒu mei yǒu wǒ de míngpiàn? B: ....
A: Wǒ de míngpiàn zài bu zài nǐ de zhuō shàng? B: ....

4. Satzumwandlungen

Verwandeln Sie die nachfolgenden Sätze in Fragesätze, wobei Sie jeweils die Fragepronomen ergänzen, die nach den unterstrichenen Satzteilen fragen. Sind zwei Satzteile unterstrichen, wählen Sie jeweils eines davon. Geben Sie anschließend verneinende Antworten.

a) Nàxiē shū zài dìtú xiàbiān.
b) Nǐ de míngpiàn zài wǒ de zhuō shàng.
c) Liú jīnglǐ de bàngōngshì zài èr lóu.
d) Wǒ xià xīngqītiān qù Rìběn.
e) Měiguó jīnglǐ zài èr hào lóu.
f) Zhōngwén shū zài tā péngyǒu jiā lǐ.
g) Tā dìdi hé tā gēge zài sān chējiān.
h) Wǒ péngyǒu liù yuè èrshí'èr hào qù wǒ mèimei nàr.
i) Xīngqī'èr shì wǒ gēge de shēngrì.
j) Zhuō shàng yǒu tāmen de diànhuà hàomǎ.
k) Zuótiān de bàozhǐ zài wǒ zhèr.
l) Míngtiān xīngqīsì.
m) Jīntiān de bàozhǐ zài tā nàr.
n) Rénmín Rìbào zài tāmen nàr.
o) Xiànzài shí diǎn líng wǔ fēn.
p) Jīngjì Xīnwén zài Lǐ Gāng nàr.

Auf dem Werksgelände einer PKW-Fabrik in Shanghai

5. Wie sagt man's auf Chinesisch?

a) Wen suchen Sie?
b) Du suchst den Stadtplan? Der Stadtplan ist hier.
c) Was ist das? — Das ist das Telefonbuch.
d) Was ist das dort für ein Buch? — Das ist ein Deutschlehrbuch.
e) Wann fährt Herr Zhang nach Singapur?
f) Die China Daily liegt auf seinem Tisch.
g) Werkhalle drei liegt hinter Werkhalle zwei.
h) Vorne ist das Verwaltungsgebäude.
i) Was für ein Gebäude ist das vordere, hohe Gebäude?
j) Das vordere, hohe Gebäude ist das Verwaltungsgebäude.
k) Wer hat die Landkarte von Deutschland?
l) Wer hat die chinesischsprachige Landkarte von Deutschland?
m) Auf dem Schreibtisch von Ingenieur Liu liegt ein Telefonbuch.
n) Auf dem Sessel liegt kein Telefonbuch.
o) Gibt es hier deutschsprachige Zeitungen?
p) Haben wir hier die Wirtschaftszeitung?
q) Das Verwaltungsgebäude ist neben der Werkhalle eins.
r) Wer hat mich gestern gesucht?
s) Wessen Büro ist das?
t) Wohin geht dein japanischer Freund nächste Woche?

u) Was für eine Zeitung liest du? — Was für eine Zeitschrift liest du? — Dies hier ist die Zeitung vom Sechsten. — Das dort ist die Zeitung vom 20. August. — Dies ist die Volkszeitung vom Montag. — Das dort ist die gestrige Pekinger Abendzeitung.

v) Ich suche den Stadtplan von Shanghai und den von der Sonderzone Pudong. Der Plan von Shanghai liegt unter einigen Büchern und der Plan von Pudong liegt auf dem Schreibtisch von Ingenieur Wang.

6. Gelenkter Dialog

Übernehmen Sie die Rolle von A oder B (oder C) und führen Sie anhand der nachfolgenden Vorgaben einen Dialog mit einem Partner oder einer Partnerin.

a) **A** deutet auf eine Zeitung auf dem Tisch von B und fragt, ob diese Zeitung die aktuelle China Daily ist. — **B** sagt, daß es die gestrige Zeitung ist. — **A** will wissen, wo die Zeitung von heute ist. — **B**, mit einem Blick auf die auf dem Sessel liegende Zeitung, fragt (vermutend) A zurück, ob es nicht die Zeitung auf dem Sessel ist. — **A** verneint: Es ist die Wirtschaftszeitung. — **B** stimmt zu, erinnert sich und meint dann, daß die China Daily bei Herrn Klee ist. — **A** fragt B, ob Herr Klee da ist. — **B** verneint: Herr Klee ist in Werkhalle drei.

b) **A** sucht das Gebäude Nummer fünf und fragt B, der ihm entgegen kommt. — **B** deutet nach vorne in seine Richtung und sagt, es sei dort. — **A** möchte wissen, ob es weit dorthin ist. — **B** meint, nicht besonders weit und macht A auf das Gebäude Nummer zwei aufmerksam: Vor dem Gebäude zwei liege das Gebäude drei, vor Gebäude drei das Gebäude Nummer vier und das Gebäude Nummer fünf liege vor Gebäude Nummer vier. — **A** fragt B (vermutend), ob er den Geschäftsführer Li kenne. — **B** bestätigt und fragt zurück, ob A diesen denn suche. — **A** bejaht und fragt (vermutend), ob der Geschäftsführer denn in seinem Büro sei. — **B** gibt die Auskunft, daß er nicht in seinem Büro, sondern in Werkhalle zwei sei. — **A** fragt B nach dem Ort von Werkhalle zwei. — **B** antwortet: Im Gebäude Nummer vier. — **A** bedankt sich. — **B** antwortet mit einer höflichen Redewendung.

7. Frage, Antwort und Nacherzählung

Suchen Sie ein Foto oder eine lustige Werbeanzeige aus einer Zeitung bzw. Zeitschrift heraus, worauf eine Person abgebildet ist. Stellen Sie dann einem Partner bzw. einer Partnerin beliebige Fragen zu dieser Person. Beziehen Sie dabei nach Möglichkeit auch einige Fragen aus Lektion 2 bis 4 mit ein und benutzen Sie nach Möglichkeit folgende Fragewörter und Ausdrücke:

wer — wen — was — was für ein/eine — wessen — wo — wohin — wann — bei wem.

Anschließend fassen Sie selbst das Gesagte nocheinmal zusammen.

Lektion 6: Kommen und Gehen

Zielsätze

1. Nǐmen de fùzérén shénme shíhòu dào?	*Wann trifft euer Chef ein?*
2. Tā kěnéng xiàwǔ dào.	*Er trifft wahrscheinlich am Nachmittag ein.*
3. Tāmen dǎsuàn dāi jǐ tiān?	*Wieviele Tage haben sie vor zu bleiben?*
4. Wǒmen xiǎng qù Běijīng lǚyóu.	*Wir möchten eine Reise nach Peking machen.*
5. Tā wèishénme bú qù dà chéngshì?	*Warum fährt sie nicht in große Städte?*
6. Yīnwèi dà chéngshì tài dà, suǒyǐ tā bù xǐhuān dà chéngshì.	*Sie mag keine Großstädte, weil sie (ihr) zu groß sind.*

Dialog 1

Ein Shenzhener Betrieb hat Besuch von der Besichtigungsdelegation einer kooperierenden Firma. Herr Rohde (A), der in beiden Betrieben gearbeitet hat, wendet sich, da noch nicht alle Gäste da sind, an eine Praktikantin (B), die zur Delegation gehört:

A: Nǐmen de fùzérén shénme shíhòu dào?	*Wann trifft euer Chef ein?*
B: Tā xiàwǔ dào.	*Er trifft nachmitags ein.*
A: Liú xiānsheng yě lái ma?	*Kommt Herr Liu auch?*
B: Tā kěnéng hòutiān lái.	*Er kommt wahrscheinlich übermorgen.*
A: Tāmen wèishénme bù yīqǐ lái?	*Wieso kommen sie (denn) nicht zusammen?*
B: Liú xiānsheng xiān yào qù cānguān gōngyè zhǎnlǎnhuì.	*Herr Liu will erst die Industrieausstellung besuchen gehen.*
A: Tāmen dǎsuàn zài zhèr dāi jǐ tiān?	*Wieviele Tage haben sie vor, hier zu bleiben?*
B: Liǎng ge xīngqī zuǒyòu.	*Ungefähr zwei Wochen.*

Die Große Mauer ist mit einer Gesamtlänge von nahezu 6700 Kilometern das größte Bauwerk der Welt.

Dialog 2

Herr Sand (A) und ein chinesischer Freund (B) unterhalten sich über Reiseziele in China:

B: Tīngshuō nǐ tóngshì xiǎng qù nánfāng lǚyóu?	*Ich habe gehört, deine Kollegin will eine Reise in den Süden machen.*
A: Duì, tā gàosù wǒ tā xiǎng jīnnián qiūtiān qù.	*Richtig. Sie sagte mir, sie wolle dieses Jahr im Herbst fahren.*
B: Tā yào qù nǎxiē dìfang?	*An welche Orte will sie fahren?*
A: Tā xiān qù Shàoxīng, ránhòu qù Dàlǐ.	*Sie fährt zuerst nach Shaoxing und dann nach Dali.*
B: Wèishénme bú qù dà chéngshì?	*Warum besucht sie keine Großstädte?*
A: Tā shuō tā bù xǐhuān dà chéngshì.	*Sie sagt, große Städte mag sie nicht.*
B: Yīnwèi nàr rén tài duō, chē tài jǐ ba?	*Wohl weil es dort zu viele Menschen gibt und die öffentlichen Verkehrsmittel zu überfüllt sind?*
A: Duì, suǒyǐ tā bù xiǎng qù dà chéngshì.	*Genau. Deswegen will sie in keine Großstädte fahren.*

Neue Wörter und Ausdrücke

fùzérén	*Chef, -in* (Wörtlich: *Verantwortliche, -r)*
dào	*ankommen, eintreffen* (☞ Lektion 7)
lái	*kommen, herkommen*
kěnéng	*vielleicht, wahrscheinlich*
hòutiān	*übermorgen*
wèishénme	*weshalb, warum*
yīqǐ	*zusammen*
xiān	*zuerst, erst einmal*
yào	*wollen* (☞ Lektion 7)
cānguān	*besichtigen, besuchen*
gōngyè	*Industrie*
zhǎnlǎnhuì	*Ausstellung*
dǎsuàn	*vorhaben, planen*
dāi	*bleiben, sich aufhalten*
ge	Zählwort für Menschen und Gegenstände
zuǒyòu	*etwa, ungefähr*
zuǒ	*links*
yòu	*rechts*
tóngshì	*Kollege, Kollegin; Mitarbeiter, -in*
xiǎng	*mögen (*☞ Lektion 7)
nánfāng	*Süden* ☯ **běifāng**: *Norden*
lǚyóu	*Reise, reisen; Touristik-*
gàosù	*sagen, mitteilen*
jīnnián	*dieses Jahr*
qiūtiān	*Herbst*
nǎxiē	Plural: *welche*
dìfang	*Ort, Stelle, Gegend*
Shàoxīng	Ortsname
ránhòu	*dann, danach*
Dàlǐ	Ortsname
dà	*groß* ☯ **xiǎo**: *klein*
chéngshì	*Stadt* ☯ **nóngcūn**: *Land, Dorf*
xǐhuān	*gerne haben; gerne (etwas tun), mögen*
yīnwèi	*weil*
tài	*zu (sehr), allzu*
duō	*viel, viele* ☯ **shǎo**: *wenig, wenige*
chē	*Fahrzeug*; hier: *öffentliche Verkehrsmittel*
jǐ	*voll, überfüllt* (z. B. bei Massenverkehrsmitteln) ☯ **kòng**: *leer*
suǒyǐ	*deshalb*

Anmerkungen und grammatische Erklärungen

1. «**Wèishénme**» (warum, weshalb) kann in Fragesätzen auch am Satzanfang stehen.

Nǐ **wèishénme** bú qù?/**Wèishénme** nǐ bú qù? — ***Warum** gehst du nicht hin?*

2. Das Modalverb «**yào**» (wollen) kann den festen Willen zu einer Handlung oder zu einem Vorhaben ausdrücken. «Yào» folgt in diesem Fall ein weiteres Verb.

⚠ Verneint wird «yào» in der Regel nicht mit «bú yào», sondern mit «**bù xiǎng**».

Auch um ein Angebot höflich abzulehnen, verneint man mit «bù xiǎng».

Wǒ míngtiān	**yào**	qù Tiānjīn.	*Ich **will***	*morgen*		*nach Tianjin fahren.*
Wǒ míngtiān **bù**	**xiǎng**	qù Tiānjīn	*Ich **möchte***	*morgen*	***nicht***	*nach Tianjin fahren.*

(☞ Vergleichen Sie zu «yào» außerdem Lektion 7, Punkt 7 der Anmerkungen.)

3. Folgt dem Verb «**qù**» ein zweites Verb (oder eine Verb-Objekt-Konstruktion) gibt dieses (diese) die Absicht des Hauptverbs «qù» an, das die Bedeutung «gehen, **um** etwas **zu** tun» erhält.

Wǒ **qù** cānguān zhǎnlǎnhuì. — *Ich **gehe** (mir) die Ausstellung anschauen.* (Wörtlich: *Ich gehe, **um** mir die Ausstellung an**zu**schauen.*)

Manchmal hat «qù» auch Präpositionscharakter:
Tā **qù** nánfāng lǚyóu. — *Er macht eine Reise **in** den Süden.*

4. Das Verb «**dǎsuàn**» (vorhaben) kann, auch in seiner verneinten Form, nie ohne ein zweites Verb stehen, das den Inhalt der durch «dǎsuàn» ausgedrückten Absicht angibt.

Nǐ **dǎsuàn** qù nánfāng lǚyóu? — Wǒ bù **dǎsuàn** qù.
***Hast** du **vor**, in den Süden zu reisen? — Das **habe** ich nicht **vor**.*

5. Das Fragewort «**jǐ**» (wieviele) fragt nach einer vermuteten Anzahl zwischen eins und zehn.

⚠ Nach «jǐ» muß in der Regel ein Zählwort stehen (☞ Zu den Zählwörtern und ihrer Anwendung vergleiche den folgenden Punkt 6).

Vergleich mit «**duōshǎo**» (wieviel, -e):
Das Fragewort «duōshǎo» (☞ Lektion 3) kann auch nach einer beliebigen Anzahl oder nach einer vermuteten Anzahl über zehn fragen. Hieße die Frage in Dialog 1 also «Tāmen dǎsuàn zài zhèr dāi **duōshǎo** tiān?» (Benutzung des Fragewortes «duōshǎo» anstelle des Fragewortes «jǐ»), könnte der/die Fragestellende davon ausgehen, daß die Zeit des Aufenthaltes ziemlich lange ist. Nach «duōshǎo» ist kein Zählwort erforderlich.

Tāmen gōngsī yǒu **jǐ** ge fānyì?	*Wieviele Übersetzer gibt es in ihrer Firma?*
Tāmen gōngsī yǒu **duōshǎo** mìshū?	*Wieviele Sekretäre gibt es in ihrer Firma?*

6. Das Zählwort «**ge**»
Steht ein Substantiv in Verbindung mit einer vorangehenden Zahl, einem Demonstrativpronomen oder den Fragewörtern «nǎ» und «jǐ», muß vor dem Substantiv ein Zählwort stehen. Das einfachste, auf Menschen und Dinge gleichermaßen anwendbare Zählwort ist «ge».

zhè	ge	tóngshì	*dieser*	*Kollege*
nà	ge	tóngshì	*jener*	*Kollege*
nǎ	ge	tóngshì?	*welcher*	*Kollege?*
yī	ge	péngyǒu	*eine*	*Freundin*
jǐ	ge	rén?	*wieviele*	*Leute?*

Zwischen ein Demonstrativpronomen und ein Zählwort kann eine Zahl geschoben werden: zhè **sān** ge tóngshì — *diese **drei** Kollegen*

Neben «ge» gibt es noch eine große Zahl speziellerer Zählwörter, welche je nach Art und Beschaffenheit der Dinge für Substantive benutzt werden können. Die richtige Anwendung dieser Zählwörter macht einen guten Sprecher aus.

Kein Zählwort steht bei den beiden Zeitdauerangaben «Jahr» und «Tag». Oder als Eselsbrücke formuliert: «Nicht Jahr noch Tag ein Zählwort mag!»

Nǐ zài zhèr dāi jǐ tiān? — *Wieviele Tage bleibst du hier?*
Aber: Nǐ zài zhèr dāi jǐ ge yuè? — *Wieviele Monate bleibst du hier?*

7. «**Liǎng**» (zwei) wird in Verbindung mit Nomen verwendet und steht als einstellige Zahl vor Zählwörtern. «**èr**» (zwei) wird dagegen beim Durchzählen oder als Ordnungszahl (der/die/das zweite) benutzt.

liǎng ge rén*: **zwei** Menschen*
Tā yǒu jǐ ge jiějie? **Liǎng ge**. — *Wieviele ältere Schwestern hat sie? **Zwei**.*

8. Zeitpunkt und Zeitdauer
Was die Zeitbestimmungen im Chinesischen betrifft, kann als einfache Regel gelten: Die Angabe eines **Zeitpunktes** steht vor dem Verb des Satzes:

Nǐ **shénme shíhòu** qù nàr?	*Wann gehst du dorthin?*
(Wǒ) **xīngqīliù** (qù nàr).	*(Ich gehe) am Samstag dorthin.*

Die Angabe einer **Zeitdauer** steht dagegen hinter dem Verb:

Nǐ yào zài nàr gōngzuò **jǐ ge yuè?**	*Wieviele Monate willst du dort arbeiten?*
(Wǒ yào zài nàr gōngzuò) **yī ge yuè.**	*(Ich arbeite dort) einen Monat.*

Interkulturelle Mitarbeiterschulung einer deutschen Elektronikfirma in China

9. «**Zuǒyòu**» steht nach einer Angabe der Zeit, der Zeitdauer oder nach einer Zahlenangabe.
Es kann im Deutschen mit «gegen«, «ungefähr» oder «etwa» übersetzt werden.

jiǔ diǎn bàn **zuǒyòu**: ***gegen*** *halb zehn Uhr*
wǔshí mǐ **zuǒyòu**: ***etwa*** *fünfzig Meter*

10. Das Modalverb «**xiǎng**» (mögen) formuliert einen Wunsch oder drückt eine Absicht aus. Wie «dǎsuàn» steht «xiǎng» in Verbindung mit einem zweiten Verb, auch in seiner Verneinung.

Wǒ jīntiān **bù xiǎng** cānguān zhǎnlǎnhuì.
Heute ***möchte*** *ich die Ausstellung* ***nicht*** *besichtigen.*

11. Die Verben «**gàosù**» und «**shuō**»
Während nach «gàosù» (jm. etwas mitteilen, sagen) zunächst immer der Adressat der Mitteilung folgt, steht nach «shuō» nur der Inhalt des Gesagten.

Tā **gàosù wǒ** tā shuō Rìwén.	*Sie* ***sagte/erzählte mir****, sie spreche Japanisch.*
Tā **shuō** tā bù shuō Rìwén.	*Er* ***sagt****, daß er kein Japanisch spreche.*

12. «**Nǎxiē**» (welche) fragt immer nach mehreren Personen, Dingen usw. (☞ Lektion 7, Punkt 1 der Anmerkungen)

13. «**Tài**» in Verbindung mit einem Adjektiv kann neben der Verstärkung des Adjektivs (sehr..., besonders...) auch abwertend ausdrücken, daß die Eigenschaft über ein vernünftiges Maß hinausgeht (zu..., zu sehr...).

Wortfelder

Industrie- und Wirtschaftszweige

gōngyè	shāngyè *(Handel)*
nóngyè *(Landwirtschaft)*	wàimào *(Außenhandel)*

Ausstellungen

zhǎnlǎnhuì	bólǎnhuì *(Messe)*

Himmelsrichtungen

dōng *(Ost-)*	nán *(Süd-)*	xī *(West-)*	běi *(Nord-)*
dōngfāng *(Osten)*	nánfāng	xīfāng *(Westen)*	běifāng

Jahreszeiten:

chūn *(Frühlings-)*	xià *(Sommer-)*	qiū *(Herbst-)*	dōng *(Winter-)*
chūntiān *(Frühling)*	xiàtiān *(Sommer)*	qiūtiān	dōngtiān *(Winter)*

jīnnián chūntiān *(diesen Frühling)*
míngnián dōngtiān *(nächsten Winter)*

Zeitdauerangaben

yī fēnzhōng	yī kèzhōng *(Viertelstunde)*
sān kèzhōng *(Dreiviertelstunde)*	bàn xiǎoshí *(halbe Stunde)*
yī (ge) xiǎoshí *(Stunde)*	yī ge bàn xiǎoshí *(anderthalb Stunden)*

yī tiān	yī (ge) xīngqī	yī ge yuè	yī nián

Urlaub

xiūjià *(Urlaub machen)*	dùjià *(in die Ferien fahren)*

qǐng jià *(Urlaub nehmen, frei nehmen)*

lǚyóu	lǚxíngshè *(Reisebüro)*

lǚyóu chéngshì *(touristisch attraktive Stadt; Touristenort)*

Stadt und Land

chéngshì	xiǎo chéngshì *(Kleinstadt)*	dà chéngshì *(Großstadt)*
shǒudū *(Hauptstadt)*		nóngcūn

Übungen

1. Basisübung

a) Lassen Sie sich von einem Partner/einer Partnerin nach den folgenden Zeitdauerangaben fragen und geben Sie eine dazu passende Antwort:

Beispiel: A: Jǐ (ge) / Duōshǎo xiǎoshí? — B: Sān (ge) xiǎoshí.
Minuten — Stunden — Tage — Wochen — Monate — Jahre

b) Formulieren Sie nun Fragen nach der Anzahl mit Hilfe der nachfolgenden Wörter und lassen Sie sich dazu passende Antworten geben:

Beispiel: A: Jǐ ge / Duōshǎo chéngshì? — B: Liù ge chéngshì.
Freunde — Kolleginnen — Sekretäre — Dolmetscherinnen — Deutsche — Nachmittage — Vormittage — Abende — Büros — Firmen — Städte — Orte — Ausstellungen — Universitäten — Telefone — Faxe — Faxgeräte — Adressen

2. Austauschübung

a) Sāngdé xiānsheng shénme shíhòu dào?
Tā kěnéng hòutiān dào.

lái	míngtiān xiàwǔ
qù nàr	hòutiān wǎnshàng
qù Fǎguó	jīnnián xiàtiān
lái Zhōngguó	míngnián qiūtiān
qù cānguān	jīnnián shí'èr yuè
qù lǚyóu	míngnián dōngtiān

b) Tāmen dǎsuàn dāi jǐ tiān?
Tāmen dǎsuàn dāi liǎng tiān.

jǐ nián	... nián
jǐ (ge) xiǎoshí	... (ge) xiǎoshí
jǐ (ge) xīngqī	... (ge) xīngqī
jǐ ge yuè	... ge yuè
duōshǎo tiān	... tiān
duōshǎo fēnzhōng	... fēnzhōng

3. Frage-Antwort-Übung

Beantworten Sie als Sprecher B die Fragen von Sprecher A.

A: Tāmen jīntiān lái ma? — B: .... (nein)
A: Wàn xiānsheng shénme shíhòu dào? — B: .... (vielleicht)
A: Shéi míngtiān lái zhèr? — B: Zǒngjīnglǐ................
A: Nǐ míngtiān xiàwǔ yào qù nǎr? — B: ....
A: Nǐmen míngtiān xiān qù nǎr? — B: ....
A: Nǐmen dǎsuàn dāi jǐ tiān? — B: .... (vier Tage)

A: Tāmen xiǎng qù nǎr lǚyóu? B: ....
A: Nǐ qù nǎr cānguān zhǎnlǎnhuì? B: ....
A: Tā gàosù nǐ shénme? B: ....
A: Tā shuō shénme? B: ....

A: Nǐ dǎsuàn xuéxí shénme? B: .... (Chinesisch)
A: Nǐmen shénme shíhòu qù Zhōngguó gōngzuò? B: ....
A: Nǐ xǐhuān qù nǎr lǚyóu? B: ....
A: Nǐ wèishénme yào zài Zhōngguó dāi yī nián? B: ....

4. Satzumwandlungen

Verwandeln Sie die nachfolgenden Sätze in Fragesätze, wobei Sie jeweils die Fragepronomen ergänzen, die nach den unterstrichenen Satzteilen fragen. Geben Sie anschließend verneinende Antworten.

a) Tā hòutiān qù.
b) Tāmen yīqǐ qù Rìběn.
c) Tāmen dǎsuàn zài Lúndūn dāi qī tiān zuǒyòu.
d) Lǐ Gāng xiǎng jīnnián qiūtiān qù Bālí.
e) Wǒmen dǎsuàn cānguān gōngyè zhǎnlǎnhuì.
f) Wǒ hé wǒ tóngshì míngtiān cānguān zhǎnlǎnhuì.

a) Kèlè xiānsheng xiǎng xuéxí Hànyǔ.
b) Tā yào qù dà chéngshì gōngzuò.
c) Tā xǐhuān qiūtiān qù chéngshì lǚyóu.
d) Zhāng xiǎojiě hěn kěnéng míngtiān bù lái.
e) Bào'ěr xiānsheng hěn xǐhuān Běijīng.
f) Wǒ bù xǐhuān qù lǚyóu chéngshì.

5. Wie sagt man's auf Chinesisch?

a) Herr Wan kommt wahrscheinlich morgen.
b) Sie sagt, sie reist nicht gerne.
c) Ich habe ihm gesagt, daß es in Shanghai zuviele Menschen gibt und die öffentlichen Verkehrsmittel zu überfüllt sind.
d) Sie möchte zuerst nach Peking fahren und dann nach Tianjin.
e) Sie wollen nicht nach Tianjin, sondern sie wollen nach Qingdao fahren.
f) Wir gehen uns zusammen die Ausstellung anschauen.
g) Weshalb sucht er Li Gang nicht?
h) Weil Li Gang in letzter Zeit nicht in der Firma ist.
i) Weil er jetzt nicht im Büro ist, suche ich Zhang Gang.

a) Ein Jahr hat 365 Tage, ein Tag hat 24 Stunden.
b) Frau Klee möchte sehr gern Chinesisch lernen.
c) Wir alle reisen sehr gerne.
d) Er will zuerst Chinesisch und dann Japanisch lernen.
e) Zu diesen Orten möchte sie nicht besonders gern fahren.

f) Manager Schuhmann trifft heute Nachmittag ein. Herr Sand kommt wahrscheinlich übermorgen, weil er erst eine Ausstellung besuchen gehen will. Sie haben vor, hier etwa eine Woche zu bleiben.

6. Gelenkter Dialog

Übernehmen Sie die Rolle von A oder B (oder C) und führen Sie anhand der nachfolgenden Vorgaben einen Dialog mit einem Partner oder einer Partnerin.

A möchte wissen, wie spät es ist. — **B** sagt ihm, daß es 18 Uhr ist. — **A** fragt, wann Liu Jian ankommt. — **B** schätzt, ungefähr um 19 Uhr. — **A** erkundigt sich, ob Lius Freundin auch mitkommen wird. — **B** meint, daß sie nicht an diesem, sondern wahrscheinlich am folgenden Tag kommt. —**A** möchte den Grund dafür wissen. — **B** sagt, sie hätte mitbekommen, daß Lius Freundin gerade in Kanton sei. — **A** fällt plötzlich ein, daß sie dort zur Zeit einige Betriebe besichtigt.

A erkundigt sich bei B (seinem Freund) nach den Orten, die sie [er und seine Frau] im Sommer bereisen wollen. — **B** nennt ihm die Orte Qingdao und Beidaihe. — **A** will wissen, ob sie diese beiden Orte denn mögen. — **B** meint, ein Freund sei der Ansicht (gewesen), es wären Orte, an die man im Sommer fahren sollte. — **A** sagt, er habe gehört, diese Orte seien Touristen-Orte. — **B** stimmt zu: Es gäbe sommers viele Menschen dort. — **A** fragt, ob sie (auch) nach Dalian fahren. — **B** verneint. — **A** will den Grund wissen. — **B** gibt (mit einer konkreten Zeitdauer!) die knappe Zeit als Grund an.

Versuchen Sie, das Gespräch selbständig fortzuführen, indem zum Beispiel B von seinen Plänen für die Urlaubsgestaltung im nächsten Jahr erzählt und A ein bis zwei einfache Fragen dazu stellt.

7. Frage, Antwort und Nacherzählung

Suchen Sie ein Foto oder eine lustige Werbeanzeige aus einer Zeitung bzw. Zeitschrift heraus, worauf eine Person abgebildet ist. Stellen Sie dann einem Partner bzw. einer Partnerin beliebige Fragen zu dieser Person. Beziehen Sie dabei nach Möglichkeit auch einige Fragen aus Lektion 2 bis 5 mit ein und benutzen Sie nach Möglichkeit folgende Fragewörter:

wer — wen — was — was für ein/eine — wessen — wo — wohin — wann — bei wem — warum — wieviele (jǐ/duōshǎo) — welche (nǎxiē)

Nachdem alle Fragen beantwortet worden sind, fassen Sie selbst das Gesagte nocheinmal zusammen.

Lektion 7: Verkehr und Verkehrsmittel

Zielsätze

1. Nǐ zuò dìtiě qù háishì kāi chē qù?	*Nimmst du die U-Bahn oder fährst du mit dem Auto?*
2. Zuò dìtiě yào duō jiǔ?	*Wie lange braucht man mit der U-Bahn?*
3. Cóng Běijīng dào Shànghǎi yào liǎng xiǎoshí.	*Von Peking nach Shanghai braucht man zwei Stunden.*
4. Wǒ xiàwǔ kěyǐ huílái.	*Ich kann am Nachmittag zurückkommen/zurück sein.*
5. Qù huǒchēzhàn zěnme zǒu?	*Wie kommt man zum Bahnhof?*
6. Chēzhàn jiù zài nàr.	*Die Haltestelle ist genau dort.*
7. 1 lù chēzhàn lí zhèr duō yuǎn?	*Wie weit ist die Haltestelle der Linie 1 von hier weg?*

Dialog 1

Herr Rohde (A) will am nächsten Tag die Firma Pazifik besuchen und fragt einen ortskundigen Kollegen (B):

A: Tàipíngyáng Gōngsī zài nǎ ge fāngxiàng?	*In welcher Richtung liegt die Firma Pazifik?*
B: Zài Dōngfāng Jīchǎng fùjìn. Nǐ zuò dìtiě qù háishì kāi chē qù?	*In der Nähe vom Flughafen des Ostens. Nimmst du die U-Bahn oder fährst du mit dem Auto?*
A: Zuò dìtiě yào duō jiǔ?	*Wie lange braucht man mit der U-Bahn?*
B: Cóng nǐ nàr dào Dōngfāng Jīchǎng dàgài yào èrshí fēnzhōng.	*Von dir zum Flughafen des Ostens braucht man ungefähr zwanzig Minuten.*
A: Nàme wǒ zuò dìtiě qù.	*Dann nehme ich die U-Bahn.*
B: Āi, nǐ shénme shíhòu huí bàngōngshì?	*Ach, wann kommst du ins Büro zurück?*
A: Wǒ xiǎng wǒ xiàwǔ kěyǐ huílái. Yǒu shénme shì ma?	*Ich denke, ich kann am Nachmittag zurück sein. Was gibt es (denn)?*
B: Míngtiān xiàwǔ liǎng diǎn yǒu ge huìyì.	*Morgen Nachmittag um zwei ist Sitzung.*

Dialog 2

Frau Klee (A) fragt auf der Straße eine Passantin (B) nach dem Weg:

A: Qǐngwèn, qù huǒchēzhàn zěnme zǒu?	*Entschuldigung, eine Frage: Wie kommt man zum Bahnhof?*
B: Qù huǒchēzhàn? Nǐ xiān zuò 1 lù diànchē dào Wǔyī Lù xià chē.	*Zum Bahnhof? Da fahren Sie zuerst mit dem Oberleitungsbus Linie 1 in die Wuyi-Straße und steigen (dort) aus.*
A: Hái yào huàn chē ma?	*Muß ich noch umsteigen?*
B: Yào de. Zài nàr zài huàn 202 lù qìchē.	*Ja, dort steigen Sie nochmal in die Buslinie 202 um.*
A: 1 lù chēzhàn lí zhèr yuǎn ma?	*Ist die Haltestelle der Linie 1 weit weg von hier?*
B: Bù yuǎn, wàng qián zǒu yībǎi mǐ, jiù zài hónglǜdēng nàr.	*Nein, gehen Sie hundert Meter geradeaus, sie ist genau an der Ampel dort.*
A: Xièxie.	*Danke.*
B: Āi, nǐ wèishénme bú zuò taxi qù? Zuò taxi bǐjiào fāngbiàn.	*Ach, warum nehmen Sie (denn) kein Taxi? Mit dem Taxi ist es bequemer.*
A: Duì, wǒ kěyǐ zuò taxi qù.	*Stimmt, ich könnte ein Taxi nehmen.*

Neue Wörter und Ausdrücke

Tàipíngyáng Gōngsī	*Firma Pazifik*
Tàipíngyáng	*Pazifik*; hier: Eigenname
nǎ	*welche, -r, -s*
fāngxiàng	*Richtung*
Dōngfāng Jīchǎng	Eigenname: Flughafen des Ostens
dōngfāng	*Osten* ☯ **xīfāng**: *Westen*
jīchǎng	*Flughafen*
fùjìn	*in der Nähe (von)*
zuò	*ein Verkehrsmittel benutzen* (☞ Lektion 10)
zuò ... qù	*mit ... fahren*
dìtiě	*U-Bahn*
kāi chē	*Auto fahren*
kāi	*(selbst) fahren* (☞ Lektion 8)
yào	*brauchen, benötigen*
jiǔ	*lange*
cóng ... dào ...	*von ... bis ...; von ... nach ...* (zeitlich wie räumlich)
dào	*bis, bis zu*
fēnzhōng	*Minute*
nà(me)	*also dann, dann ... eben, in diesem Fall*
āi	Ausdruck des plötzlichen Erinnerns: *ach (ja)*
huí	*zurückkommen, -gehen, -fahren*

xiǎng	*denken, denken an*
kěyǐ	*können, möglich sein* (☞ Lektion 14)
huílái	*zurückkommen* ☯ **huíqù** *zurückgehen*
Yǒu shénme shì?	*Was gibt es denn? Was ist los?*
shì/shìqing	*Sache, Angelegenheit*
huìyì	*Versammlung, Konferenz, Sitzung*
huǒchēzhàn	*Bahnhof*
zěnme	*wie, auf welche Weise*
zǒu	*(zu Fuß) gehen, laufen; weggehen*
lù	*(Bahn-, Bus-) Linie*
diànchē	*Oberleitungsbus*
xià chē	*aussteigen*
huàn chē	*umsteigen*
zài	*noch(mal), wieder*
qìchē	*Auto, Bus, Kraftfahrzeug*
chēzhàn	*Haltestelle*
lí	*entfernt sein von*
wàng qián zǒu	*geradeaus gehen*
wàng	*in Richtung, nach*
jiù	*eben, genau, gerade*
hónglǜdēng	*Ampel*
hóng	*rot*
lǜ	*grün*
dēng	*Lampe, Leuchte*
bǐjiào	Adverb zur Bildung des Komparativs: *ziemlich, relativ*
fāngbiàn	*bequem, günstig*

Anmerkungen und grammatische Erklärungen

1. Das Fragewort «**nǎ**» (welche, -r, -s) fragt nach Personen oder Dingen. «Nǎ» steht oft zusammen mit einem Zählwort oder einem Zählwort und einer Mengenbezeichnung. Der Plural von «nǎ» ist «**nǎxiē**» (☞ Lektion 6). Hinter «nǎxiē» folgt kein Zählwort.

Nǐ xiǎng qù **nǎ** ge chéngshì?	In **welche** Stadt möchtest du fahren?
Nǐ xiǎng qù **nǎ jǐ** ge chéngshì?	In **welche** Städte möchtest du fahren?
Nǐ xiǎng qù **nǎxiē** chéngshì?	

2. Das Verb «**zuò**» (eigentlich: «sitzen») kann das Hauptverb eines Satzes mit der Bedeutung «fahren mit...», «(ein Verkehrsmittel) nehmen, benutzen» sein.

Wǒ bú **zuò** huǒchē, wǒ **zuò** fēijī.
*Ich **fahre** nicht **mit** dem Zug, (sondern) ich **nehme** das Flugzeug.*

Es kann aber auch in präpositionsähnlicher Funktion in Verbindung mit nachgestellten Verben der Bewegung wie «qù» oder «lái» stehen. Im Deutschen wird es dann einfach mit dem Wort «mit» wiedergegeben. Zwischen «zuò» und dem Bewegungsverb steht immer ein Verkehrsmittel.

Tā **zuò** qìchē **qù** Nánjīng Lù. — *Sie **fuhr mit** dem Bus in die Nanjing-Straße.*

3. Die Konjunktion «**nà(me)**» (also, in diesem Fall) schließt an einen vorangegangenen Kontext an und führt diesen weiter, etwa mit einer Schlußfolgerung oder einer Entscheidung. «Nà(me)» steht am Satzanfang.

Wǒ péngyǒu gàosù wǒ tā bú qù. — **Nàme** wǒ yě bú qù.
Mein Freund sagte mir, daß er nicht hingeht. — ***Dann** gehe ich auch nicht hin.*

4. Das Verb «**huí**» drückt die Rückkehr zu einem (ursprünglichen Aufenthalts-) Ort oder Platz aus.

⚠ Es wird nie isoliert sondern immer in Verbindung mit einer Ortsangabe oder mit den Zusätzen «lái» und «qù» verwendet.

Tā míngtiān **huí** gōngchǎng.	*Er geht morgen in die Fabrik zurück.*
Tā jīntiān **huí** lái/qù.	*Er kommt/geht heute zurück.*
Tā míngtiān **huí** jiā.	*Er kommt morgen nach Hause (zurück).*
Tā jīntiān **huí** guó.	*Er kehrt heute in sein Heimatland zurück.*

5. Das Modalverb «**kěyǐ**» (können, möglich sein) drückt eine (von Umständen abhängige) Möglichkeit aus. Verneint wird «kěyǐ» mit «**bù néng**» (☞ Lektion 10).

Nǐ **kěyǐ** zuò fēijī qù Shànghǎi.	*Du **kannst** mit dem Flugzeug nach Shanghai fliegen.*
Nǐ **bù néng** zuò fēijī qù Shànghǎi.	*Du **kannst nicht** mit dem Flugzeug nach Shanghai fliegen.*
Tā xiàwǔ **kěyǐ** huílái.	*Er **kann** nachmittags zurückkommen.*
Tā xiàwǔ **bù néng** huílái.	*Er **kann** nachmittags nicht zurückkommen.*

6. «**Zěnme**» (wie) fragt nach der Art und Weise einer Handlung. Es steht dabei immer vor einem Verb.

Qù Běijīng Dàxué **zěnme** zǒu? — ***Wie** komme ich zur Peking-Universität?*

7. Das Modalverb «**yào**» kann auch die Notwendigkeit einer Handlung ausdrücken. Im Deutschen wird es dann mit «müssen» wiedergegeben.
⚠ Verneint wird in diesem Fall mit «**búyòng le**» (nicht nötig). ☞ Lektion 11

Wǒ jīntiān (hái) **yào** huí bàngōngshì ma?	***Muß** ich heute (noch mal) ins Büro kommen?*
Búyòng le.	***Nicht nötig.***

8. «**Yào de.**» (Ja.)
Um eine einfache bejahende Antwort zu geben, genügt es oft, das Verb des Fragesatzes zu wiederholen und den Partikel «de» daran zu hängen.

Nǐ xǐhuān bu xǐhuān zhè ge chéngshì? — Xǐhuān **de**.
Gefällt dir diese Stadt? — *Sie gefällt mir.*

9. Das Verb «**lí**» (entfernt von... sein) steht nie ohne eine Entfernungsangabe. Hinter «lí» folgt die Ortsangabe, unmittelbar danach die Entfernungsangabe.

Tā jiā **lí** zhèr hěn jìn. — *Seine Wohnung **ist** in der Nähe **von** hier.*
Hángzhōu **lí** Shànghǎi bù yuǎn. — *Hangzhou **ist** nicht weit **von** Shanghai entfernt.*

10. Der Präposition «**wàng**» (nach, in Richtung) folgt eine Bewegungsrichtung. Das dazugehörige Bewegungsverb folgt meistens nach der Ortsangabe.

wàng qián zǒu: ***nach** vorne/geradeaus gehen*

11. Das Adverb «**jiù**» (eben gerade, genau, nämlich) bestätigt oder konkretisiert einen zuvor genannten Sachverhalt. Es steht vor Verben.
Nà ge gōngchéngshī **jiù** shì wǒ gēge. — ***Eben** jener Ingenieur ist mein älterer Bruder.*
Chēzhàn **jiù** zài zhèr. — *Die Haltestelle ist **genau** hier.*

12. Das Adverb «**bǐjiào**» steht vor Adjektiven und kann je nach Zusammenhang entweder einen Komparativ bilden (a) oder die Bedeutung «ziemlich, relativ» annehmen (b).

a) Tā de Yīngyǔ bú tài hǎo. Tā de Déyǔ **bǐjiào** hǎo.
*Sein Englisch ist nicht besonders gut. Sein Deutsch ist **besser.***

b) Tā de Hànyǔ **bǐjiào** hǎo. — *Ihr Chinesisch ist **ziemlich** gut.*

Wortfelder

Verkehr

zuò fēijī *(Flugzeug)* diànchē qìchē dìtiě
huǒchē *(Zug)* chuán *(Schiff)* xiǎoqìchē *(Auto)*
qí *(fahren*; wörtlich: *reiten)* zìxíngchē *(Fahrrad)* mótuōchē *(Motorrad)*
jīchǎng chēzhàn huǒchēzhàn dìtiězhàn *(U-Bahn-Station)*
zhàntái *(Gleis, Bahnsteig)* mǎtóu *(Kai, Anlegeplatz)*
shàng chē *(einsteigen)* xià chē huàn chē

Wegrichtungen

wàng qián zǒu/kāi
wàng zuǒ guǎi *(nach links abbiegen)*
wàng yòu guǎi *(nach rechts abbiegen)*
wàng dōng/nán/xī/běi zǒu *(nach Osten/Süden/Westen/Norden gehen)*

Orientierungspunkte

gāo lóu hónglǜdēng lùkǒu *(Kreuzung)*
tiānqiáo *(Überführung)* dìxià tōngdào *(Unterführung)*

Konferenzen

huìyìshì *(Konferenz-/Besprechungsraum)* kāi huì *(Sitzung haben)*
tánhuà *Besprechung; Besprechung haben*

Übungen

1. Basisübung

a) Lassen Sie sich von einem Partner/einer Partnerin nach den folgenden Verkehrsmitteln fragen. Der/die Fragestellende verneint danach den entsprechenden Satz.

Beispiel:

A: Nǐ zěnme qù? — B: Wǒ zuò huǒchē qù. — A: Wǒ bú zuò huǒchē qù.

Flugzeug — Bus — Oberleitungsbus — Taxi — U-Bahn — Schiff

b) Lassen Sie sich nun von einem Partner/einer Partnerin nach den folgenden Ortsangaben bzw. Zeitangaben fragen:

Beispiel: A: Cóng nǎr dào nǎr? — B: Cóng wǒ jiā dào nǐ jiā.

Büro ⇨ Werkhalle; Firma ⇨ Haltestelle; Shanghai ⇨ Nanjing; China ⇨ Deutschland; dir ⇨ ihr; Süden ⇨ Norden; Heidelberg ⇨ Hamburg; Paris ⇨ London

Beispiel:

A: Cóng shénme shíhòu dào shénme shíhòu? — B: Cóng yī diǎn dào sān diǎn.
halb neun ⇨ halb elf; Mittag ⇨ Abend; Ersten ⇨ Siebzehnten; Zweiten ⇨ Zwanzigsten; Mittwoch ⇨ Sonntag; diesem Montag ⇨ nächstem Montag; Juni ⇨ Oktober; Oktober dieses Jahres ⇨ Januar nächsten Jahres; 1998 ⇨ 2000

2. Austauschübung

a) Zuò dìtiě yào duō jiǔ?
Dàgài/kěnéng yào èrshí fēnzhōng.

zuò diànchē	bàn ge xiǎoshí
zuò huǒchē	yī kèzhōng
zuò qìchē	sān kèzhōng
qí zìxíngchē	yī ge bàn xiǎoshí
zǒu (qù)	sìshí fēnzhōng
zuò chē qù tā nàr	yī kèzhōng

b) Cóng wǒ jiā dào nǐ jiā yào duō jiǔ?
Yào bàn ge xiǎoshí.

Nǐ nàr	wǒ zhèr	shí fēnzhōng
wǒmen gōngsī	ZKES Gōngsī	èrshí fēnzhōng
Xī'ān	Guǎngzhōu	sān ge xiǎoshí
Chóngqìng	Fǎlánkèfú	shísì ge xiǎoshí

c) Wáng chǎngzhǎng shénme shíhòu huí lái?
Dàgài/kěnéng míngtiān.

qù	jiǔ yuè
bàngōngshì	xiàwǔ sì diǎn
jiā	míngnián yī yuè
guó	hòutiān
gōngsī	xià (ge) xīngqī
Rìběn	xià ge yuè

d) Dōngfāng Gōngsī lí zhèr duō yuǎn?
Dàgài sān gōnglǐ.

nǐ jiā	Rénmín Guǎngchǎng	jiù zài fùjìn
zhèr	1 lù chēzhàn	bù yuǎn
Pǔdōng	zhèr	wǔ gōnglǐ
nǐmen gōngsī	huǒchēzhàn	bú tài yuǎn
nǐ zhèr	tā jiā	zuò chē yào shí fēnzhōng
jīchǎng	zhèr	zuò dìtiě yào bàn ge xiǎoshí

e) Zài nǎr shàng chē?
Zài Wǔyī Lù shàng chē.

xià chē	Tiān'ānmén Guǎngchǎng
huàn chē	Rénmín Guǎngchǎng

3. Frage-Antwort-Übung

Ergänzen Sie die entsprechende Frage zur gegebenen Antwort, bzw. die entsprechende Antwort zur gegebenen Frage.

A: ....? B: Wǒ xià ge yuè qù Xiānggǎng.
A: Nǐ zěnme qù? B: Wǒ xiǎng zuò fēijī qù.
C: Qǐngwèn,.................? D: Wàng nán zǒu.
C: ....? D: Bú tài yuǎn, dàgài zǒu wǔ fēnzhōng.
E: Qǐngwèn, dào huǒchēzhàn zuò shénme chē? F: ....
E: 1 lù chēzhàn zài nǎr? F: ....
E: Fùjìn yǒu mei yǒu dìtiězhàn? F: ....

A:...? B: Yǒu, wàng yòu guǎi, jiù shì dìtiězhàn.
C: Āi, nǐ jīntiān shénme shíhòu huí jiā? D: .... Und du?
C: Wǒ yě dǎsuàn wǔ diǎn huí jiā. D: ..... Dann können wir zusammen......
C: Fùjìn yǒu mei yǒu diànhuà? D:...

4. Wie sagt man's auf Chinesisch?

a) Wie fährst du zu ihm nach Hause? Mit dem Bus oder mit der U-Bahn? — Ich möchte zu Fuß hingehen.
b) Wann kommst du zurück? — Heute komme ich nicht (mehr) zurück. Wahrscheinlich komme ich morgen zurück.
c) Mit welchem Bus fährt man zum Bahnhof? — Sie können die Buslinie 3 nehmen.
d) Welche Linie nimmt man zum Bahnhof? — Sie können mit der U-Bahn fahren.
e) In der Wuyi-Straße angekommen, steigen (Sie) aus und steigen in die Buslinie 94 um.
f) Wo ist der Bahnhof? — In der Nähe von diesem hohen Gebäude dort.

g) Gehst du heute nach Hause zurück ? — Nein.
h) Wie ich gehört habe, willst du dieses Jahr im August in dein Heimatland zurückkehren. — Richtig.

a) Wann fährst du in Dein Heimatland zurück? — Ich weiß noch nicht. Wahrscheinlich nächstes Jahr im Frühling.
b) Die U-Bahn-Station ist genau da vorne an der Kreuzung.
c) Biegen Sie rechts ab, (dort) ist genau die Haltestelle der Linie 1.
d) Gehen Sie hundert Meter und biegen Sie rechts ab, (dort) ist genau die U-Bahn-Station.
e) Ich nehme nicht das Flugzeug und auch nicht den Zug. Ich fahre mit dem Schiff.
f) Herr Bauer fährt mit der U-Bahn zur Firma Pazifik. Von ihm zu Hause zu dieser Firma braucht man ungefähr eine halbe Stunde. Er kann nachmittags um drei ins Büro zurückfahren.

5. Gelenkter Dialog

Übernehmen Sie die Rolle von A oder B (oder C) und führen Sie anhand der nachfolgenden Vorgaben einen Dialog mit einem Partner oder einer Partnerin.

(1) **A** erkundigt sich bei B, wann er X besuchen geht. — **B** hat vor, am Sonntag hinzugehen und fragt A, ob sie hingeht. — **A** bejaht. — **B** will wissen, wie beide hinkommen sollen. — **A** macht den Vorschlag, daß sie erst zu B kommt und sie dann gemeinsam hinfahren. — **B** fragt, welches von zwei (vorgeschlagenen) Verkehrsmitteln sie benutzen sollen. — **A** meint, daß am Sonntag beide Verkehrsmittel sehr voll sind. — **B** schlägt vor, ein Taxi zu nehmen. — **A** ist einverstanden und nennt einen Vorzug des Taxis.

(2) **A** fragt auf der Straße einen Passanten (B), ob es in der näheren Umgebung eine Oberleitungsbus-Linie X gibt. — **B** verneint und fragt zurück, wohin A denn will. — **A** nennt einen Ort. — **B** schlägt ein Verkehrsmittel vor. — **A** erkundigt sich, ob die Haltestelle weit weg ist. — **B** meint nein und macht A auf einen Orientierungspunkt vor ihnen aufmerksam. — **A** signalisiert, daß er diesen sieht. — **B** erklärt, daß A dort nach links abbiegen muß und eben dort die Haltestelle sei.

A erzählt B, er habe gehört, daß sie am Sonntag nach X gehen wolle. — **B** bestätigt und nennt die Absicht ihrer Reise. — **A** fragt nach dem Rückkunftszeit. — **B** nennt ihm einen anderen Wochentag. Sie will ihrerseits von A wissen, wann dieser in sein – europäisches – (Heimat)land zurückfährt. — **A** ist noch nicht sicher, gibt aber einen ungefähren Zeitpunkt an. — **B** stellt die Frage, ob auch Herr Klee dorthin zurückfährt.

Versuchen Sie, das Gespräch selbständig fortzuführen.

7. Frage, Antwort und Nacherzählung

Suchen Sie ein Foto oder eine lustige Werbeanzeige aus einer Zeitung bzw. Zeitschrift heraus, worauf eine Person abgebildet ist. Stellen Sie dann einem Partner bzw. einer Partnerin beliebige Fragen zu dieser Person. Beziehen Sie auch einige Fragen aus Lektion 2 bis 6 mit ein und benutzen Sie nach Möglichkeit folgende Fragewörter:

wer — wen — bei wem — wann — warum — was — was für ein/eine — welche — wessen — wie (Art und Weise) — wie lange — wieviele — wie weit — wo — wohin

Nachdem alle Fragen beantwortet worden sind, fassen Sie selbst das Gesagte nocheinmal zusammen.

Lektion 8: Beim Einkauf

Zielsätze

1. Wǒ xiǎng mǎi xiē lùxiàngdài.	*Ich möchte einige Videokassetten kaufen.*
2. Kēdá jiāojuǎn duōshǎo qián yī ge?	*Wieviel kostet einer von den Kodak-Filmen?*
3. Hěn bàoqiàn, wǒ méiyǒu zhè zhǒng jiāojuǎn.	*Tut mir leid, diese Sorte Film habe ich nicht.*
4. Nǐ kěyǐ qù biéde dìfang wènwen.	*Fragen Sie (doch) woanders (nochmal) nach.*
5. Zhèxiē yīgòng duōshǎo qián?	*Wieviel macht das zusammen?*
6. Hái yào liǎng ge zhè zhǒng diànchí.	*Ich brauche noch zwei von diesen Batterien.*
7. Yǒu mei yǒu lán de?	*Haben (Sie) eine Blaue?*

Dialog 1

Frau Sand (A) schaut sich in der Fotoabteilung eines Kaufhauses um, als eine Verkäuferin (B) sie anspricht:

B: Nín hǎo, nín yào mǎi shénme?	*Guten Tag. Sie wünschen?*
A: Wǒ xiǎng mǎi xiē jiāojuǎn, Kēdá jiāojuǎn duōshǎo qián yī ge?	*Ich möchte ein paar Filme kaufen. Wieviel kostet einer von den Kodak-Filmen?*
B: Èrshíyī kuài wǔ máo bā yī ge.	*Einer kostet 21 Kuai 58.*
A: Wǒ yào sì ge.	*Ich nehme vier Stück.*
B: Hái yào biéde ma?	*Möchten Sie sonst noch etwas?*
A: Hái yào liǎng ge lùxiàngdài, liǎng ge zhè zhǒng diànchí.	*Ich möchte noch zwei Videokassetten und zwei von diesen Batterien.* (Sie zeigt der Verkäuferin ein mitgebrachtes Muster).
B: Hěn bàoqiàn, wǒmen zhèr méiyǒu zhè zhǒng diànchí. Nín kěyǐ qù biéde shāngdiàn wènwen.	*Tut mir leid, diese Sorte Batterien haben wir hier nicht. Fragen Sie (doch) woanders (nochmal) nach.*
A: Hǎo, zhèxiē yīgòng duōshǎo qián?	*Gut. Wieviel macht das zusammen?*
B: Yīgòng èrbǎi shíliù kuài sān máo èr.	*Das macht zusammen 216 Kuai 32.*
A: Zhè shì èrbǎi èrshí kuài. Qǐng kāi yī zhāng fāpiào.	*Hier sind 220 Kuai. Bitte stellen Sie mir eine Quittung aus.*
B: Zhǎo nín sān kuài liù máo bā, qǐng diǎn yīxià.	*Und 3 Kuai 68 zurück. Bitte zählen Sie's nach.*

Dialog 2

Herr Klee (A) schlendert mit einem deutschen Bekannten (C) durch einen Nachtmarkt, als sie plötzlich einer der Straßenhändler (B) anruft:

B: Lǎowài, mǎi tèjià yīfu ma?	*(He) Ausländer, wollt ihr Kleidung zum Sonderpreis?*
A: Yǒu mei yǒu piányì de sīchóu lǐngdài?	*Hast du günstige Seidenkrawatten?*
B: Yǒu, nǐ xǐhuān shénme yánsè?	*Habe ich. Welche Farbe gefällt dir?*
A: Zhè tiáo shēnlán de búcuò, qǐng gěi wǒ kànkan.	*Diese dunkelblaue ist nicht schlecht. Bitte laß sie mich mal anschauen.*
B: Zhè zhǒng lǐngdài yībǎi qīshí kuài yī tiáo.	*Von diesen Krawatten kostet eine 170 Kuai.*
C: Yībǎi qī? Tài guì le. Wǔshí kuài yī tiáo mài bu mài?	170? *Zu teuer! Verkaufst du sie für 50 Kuai?*
B: Wǔshí kuài yī tiáo? Bú mài. Bāshí kuài yī tiáo zěnmeyàng?	*50 Kuai für eine? (Dafür) verkaufe ich (sie) nicht. Wie wäre es mit 80 Kuai für eine?*
A: Yě bù piányì, suàn le, wǒmen zǒu ba.	*Das ist auch nicht billig. Laß es gut sein. Gehen wir.*
C: Xièxie, zàijiàn.	*Dankeschön. Auf Wiedersehen.*
B: Zhèxiē Lǎowài!	[Zu sich selbst:] *Diese Ausländer!*

Neue Wörter und Ausdrücke

mǎi	*kaufen*
jiāojuǎn	*(Foto-) Film*
Kēdá	Markenname: *Kodak*
... duōshǎo qián?	*wieviel (Geld) kostet...*
duōshǎo	*wieviel, -e*
qián	*Geld*
kuài	Umgangssprachlich für: **yuán** (chinesische Währungseinheit)
máo	Umgangssprachlich für: **jiǎo** (10 Jiao = 1 Yuan)
fēn	10 Fen = 1 Jiao (☞ Lektion 15)
biéde	*etwas anderes, eine andere, ein anderer*
lùxiàngdài	*Videokassette*
zhǒng	Zählwort: *Sorte, Typ, Art*
diànchí	*Batterie*
bàoqiàn	*es tut mir leid*
shāngdiàn	*Geschäft, Laden*
yīgòng	*alles zusammen, insgesamt*
kāi	*ausstellen*
zhāng	Zählwort für flächige Dinge

fāpiào	*Quittung, Beleg*
zhǎo	*(Wechselgeld) herausgeben*
diǎn	*nachzählen, zählen*
lǎowài	Scherzhafte bis spöttische Bezeichnung für Ausländer
tèjià	*Sonderpreis*
yīfu	*Kleidung, Kleidungsstück*
piányì	*günstig, billig*
sīchóu	*Seide*
lǐngdài	*Krawatte*
yánsè	*Farbe*
tiáo	Zählwort für längliche Gegenstände
shēn	dunkel-, *tief-* (bei Farben) ☯ **qiǎn**: *hell-, matt-*
lán	*blau*
búcuò	*nicht übel, wirklich gut*
gěi	*geben*
guì	*teuer*
mài	*verkaufen*
zěnmeyàng	*Wie wäre es mit...?*
suàn le	*Lassen Sie es gut sein.*
zàijiàn	*auf Wiedersehen*

Anmerkungen und grammatische Erklärungen

1. «... **èrshíyī kuài wǔ máo bā**»
Die Nennung der (niedrigsten) Währungseinheit «fēn» fällt in der Umgangssprache oft weg.

2. «... **liǎng ge zhè zhǒng diànchí**»
«Zhè zhǒng» kann hier entweder mit dem Genitiv oder mit der Präposition «von» wiedergegeben werden: zwei dieser Batterien/zwei von diesen Batterien
Zwei Zählwörter («ge» und «zhǒng») sind nötig, weil sowohl die Zahl als auch das Demonstrativpronomen ein Zählwort verlangt.
Vergleichen Sie aber:
zhè liǎng **zhǒng** diànchí: *diese beiden (**Sorten von**) Batterien.*

3. «**Hěn bàoqiàn**» (es tut mir leid) wird in Situationen verwendet, in denen Wünsche oder Ansprüche nicht erfüllt werden können oder konnten (z.B. bei Verspätungen, Vergessen von Dingen).

4. «**Wènwen**» (mal kurz fragen)
Verdoppelte einsilbige Verben drücken die Kurzzeitigkeit von Handlungen aus. Im Deutschen läßt sich die Verdoppelung mit dem Zusatz «mal kurz», «mal eben» wiedergeben. Zweisilbige Verben lassen sich – als ganze Einheit –

verdoppeln (☞ Lektion 11: «xiūxi xiūxi»).

5. «**Yīgòng**» (zusammen) steht, anders als im Deutschen, vor Verben und/oder Fragewörtern.

Nǐmen bàngōngshì **yīgòng** yǒu duōshǎo rén?
*Wieviel Leute seid ihr **insgesamt** in eurem Büro?*

6. Die Zahlen über Hundert
Steht vor der Zahl Hundert («**bǎi**») eine Zahl von 1-9, wird diese Zahl zum Multiplikator von Hundert.

yībǎi: 100; èrbǎi: 200; sānbǎi: 300; sìbǎi: 400; wǔbǎi: 500 usw.

Auf einem Straßenmarkt

Durch Addition werden Zahlen gebildet, die über Hunderterstellen liegen.

yībǎi **wǔshí**: 150; yībǎi **liùshí**: 160; sānbǎi **sānshí**: 330; sānbǎi **sìshí**: 340; wǔbǎi **wǔshíwǔ**: 555; bābǎi **jiǔshísān**: 893; jiǔbǎi **sìshísì**: 944 – aber: jiǔbǎi **líng sì**: 904

7. Das Wort «**gěi**» (eigentlich: «geben») steht in Verbindung mit einem Verb und kann mit «lassen» wiedergegeben werden.

Qǐng **gěi** wǒmen kànkan.	*Bitte **laß** uns mal sehen.*
Tā **gěi** wǒmen kàn dìtú.	*Sie **läßt** uns die Landkarte anschauen.*

8. «**Tài guì le!**» (Zu teuer!)
Am Ende von Ausrufesätzen bewirkt der Partikel «le» eine emphatische Verstärkung oder drückt eine starke Empfindung des Sprechers aus.

9. «**Zěnmeyàng**» (wie wäre es mit...?) fragt danach, ob ein Gegenüber mit einem Vorschlag einverstanden ist. «Zěnmeyàng» steht meistens nach der Nennung des Vorschlags.

10. «**Suàn le**» signalisiert mit Nachdruck, daß kein Interesse mehr an einer Sache besteht: «Lassen Sie's gut sein».

11. «**Wǒmen zǒu ba.**» (Laß uns gehen.)
Der Partikel «ba» am Ende eines Satzes kann dem Inhalt auch (☞ Lektion 2) einen vorschlagenden Ton geben oder eine Aufforderung ausdrücken.
Nǐ yě yīqǐ qù **ba**! — *Komm **doch** auch mit!*

Wortfelder

Markennamen

Kēdá
Fùshì *(Fuji)*
Suǒní *(Sony)*
Bènchí *(Benz)*
Fēilìpǔ *(Phillips)*
Xiàpǔ *(Sharp)*

Fotoartikel und HiFi

shùmǎ zhàoxiàngjī *(Digitalkamera)*
diànchí
hēibái jiāojuǎn *(Schwarzweißfilm)*
huàndēng jiāojuǎn *(Diafilm)*
dǐpiàn *(Negative)*
cǎisè zhàopiàn *(Farbfotos)*
lùxiàngdài
shèxiàngjī *(Videokamera)*
guāngpán *(CD-Rom)*
DVD *(DVD)*

Einkaufsorte

shāngdiàn
shāngchǎng / bǎihuò gōngsī *(Kaufhaus)*
gòuwù zhōngxīn *(Einkaufszentrum)*
shìzhōngxīn *(Stadtzentrum)*
chāoshì / chāojí shìchǎng *(Supermarkt)*

Kleidung

yīfu: jiàn *(Zählwort für Oberbekleidung)* tiáo *(Zählwort für Unterbekleidung)*
xīzhuāng *(Anzug)*
jiákè *(Jacke)*
kùzi *(Hose)*
yángmáoshān *(Wollpullover)*
T-xùshān *(T-Shirt)*
qúnzi *(Rock)*
chènshān *(Hemd, Bluse)*
nèiyī *(Unterwäsche)*
xiézi *(Schuhe)*
nèikù *(Unterhose, Slip)*
wázi *(Strümpfe)*

chuān *(anziehen, tragen)*
tuō *(ausziehen, ablegen)*

Farben

yánsè: hóng
lǜ
hēi *(schwarz)*
bái *(weiß)*
huáng *(gelb)*
lán
huī *(grau)*

Beurteilung

piàoliàng *(hübsch)*
hǎokàn *(sieht gut aus)*
měi *(schön)*
nánkàn / bù hǎokàn *(häßlich)*
hǎotīng *(schön (Musik))*
hǎochī *(lecker)*

Obst

shuǐguǒ *(Obst)*

píngguǒ *(Apfel)*
xiāngjiāo *(Banane)*
júzi *(Mandarine)*
lí *(Birne)*
xīguā *(Wassermelone)*
bōluó *(Ananas)*
chéngzi *(Orange)*

Lebens- und Genußmittel

yán *(Salz)*
táng *(Zucker)*
suānnǎi *(Joghurt)*
huángyóu *(Butter)*
qiǎokèlì *(Schokolade)*
dàngāo *(Kuchen)*

Gewichtseinheiten

kè *(Gramm)*
gōngjīn *(Kilo)*
liǎng *(50 Gramm)*
jīn *(500 Gramm)*

Übungen

1. Basisübung

a) Bringen Sie die nachstehenden Zahlen ins Chinesische:

100 — 110 — 130 — 200 — 220 — 222 — 323 — 332 — 401 — 512 — 555 — 602 — 799 — 810

b) Geben Sie einem Partner/einer Partnerin die folgenden Preise auf Chinesisch an (in Kuai, Mao und Fen):

1.30 — 2.40 — 5.55 — 9.98 — 4.05 — 20.09 — 67 67 — 76.76 — 88.88 — 100.89 — 102.45 — 350.35 — 567.78 — 998.99

c) Lassen Sie sich nun nach der Menge der folgenden Waren fragen. Geben Sie eine beliebige Zahl davon an und verbinden Sie diese mit einem passenden Zählwort (ge/jiàn/tiáo/jīn/zhāng):

Beispiel: A: Duōshǎo jiāojuǎn? — B: Liù ge jiāojuǎn.

Videokassetten — Kassetten — Batterien — Fotoapparate — Hemden — Zeitungen — Krawatten — Jacken — Hosen — Äpfel — Bananen — Mandarinen — Zucker

2. Austauschübung

a) Nǐ yào mǎi shénme?
Wǒ xiǎng mǎi xiē diànchí.

xiē	lùxiàngdài
xiē	Suǒní lùxiàngdài
wǔ ge	jiāojuǎn
sān ge	zhè zhǒng jiāojuǎn
liǎng ge	hēibái jiāojuǎn

b) Kēdá jiāojuǎn duōshǎo qián yī ge?
Èrshí kuài wǔ máo yī ge.

táng	yī jīn	12.60
píngguǒ	yī jīn	6.38
yángmáoshān	yī jiàn	104.88
diànchí	yī ge	8.56
zhè zhǒng zhàoxiàngjī	yī ge	302.00

c) Nǐ yǒu zhè zhǒng jiāojuǎn ma?
Hěn bàoqiàn, wǒ méiyǒu zhè zhǒng jiāojuǎn.

zhè zhǒng shū	diànhuàbù
Wǔhàn dìtú	shēnlán de lǐngdài
diànchí	tāmen de dìzhǐ

d) Hái yào biéde ma?
Hái yào liǎng ge zhè zhǒng diànchí.

wǔ tiáo	zhè zhǒng lǐngdài
liǎng jīn	zhè zhǒng píngguǒ
sān jiàn	nà zhǒng chènshān
sì tiáo	nà zhǒng kùzi
liǎng ge	zhè zhǒng jiāojuǎn
sān jīn	zhè zhǒng xiāngjiāo

e) Yǒu mei yǒu piányì de lǐngdài?
Yǒu.

dà	Yīngguó dìtú
xiǎo	zhàoxiàngjī
hǎo	píngguǒ
dà	chènshān
piányì	cídài

f) Zhè tiáo shēnlán de búcuò,
qǐng gěi wǒ kànkan.

nà ge	xiǎo de
zhè ge	dà de
nà tiáo	piányì de
nà zhǒng	lǜ de
nà tiáo	qiǎnhuī de
zhè zhǒng	qiǎnhóng de

3. Frage-Antwort-Übung

Ergänzen Sie die entsprechende Frage zur gegebenen Antwort, bzw. die entsprechende Antwort zur gegebenen Frage.

A:..?	B: Wǒ xiǎng mǎi yī jīn júzi.
A:..?	B: Hái yào liǎng jīn píngguǒ, liǎng jīn lí.
C: Zhè zhǒng diànchí.................?	D: Liù kuài wǔ (máo) yī ge, nǐ yào jǐ ge?
C: Wǒ yào..................................	
E:..?	F: Yīgòng sānbǎi èrshí kuài.
G: Nǐ yǒu mei yǒu zhè zhǒng dà diànchí?	H: .... (Es tut mir leid...)
I: Wǒmen shénme shíhòu qù nàr?	J: Xiàwǔ qù zěnmeyàng?
I:...	

A: Zhè zhǒng yánsè hǎokàn ma?	B:...
A:..?	B: Wǒ bú tài xǐhuān zhè zhǒng yánsè.
A:..?	B: Wǒ xǐhuān lǜ de.
C: Hái yào biéde ma?	D: Bú yào le, xièxie, zhèxiē................?
C: Yīgòng..................................	

4. Wie sagt man's auf Chinesisch?

a) Wieviel kostet eine von diesen Sony-Videokassetten?
b) Tut mir leid, diese Sorte Kassetten habe ich nicht.
c) Schauen Sie (doch) in einem anderen Geschäft (nochmal) nach.
d) Was machen diese Bücher zusammen?
e) Bitte stellen Sie (mir) eine Quittung aus.
f) Hast du günstige Jacken?
g) Laß mich mal anschauen.
h) Lassen Sie mich mal diesen Fotoapparat anschauen.
i) Dieser ist zu klein. Haben Sie auch einen großen?
j) Wie wär's mit 150 Kuai für eine?

k) Würdest du sie für 30 Kuai verkaufen?
l) Laß uns gehen.
m) Laß uns nach Hause (zurück)gehen.
n) Ist dein Stadtplan von Bejing da? — Tut mir leid, er ist bei Lehrer Wang.
o) Wie kommen wir zum Kaufhaus des Ostens? — Wie wäre es mit der U-Bahn? — Gut.

✌ a) Sie wünschen? — Ich schaue erst mal.
b) Du kannst in einem anderen Kaufhaus/Einkaufszentrum (ja) mal schauen.
c) Du kannst (ja) mal zu Professor Wang gehen und ihn fragen.
d) Ist diese Batterie deine oder meine?
e) Diese Farbe sieht sehr gut aus.
f) Diese Farbe sieht nicht besonders gut aus und gefällt mir nicht besonders.
g) Sag du, was es kostet (kosten soll).
h) Ich gehe in ein Geschäft um Filme und kleine Batterien zu kaufen. Eine junge Frau sagt, sie hätten in letzter Zeit keine kleinen Batterien. Sie sagt mir, daß andere Läden vielleicht welche haben und ich (ja) dort mal nachsehen kann.

5. Gelenkter Dialog

Übernehmen Sie die Rolle von A oder B (oder C) und führen Sie anhand der nachfolgenden Vorgaben einen Dialog mit einem Partner/einer Partnerin.

☝ **A** grüßt den gerade hereingekommenen Kunden (B) und erkundigt sich nach seinen Wünschen. — **B** will sich erst umschauen. — **A** weist B lobend auf eine Obstsorte (Birne) hin. — **B** fragt nach dem Preis pro Pfund. — **A** nennt ihn. — **B** fragt nach einem günstigen Angebot. — **A** zeigt B eine andere Obstsorte und nennt einen niedrigeren Preis pro Pfund. — **B** läßt sich das Obst erst zeigen und entschließt sich dann, drei Pfund davon zu kaufen. — **A** erkundigt sich, ob B sonst noch etwas braucht. — **B** möchte noch ein Pfund von den Orangen und fragt nach dem Gesamtpreis. — **A** rechnet zusammen. — **B** gibt eine bestimmte Geldsumme. — **A** gibt eine Summe heraus. — **A** und **B** verabschieden sich.

✌ **A** erkundigt sich bei B nach dem Preis eines Hemdes. — **B** nennt einen Preis. — **A** findet ihn zu hoch. — **B** fordert A auf, einen Preis vorzuschlagen. — **A** macht einen Vorschlag und fragt, ob B verkauft. —

B hält den Preis für zu niedrig, schlägt ihr einen neuen vor und will wissen, was A davon hält. — **A** ist damit einverstanden. — **B** fragt A nach der Farbe und nennt ihr zwei zur Auswahl. — **A** gefallen beide nicht und sie fragt, ob B auch zwei helle andere Farbe hat. — **B** verneint für jetzt, aber...

Versuchen Sie, das Gespräch selbständig fortzuführen.

7. Frage, Antwort und Nacherzählung

Suchen Sie ein Foto oder eine lustige Werbeanzeige aus einer Zeitung bzw. Zeitschrift heraus, worauf eine Person abgebildet ist. Stellen Sie dann einem Partner bzw. einer Partnerin beliebige Fragen zu dieser Person (beziehen Sie dabei nach Möglichkeit auch einige Fragen aus Lektion 2 bis 7 mit ein). Zum Beispiel:

Wer die Person ist und ob Ihr Partner bzw. Ihre Partnerin sie kennt — wie sie heißt — aus welchem Land sie kommt (bzw. ob sie aus dem Land X oder dem Land Y kommt) — ob sie die Sprache X oder Y (eine Fremdsprache) lernt/spricht — warum, wann und mit welchem Verkehrsmittel sie ins Land X fährt — wie lange sie vorhat, dort zu bleiben usw.

Nachdem alle Fragen beantwortet worden sind, fassen Sie selbst das Gesagte nocheinmal zusammen.

Lektion 9: Einladungen und Verabredungen

Zielsätze

1. Wǒ qǐng nǐ qù chī fàn.	*Ich lade dich (ins Restaurant) zum Essen ein.*
2. Nǐ wǎnshàng yǒu kòng ma?	*Hast du am Abend Zeit/frei?*
3. Wǒ kāi chē qù jiē nǐ.	*Ich hole dich mit dem Auto ab.*
4. Nǐ zài zuò shénme?	*Was machst du gerade?*
5. Wǒ (zhèng)zài xiě xìn.	*Ich schreibe gerade einen Brief.*
6. Wǒ gēn nǐ yīqǐ qù.	*Ich komme mit dir.*
7. Diànyǐng (cóng) yī diǎn kāishǐ, (dào) sān diǎn jiéshù.	*Der Film fängt um ein Uhr an und hört um drei Uhr auf. (Der Film geht von eins bis um drei)*

Dialog 1

Ein chinesischer Kollege (A) möchte Herrn Schuhmann (B) zum Mittagessen einladen:

A: Nǐ zhè ge zhōumò shàng bān ma?	*Arbeitest du an diesem Wochenende?*
B: Wǒ shàng dào zhōngwǔ shí'èr diǎn. Yǒu shì ma?	*Ich arbeite bis Mittags um 12 Uhr. Hast du was vor?*
A: Wǒ qǐng nǐ qù Sìchuān Fàndiàn chī wǔfàn.	*Ich lade dich zum Mittagessen ins Sichuan-Restaurant ein.*
B: Ò, fēicháng bàoqiàn, wǒ xiàwǔ yǒu ge yuēhuì.	*Oh, das tut mir schrecklich leid, (aber) ich habe am Nachmittag eine Verabredung.*
A: Nàme, xīngqītiān zhōngwǔ nǐ yǒu kòng ma?	*Hättest du dann am Sonntag Mittag frei?*
B: Yǒu, wǒmen zěnme jiànmiàn?	*Habe ich. Wie treffen wir uns?*
A: Wǒ shí'èr diǎn kāi chē qù jiē nǐ.	*Ich hole dich um 12 Uhr mit dem Auto ab.*
B: Nà tài hǎo le, wǒmen xīngqītiān shí'èr diǎn jiàn.	*Prima! (Dann) sehen wir uns am Sonntag um zwölf.*

Was kommt heute Abend im Kino?

Dialog 2

Frau Sand (A) ruft eine chinesische Freundin (B) an, um sich mit ihr für den Abend zu verabreden:

A: Xiǎo Lǐ, nǐ zài zuò shénme?	*Kleine Li, was machst du (jetzt) gerade?*
B: Wǒ (zhèng)zài xiě xìn.	*Ich schreibe gerade einen Brief.*
A: Zài xiǎng nán péngyǒu ba? Nǐ wǎnshàng yǒu shénme ānpái?	*Du sehnst dich wohl nach (deinem) Freund? Was hast du am Abend vor?*
B: Xiǎng qù kàn Zhāng Yìmóu de xīn diànyǐng. Tīngshuō zhè ge diànyǐng hěn yǒu yìsi.	*Ich möchte mir den neuen Film von Zhang Yimou anschauen gehen. Dieser Film soll sehr interessant sein.*
A: Wǒ gēn nǐ yīqǐ qù, hǎo ma?	*Ich komme mit (dir), einverstanden?*
B: Hǎo a.	*Einverstanden.*
A: Jǐ diǎn de diànyǐng?	*Um wieviel Uhr fängt der Film an?*
B: Zhè ge diànyǐng bú tài cháng, cóng jiǔ diǎn yī kè kāishǐ, dào shíyī diǎn jiéshù.	*Der Film ist nicht sehr lang. Um viertel nach neun fängt er an und geht bis um elf.*
A: Hǎo, wǒ jiǔ diǎn zài diànyǐng-yuàn ménkǒu děng nǐ.	*Gut, ich warte um neun Uhr am Kino-eingang auf dich.*

Neue Wörter und Ausdrücke

zhōumò	*Wochenende*
shàng bān	*zur Arbeit gehen* ☯ **xià bān**: *Feierabend machen*
shàng	Verb (☞ Anmerkungsteil) ☯ **xià**
zhōngwǔ	*Mittag, mittags*
qǐng	*(jemanden) einladen*
Sìchuān Fàndiàn	*Sichuan-Restaurant*
Sìchuān	Name einer chinesischen Provinz
fàndiàn	*Restaurant; Hotel*
chī (mit Objekt)	*... essen*
chī fàn	*essen*
fàn	*Essen, Gericht; Küche*
wǔfàn	*Mittagessen, Lunch*
yuēhuì	*Verabredung*
kòng	*frei haben*
jiànmiàn	*sich treffen, sich sehen*
jiē	*(jemanden) abholen*
jiàn	*sich sehen, sehen*
xiǎo	*klein, jung* (freundschaftliche Anrede) ☯ **lǎo**: *alt*
zuò	*machen, tun*
(zhèng)zài	*gerade*
xiě	*schreiben*
xìn	*Brief* (Zählwort: **fēng**) / **xìnfēng**: Briefumschlag
nán péngyǒu	*(fester) Freund*
nán	*Männer-, Herren-; männlich* ☯ **nǚ**: *Frauen-, Damen-; weiblich*
yǒu ānpái	*etwas vorhaben*
ānpái	*arrangieren, organisieren*
Zhāng Yìmóu	Eigenname: Chinesischer Regisseur und Schauspieler
xīn	*neu* ☯ **jiù**: *alt*
diànyǐng	*Film*
yǒu yìsi	*interessant* ☯ **méiyǒu yìsi**: *langweilig, uninteressant*
gēn/hé ... yīqǐ	*mit ... zusammen*
hǎo a	*O.K., schön, in Ordnung*
cháng	*lang* ☯ **duǎn**: *kurz*
... yī kè	Nach Stundenangaben: *Viertel nach...*
kāishǐ	*anfangen, beginnen*
jiéshù	*enden, beenden, aufhören*
diànyǐngyuàn	*Kino*
ménkǒu	*Eingang*
děng	*warten, warten auf*

Anmerkungen und grammatische Erklärungen

1. Das Verb «**shàng**» drückt eine in einer bestimmten Zeitspanne ablaufende, meist berufliche Beschäftigung aus. «Shàng» ist immer mit einem näher erläuternden Objekt verbunden («**shàng** bān» – **zur** Arbeit **gehen**; «**shàng** kè» – Unterricht **haben**) und steht nur dann allein, wenn das entsprechende Objekt vorher schon genannt wurde.

2. Kupplungssätze
Zwei Handlungen können in einem Satz so eng miteinander verbunden sein, daß das Objekt der ersten Handlung zugleich Subjekt der zweiten Handlung ist. So ist etwa in dem Satz «Wǒ qǐng **nǐ** qù chī fàn» das Personalpronomen «**nǐ**» einmal Objekt der Handlung «Wǒ qǐng **nǐ**» (a) und gleichzeitig Subjekt der Handlung «**nǐ** qù chī fàn» (b).

	Wǒ qǐng **nǐ** qù chī fàn.	*Ich lade **dich** zum Essen ein.*
a)	Wǒ qǐng **nǐ**.	*Ich lade **dich** ein.*
b)	**Nǐ** qù chī fàn.	***Du** gehst essen.*

Im Deutschen wird das Verb der zweiten Handlung entweder substantiviert (zum Essen) oder mit «zu» angeschlossen.
Tā yào **wǒ** gàosù tā... — *Er bat **mich**, ihm zu sagen, daß...*

3. Das Adjektiv «**xiǎo**» vor dem Familiennamen ist eine höfliche Anrede für jüngere Personen. Es wird aber auch freundschaftlich gegenüber (oft nur ein wenig jüngeren) Kollegen/Kolleginnen oder Freunden/Freundinnen benutzt. Der/die jeweils Ältere wird dagegen mit «**lǎo**» (alt) angesprochen.

4. Das Adverb «**(zhèng)zài**» kennzeichnet gerade stattfindende Handlungen. Im Deutschen kann man es mit «gerade (etwas tun)» oder «bei (etwas sein)» wiedergeben.
Wǒ **(zhèng)zài** chī fàn. — *Ich esse **gerade**./Ich bin **gerade** beim Essen.*

5. Die Konstruktion «**gēn/hé... yīqǐ**» ist dem deutschen Ausdruck «mit... zusammen» sehr ähnlich. Das Pronomen oder Nomen muß immer zwischen «gēn/hé» und «yīqǐ» stehen.
Wǒ bù **gēn** tāmen **yīqǐ** qù Fǎlánkèfú.
*Ich fahre nicht **mit** ihnen **zusammen** nach Frankfurt.*

6. «... **jǐ diǎn de diànyǐng**»
Zeit- oder Datumsangaben können auch in Verbindung mit einem Fragewort attributiv gebraucht werden. Während also im Chinesischen nach einem «wieviel-Uhr-Film» gefragt werden kann, muß im Deutschen die Frage verbal aufgelöst werden: Um wieviel Uhr **kommt** der Film?/Wann **fängt** der Film **an**?

Wortfelder

Arbeit und Studium
shàng zǎobān/zhōngbān/rìbān *(Früh-/Spät- /Tagesschicht)*
xià bān
shàng *(machen)* Hànyǔ kè/Déyǔ kè/jīngjì kè *(einen Chinesisch-/Deutsch-/ Wirtschaftskurs)*
shàng kè; xià kè *(eine Unterrichtsstunde haben, beginnen; beenden)*

Mahlzeiten
chī zǎofàn *(Frühstück)* wǔfàn/zhōngfàn *(Mittagessen)*
wǎnfàn *(Abendessen)*

Vorhaben
ānpái jìhuà *(Plan, planen)*
dǎsuàn

Unterhaltung
kàn diànyǐng huàjù *(Theaterstück)*
jīngjù *(Pekingoper)* zájì *(Akrobatik)*
diànyǐngyuàn jùyuàn/jùchǎng *(Theater, Opernhaus)*

Provinzen
Héběi Shāndōng Sìchuān Jiāngsū Guǎngdōng
Zu weiteren Provinzen vgl. die Karte am Anfang des Buches

Übungen

1. Basisübung

a) Lassen Sie sich von einem Partner oder einer Partnerin die folgenden Verben bzw. Verb-Objekt-Kombinationen nennen und bringen Sie diese mit dem vorausgehenden Wort «yīqǐ» ins Chinesische:

Beispiel: A: gehen — B: yīqǐ zǒu/qù

kommen — zur Arbeit gehen — in ein Geschäft gehen — nach Deutschland kommen — (etwas) machen — studieren — besichtigen — reisen — eine Quittung suchen — einen Film anschauen — zu Mittag essen — zurückkommen — U-Bahn fahren — ihn abholen gehen

b) Erweitern Sie nun die obenstehenden Ausdrücke mit der Konstruktion «gēn ... yīqǐ» sowie einem beliebigen Subjekt. Bilden Sie entsprechende Frage- und Antwortsätze.

Beispiel: A: gehen — B: Nǐ gēn shéi yīqǐ zǒu/qù?

2. Austauschübung

a) Nǐ xiàwǔ yǒu kòng ma?
Wǒ xiàwǔ yǒu/méiyǒu kòng.

jīntiān wǎnshàng	shì
xīngqīyī wǎnshàng	ānpái
hòutiān xiàwǔ	shíjiān
yī hào zhōngwǔ	yuēhuì

b) Wǒ qǐng nǐ chī fàn.

Zhāng jiàoshòu	wǒmen	qù chī fàn
wǒ	nǐmen	kàn diànyǐng
Lǎo Lǐ	tāmen	qù tā jiā chī fàn
Liú lǎoshī	wǒ	cānguān tāmen de xuéxiào

c) Zhè ge diànyǐng jǐ diǎn kāishǐ, jǐ diǎn jiéshù?
Bā diǎn kāishǐ, shí diǎn bàn jiéshù.

huìyì	1: 30	3: 00 zuǒyòu
zhǎnlǎnhuì	shàngwǔ 9: 00	xiàwǔ 5: 00
jīngjù	wǎnshàng 7: 00	11:00
huàjù	xiàwǔ 2: 00	dàgài 4: 30

3. Frage-Antwort-Übung

Ergänzen Sie die entsprechende Frage zur gegebenen Antwort, bzw. die entsprechende Antwort zur gegebenen Frage.

A: Nǐ xīngqīliù shàng bān ma? B:..
A: Nǐ xīngqīliù xiàwǔ yǒu kòng ma? B:..
C: ....? D: Wǒ míngtiān wǎnshàng méiyǒu shíjiān. Yǒu shì ma?
C: .... D: Nà hòutiān wǎnshàng zěnmeyàng?
E: ....? F: Jiànmiàn? Wǒ zài fàndiàn ménkǒu děng nǐ, hǎo ma?

E: Hǎo, ...? F: Qī diǎn bàn ba.
G: Nǐ jīntiān wǎnshàng dǎsuàn zuò shénme? H: ....

✌ A: Nǐ hěn xiǎng jiā ba? B:...
C: Nǐ gēn shéi yīqǐ qù kàn diànyǐng? D:...
C: ....? D: Wǒ hái bù zhīdào. Tīngshuō zhè shì Rìběn diànyǐng.
E: Xīngqītiān wǒmen qù kàn diànyǐng, hǎo ma? F: ....
E: Wǒ qǐng nǐ. F: Shì ma? ....!

4. Satzumwandlungen

Verwandeln Sie die nachfolgenden Sätze in Positiv-Negativ-Fragesätze (☞ Lektion 3) und geben Sie verneinte Antworten darauf.

a) Tā míngtiān wǎnshàng yǒu shì ma?
b) Tā xīngqītiān yǒu yuēhuì ma?
c) Tā xià xīngqītiān qǐng nǐ chī fàn ma?
d) Tā zuò fēijī qù ma?
e) Tā xǐhuān chī Zhōngguó fàn ma?
f) Tā jīntiān xiě xìn ma?
g) Nǐ xiǎng tāmen/jiā ma?
h) Tāmen míngtiān wǎnshàng kàn diànyǐng ma?
i) Nǐ míngtiān zhōngwǔ děng wǒ ma?
j) Nǐ zhè (ge) xīngqīwǔ shàng bān ma?

5. Wie sagt man's auf Chinesisch?

☝ a) Wie gehen/fahren wir hin? — Mit der Bahn.
b) Wie kommen sie hierher? — Mit dem Schiff.
c) Wie hole ich euch ab? — Du kannst uns mit dem Auto abholen.
d) Wie holst du uns ab? — Ich möchte euch mit der U-Bahn abholen.
e) Wie kommen (qù) wir zum Kino? — Wir laufen hin.
f) Wo warte ich auf sie? — Du kannst am Eingang des Kaufhauses auf sie warten.
g) Er ißt gern chinesische Küche. — Ich esse gerne französische Küche.
h) Wir holen sie mit dem Auto ab. — Sie kommen mich mit dem Auto abholen.
i) Ich habe nachmittags eine Verabredung. — Er hat am Abend etwas vor.
j) Wir fahren zu ihrer Firma, um sie zu besichtigen. — Sie kommen zu unserer Werkhalle, um sie zu besichtigen.

✌ a) Morgen Abend gehen wir essen, in Ordnung? Ich lade dich ein. — Prima!
b) Unser Film endet um neun. Ihr Film fängt um halb zehn an.
c) Es tut mit leid, (aber) ich habe morgen Abend eine Konferenz. Wie wäre es mit übermorgen Abend?
d) Herr Bauer will mich zum Essen einladen. Ich habe am Samstag keine Zeit, weil ich eine Verabredung habe. Am Sonntag habe ich (noch) nichts vor. Er sagt, er kommt mich um 12 Uhr mit dem Auto abholen.

6. Gelenkter Dialog

Übernehmen Sie die Rolle von A oder B (oder C) und führen Sie anhand der nachfolgenden Vorgaben einen Dialog mit einem Partner/einer Partnerin.

A fragt B nach seinen Plänen fürs Wochenende. — **B** antwortet, daß eine Freundin Geburtstag habe und er hingehen wolle. — **A** erkundigt sich nach dem Sonntag. — **B** hat an diesem Tag nichts vor, möchte aber am Nachmittag zu Hause einen Brief schreiben. — **A** schlägt daher vor, in ein X-Restaurant essen zu gehen und will B einladen. — **B** stimmt erfreut zu und fragt nach der Art und Weise des Treffens. — **A** schlägt vor: Zunächst geht (fährt) A zu B, dann gehen (fahren) beide zusammen (zum Restaurant). — **B** fragt danach, wann A kommt. — **A** nennt eine ungefähre Zeit. — **B** ist einverstanden und will zu Hause auf A warten.

A fragt B nach ihren Vorhaben für den Abend. — **B** und andere wollen ins Kino gehen. — **A** möchte wissen, mit wem sie dorthin geht. — **B** antwortet, mit zwei Freunden, die A kenne. Sie nennt zwei Namen. — **A** bestätigt, daß es zwei Bekannte von ihr sind. — **B** fragt A, ob sie auch mitkommen möchte. — **A** will wissen, was für ein Film es ist. — **B** meint, ein US-amerikanischer Film mit dem Titel «Die Firma». — **A** möchte auch mitkommen und fragt nach der Anfangszeit und in welchem Kino der Film kommt.

Versuchen Sie, das Gespräch selbständig fortzuführen.

7. Frage, Antwort und Nacherzählung

Suchen Sie ein Foto oder eine lustige Werbeanzeige aus einer Zeitung bzw. Zeitschrift heraus, worauf eine Person abgebildet ist. Stellen Sie dann einem Partner bzw. einer Partnerin beliebige Fragen zu dieser Person (beziehen Sie dabei nach Möglichkeit auch einige Fragen aus Lektion 2 und 8 mit ein). Zum Beispiel:

Wer die Person ist und ob Ihr Partner bzw. Ihre Partnerin sie kennt — ob sie ein Kollege / eine Kollegin Ihres Partners oder Ihrer Partnerin ist oder ein Freund bzw. eine Freundin — wie sie heißt — aus welchem Land sie kommt (bzw. ob sie aus dem Land X kommt) — wo sie arbeitet/studiert — ob sie in letzter Zeit viel zu tun hatte oder nicht — wann sie Urlaub macht — was sie vorhat — warum sie eine Reise ins Land X macht — wie und mit wem sie dort hinfahren möchte — warum sie nicht dorthin fliegen möchte — wie lange sie dort bleiben will usw.

Nachdem alle Fragen beantwortet worden sind, fassen Sie selbst das Gesagte noch einmal zusammen.

Lektion 10: Im Restaurant

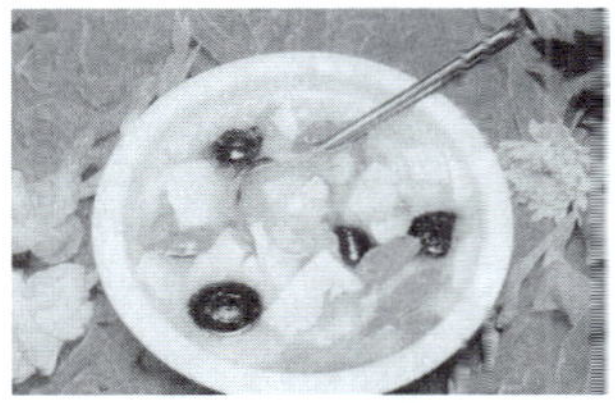

Zielsätze

1. Zhèr bǐ nàr ānjìng.	*Hier ist es ruhiger als dort.*
2. Wǒ kàn bù dǒng càidān.	*Ich kann die Speisekarte nicht lesen.*
3. Nǐ néng bu néng jièshào yīxiē xīn shū?	*Könntest du mir einige neue Bücher empfehlen?*
4. Nǐ juéde Qīngdǎo píjiǔ zěnmeyàng?	*Was hältst du vom Qingdao-Bier?*
5. Nǐ cháng guo Máotái ma?	*Hast du schon mal Maotai probiert?*
6. Dànshì wǒ gèng ài hē pútaojiǔ.	*Aber ich trinke viel lieber Wein.*
7. Wèi wǒmen de hézuò gān bēi!	*Trinken wir auf unsere Zusammen-arbeit!*

Dialog 1

Das Ehepaar Klee (A und B) betritt zur Mittagszeit ein Sichuan-Restaurant. Als sich beide gesetzt haben, kommt die Bedienung (C) an ihren Tisch:

A: Wǒmen zuò zhèr ba, zhèr bǐ nàr ānjìng.	*Laß uns hier hinsetzen, hier ist es ruhiger als dort (drüben).*
C: Nǐmen hǎo, nǐmen xiǎng chī shénme? Qǐng kàn càidān.	*Guten Tag! Was möchten Sie essen? Bitte werfen Sie einen Blick auf die Speisekarte.*
B: Duìbuqǐ, wǒmen kàn bù dǒng càidān. Nǐ néng bu néng jièshào yīxià?	*Verzeihung, die Speisekarte können wir nicht lesen. Können Sie uns etwas empfehlen?*
C: Wǒmen zhèr de tèsè shì Sìchuān cài.	*Unsere Spezialität hier ist Sichuan-Küche.*
A: Yǒu mei yǒu sù de? Wǒmen bù chī ròu.	*Haben Sie etwas Vegetarisches? Wir essen kein Fleisch.*
C: Yǒu a. Yào jǐ ge cài?	*Haben wir. Wieviele Gerichte möchten Sie?*
B: Lái liǎng ge sù de, yī wǎn suānlàtāng, tāng bú yào tài là.	*Bitte bringen Sie uns zwei vegetari-sche Gerichte und eine Schüssel Sauer-Scharf-Suppe. Die Suppe darf nicht zu scharf sein.*
C: Yào bu yào chángchang Sìchuān dàndànmiàn?	*Wollen Sie mal Dandan-Nudeln aus Sichuan probieren?*

Beim gemeinsamen Essen teilt man sich die Gerichte auf dem Drehtablett in der Mitte des Tisches.

B: Hǎo, zài lái bàn jīn dàndànmiàn.	Gut, bringen Sie uns auch ein halbes Pfund Dandan-Nudeln.

Dialog 2

Herr Schuhmann (B) und sein chinesischer Kollege (A) haben bereits gegessen und sitzen noch plaudernd beim Bier:

A: Nǐ juéde Qīngdǎo píjiǔ zěnmeyàng?	*Wie findest du das Qingdao-Bier?*
B: Wèidào búcuò. Dànshì wǒ gèng ài hē zhèr de pútaojiǔ.	*Schmeckt nicht schlecht. Aber ich trinke viel lieber den Wein von hier.*
A: Nǐ Máotáijiǔ cháng guo ma?	*Hast du schon mal Maotai probiert?*
B: Méi cháng guo. Tīngshuō Máotái shì Zhōngguó zuì yǒumíng de jiǔ.	*Noch nicht. Maotai soll Chinas berühmteste Spirituose sein.*
A: Duì, wǒmen jīntiān chángchang Máotái, zěnmeyàng?	*Stimmt. Wir probieren heute mal Maotai, wie wär's?*
B: Hǎo a.	*Gut!*
A: Xiǎojiě, zài lái liǎng bēi Máotái.	*Bedienung, bitte bringen Sie uns noch zwei Gläser Maotai.*
B: Lái, wèi wǒmen de hézuò gān bēi!	*Komm, trinken wir auf unsere Zusammenarbeit!*
A/B: Gān bēi!	*Ex! — Auf ex!*
A: Xiǎojiě, qǐng jié zhàng ba.	*Bedienung, die Rechnung bitte!*

Neue Wörter und Ausdrücke

zuò	*sitzen, sich setzen*
bǐ	*verglichen mit, als* (bei Vergleichen)
ānjìng	*ruhig, still* ☯ **nào**: *laut, unruhig*
càidān	*Speisekarte*
dǒng	*verstehen*
néng	*können, bereit sein*
jièshào	*empfehlen; vorstellen*
tèsè	*Spezialität*
cài	*Küche* (eines Landes); *Gericht, Speise*
sù /sùcài	*vegetarisches Gericht* ☯ **hūn/hūncài**: *Fleisch- und Fischgerichte*
ròu	*Fleisch*
wǎn	*Schüssel; Schale*
suānlàtāng	Name eines Gerichtes: *Sauer-scharf-Suppe*
suān	*sauer*
là	*scharf*
tāng	*Suppe* (Verb: **hē** – Suppe wird in China «getrunken»!)
cháng	*probieren, kosten*
dàndànmiàn	Name eines Gerichtes: *Nudeln mit scharfer Soße*
jīn	*Pfund*
juéde	*meinen, finden*
Qīngdǎo	Ortsname
píjiǔ	*Bier*
zěnmeyàng	*wie*
wèidào	*Geschmack*
dànshì	*aber*
gèng	Komparatives Adverb: **gèng hǎo**: *besser*
ài	*sehr gern (tun); lieben* ☯ **hèn**: *hassen*
hē	*trinken*
pútaojiǔ	*Wein*
Máotái(jiǔ)	chinesischer Schnaps
guo	Partikel zum Ausdruck der unbestimmten Vergangenheit: *«schon einmal»/«noch nie»* (☞ Lektion 17)
zuì	Superatives Adverb: **zuì hǎo**: *am besten*
yǒumíng	*berühmt, bekannt*
jiǔ	*Spirituose, Alkohol* (Der Oberbegriff «jiǔ» wird in China oft Einzelbezeichnungen wie «*Wein*», «*Schnaps*» usw. vorgezogen.)
xiǎojiě	Anrede für weibliche Bedienung ☯ **xiānsheng**
bēi	*Glas, Tasse*
wèi ... gān bēi	*auf ... trinken*
hézuò	*Zusammenarbeit; zusammenarbeiten*
gān bēi!	*ex-trinken; Prost!*
jié zhàng	*die Rechnung ausstellen*

Anmerkungen und grammatische Erklärungen

1. Vergleich mit «**bǐ**»
«Bǐ» (verglichen mit) drückt einen Vergleich aus. Es steht immer zwischen den Vergleichsgegenständen, die die Länge ganzer Satzteile haben können. Das Vergleichsadjektiv (Adjektivprädikat) steht hinter der Folge «Vergleichsgegenstand – **bǐ** – Vergleichsgegenstand».

Zhè ge cài **bǐ** nà ge cài **piányì**.	*Dieses Gericht **ist billiger als** das da.*

2. Die Ergänzung der Fähigkeit
Diese Ergänzung drückt aus, ob jemandem eine Handlung möglich ist oder nicht. Sie besteht häufig aus einem (einsilbigen) Verb. Dieses Verb wird an das vorangehende Hauptverb entweder mit «**de**» angeschlossen – wenn die Handlung des Hauptverbs ausführbar ist (a) – oder mit «**bù**», wenn sie unausführbar ist (b).

	Hauptverb		Ergänzung		
a) Wǒ	kàn	**de**	dǒng	tā de xìn.	*Ich **kann** seinen Brief lesen.*
b) Wǒ	kàn	**bù**	dǒng	tā de xìn.	*Ich **kann** seinen Brief nicht lesen.*

Da die Ergänzung der Fähigkeit ein ziemlich kompliziertes sprachliches Phänomen ist, sollen hier nur seine einfachsten und gebräuchlichsten Beispiele vorgestellt werden. Dazu gehört auch das folgende:

Tāmen tīng **bù** dǒng Hànyǔ.	*Sie verstehen **kein** Chinesisch.*

Wörtlich: «Sie hören Chinesisch, verstehen es aber nicht.» [Weil sie die Sprache nicht gelernt haben oder noch nicht genügend beherrschen.]

Tāmen tīng **de** dǒng Hànyǔ.	*Sie verstehen Chinesisch.*

3. Die Frage «**nín / nǐ néng bu néng...**» (Könnten Sie vielleicht...) ist eine höfliche Bitte an jemanden, etwas zu tun. Sie ist indirekter als die Aufforderung mit «qǐng» (☞ Lektion 15).

4. Das Verb «**lái**» kann, insbesondere im Zusammenhang mit Bestellungen im Restaurant, die Bedeutung «(sich) etwas bringen (lassen), kommen lassen» annehmen. Das Subjekt fällt dabei weg.

Lái sān bēi kāfēi! — ***Bringen Sie** drei Becher Kaffee!*

«Lái» kann außerdem als ermunternder Aufruf (Komm!) am Anfang einer Aufforderung stehen (wie in Dialog B).

5. Beim Essen wünscht man sich nicht wie bei uns üblich «Guten Appetit»; ist man zu Gast, lädt der Gastgeber höflich mit «qǐng» (bitte) oder «lái chī ba» (essen Sie bitte) ein. Manchmal wird auch «mànman chī» (essen Sie langsam) oder «duō chī diǎn» (Sie sollen viel essen) hinzugefügt.

6. Neben seiner Fragefunktion bei Vorschlägen (☞ Lektion 8) kann «**zěnmeyàng**» (wie, was) sich auch nach der Eigenschaft von Dingen (a) oder nach der Art und Weise (b) erkundigen.

a) Zhè ge fàndiàn de cài **zěnmeyàng**? — ***Wie*** *ist das Essen in diesem Restaurant?*

b) Tā de gōngzuò **zěnmeyàng**? — ***Wie*** *ist ihre Arbeit?*

7. Der Partikel «**guo**» (eigentlich: «vorbeigehen») hinter einem Verb drückt aus, daß eine Handlung in der Vergangenheit schon einmal stattgefunden hat. Sätze mit «guo» werden mit «**méiyǒu**» oder «**méi**» verneint, wobei «guo» hinter dem verneinten Verb stehen bleibt. Um einen Positiv-Negativ-Fragesatz zu bilden, setzt man «**méiyǒu**» an das Ende des Aussagesatzes

Nǐ		qù **guo** Bālí ma?	*Bist du* ***schon mal*** *in Paris gewesen?*
Nǐ		qù **guo** Bālí **méiyǒu?**	*Bist du* ***schon mal*** *in Paris gewesen?*
Wǒ		qù **guo** Bālí.	*Ich bin* ***schon mal*** *in Paris gewesen.*
Wǒ	**méiyǒu**	qù **guo** Bālí.	*Ich bin* ***noch nie*** *in Paris gewesen.*

(☞ Vergleichen Sie zu «guo» außerdem Lektion 11, Punkt 3 der Anmerkungen.)

8. Soll ein Objekt besonders betont werden, kann es vor das Verb eines Satzes gestellt werden. Dabei folgt dem Objekt entweder die Subjekt-Prädikat-Stellung des einfachen Aussagesatzes (a) oder das Subjekt steht noch vor dem vorangestellten Objekt (b).

	Subjekt	Objekt	Subjekt	Prädikat	
(a)		**Máotái**	nǐ	cháng guo ma?	*Hast du schon mal Maotai probiert?*
(b)	Nǐ	**Máotái**		cháng guo ma?	
		Máotái	wǒ	méi cháng guo.	*Maotai habe ich noch nicht probiert*

9. Die Steigerungswörter «**gèng**» und «**zuì**»

Das Wort «gèng» (mehr, noch mehr) steht vor Adjektiven oder wenigen bestimmten Verben (z.B. xiǎng, xǐhuān, ài, hèn...) und bildet einen verstärkten Komparativ.

(☞ Vergleiche die Bildung des einfachen Komparativs mit «bǐ», Punkt 1)

Zuò qìchē kuài, zuò dìtiě **gèng** kuài.
Mit dem Auto ist man schnell, mit der U-Bahn ***noch*** *schneller.*
Tā xǐhuān hē jiǔ, dànshì **gèng** xǐhuān hē kělè.
Er trinkt gern Alkohol, aber ***noch lieber*** *trinkt er Cola.*

Der Superlativ «zuì» (am meisten) steht wie «gèng» vor Adjektiven oder wenigen, bestimmten Verben.

Běijīng Dàxué shì Zhōngguó **zuì yǒumíng** de dàxué.
Die Peking-Universität ist Chinas ***berühmteste*** *Universität.*

Tā **zuì** bù xǐhuān zhōumò shàng bān.
Am meisten *haßt sie es, am Wochenende zu arbeiten.*

10. «**Gān bēi**» (wörtlich: das Glas leeren) wird in China nicht nur dann benutzt, wenn ex getrunken werden soll, sondern kann auch einfach «Prost!» heißen.

Wortfelder

Gastronomie

fàndiàn jiǔjiā *(Restaurant)* jiǔbā *(Bar)* kuàicāndiàn *(Schnellimbiß)*
màidāngláo *(McDonald's)*

Beurteilung

ānjìng nào gānjìng *(sauber)* zāng *(schmutzig)*

Geschirr

wǎn pánzi *(Teller)* kuàizi *(Eßstäbchen)* dāochā *(Messer und Gabel)*

Speisen

sùcài: báicài *(Chinakohl)* mógu *(Pilze)*
làjiāo *(Paprika)* tǔdòu *(Kartoffel)* sèlā *(Salat)*
hūncài: zhūròu *(Schweinefleisch)* niúròu *(Rindfleisch)* niúpái *(Steak)*
yú *(Fisch)* jī(ròu) *(Huhn)* jīdàn *(Ei)*

mǐfàn *(Reis)* miànbāo *(Brot)* miàntiáo *(Nudeln)*
sānmíngzhì *(Sandwich)* jiǎozi *(gefüllte Teigtaschen)*
húntun *(Suppe mit Fleischtaschen)*
hànbǎobāo *(Hamburger)* bǐsàbǐng *(Pizza)*
bīngjīlín *(Eiscreme)*

Geschmacksrichtungen

suān tián *(süß)* kǔ *(bitter)* là
xián *(salzig)* dàn *(wenig gewürzt; fade)*

Spirituosen

píjiǔ pútaojiǔ báijiǔ *(Schnaps)*
xiāngbīnjiǔ *(Sekt)* Máotáijiǔ
yī bēi yī píng (Zählwort: *eine Flasche*) yī tīng *(eine Dose)*

Trinksprüche

Wèi { wǒmen de hézuò / wǒmen de yǒuyì *(unsere Freundschaft)* / nín de jiànkāng *(Ihre Gesundheit)* } gān bēi !

Übungen

1. Basisübung

Lassen Sie sich von einem Partner oder einer Partnerin die folgenden Speisen und Getränke nennen und bringen Sie diese mit dem passenden Verb «chī»/«hē» zusammen ins Chinesische:

Beispiel: A: Brot — B: chī miànbāo

Jiaozi — Bier — Nudeln — Sauer-scharf-Suppe — Reis — Fischsuppe — Wein — Fleisch — Ei — Eisuppe — Schnaps

2. Austauschübung

a) Zhèr bǐ nàr ānjìng ma?
Zhèr bǐ nàr ānjìng.

zhè ge	nà ge	xīn
chènshān	jiákè	piányì
Shīmìtè	Hú Píng	gāo
zuò fēijī	zuò huǒchē	fāngbiàn
zhè ge diànyǐng	nà ge diànyǐng	cháng
zhè zhǒng zhào-xiàngjī	nà zhǒng zhào-xiàngjī	hǎo

b) Nǐ kàn de dǒng càidān ma?
Wǒ kàn bù dǒng càidān.

kàn	tā de xìn
tīng	tā de Yīngwén
kàn	Jīngjì Xīnwén
tīng	Shūmàn de Déyǔ

c) Nǐ néng bu néng jièshào xiē shū?
Hǎo.

lái jiē wǒ	míngtiān shàngwǔ lái
qù yīxià	wènwen Liú jiàoshòu
	gàosù wǒ tā zài nǎr

d) Nǐ juéde zhèr zěnmeyàng?
Wǒ juéde búcuò/hěn búcuò.

zhè zhǒng jiǔ	zhèr de dìtiě
tā de nǚ péngyǒu	wǒ de Yīngyǔ
zhè ge diànyǐng	nà jiàn yīfu

e) Wǒ ài hē píjiǔ,
dànshì (wǒ) gèng ài hē pútaojiǔ.

xiǎng	qù Lúndūn	qù Bālí
xǐhuān	chī táng	chī qiǎokèlì
xǐhuān	chī jiǎozi	chī húntun
xiǎng	chī niúròu	chī yú

f) Zhè ge diànyǐng hǎo.
Nà ge diànyǐng gèng hǎo.

hóng chènshān	piányì	lǜ chènshān
zhè ge diànshìjī	guì	nà ge Suǒní
wǒmen zhèr	máng	tāmen nàr
Nánjīng Fàndiàn	jìn	Sìchuān Fàndiàn

g) Nǐ cháng guo Sìchuān cài ma?
Méi cháng guo.

qù	tā nàr
huí	Déguó
kàn	tā de xìn
wèn	tā de tóngshì
mǎi	Zhōngguó yīfu
jiàn	nǐ nǚ péngyǒu de bàba māma

3. Frage-Antwort-Übung

Ergänzen Sie die entsprechende Frage zur gegebenen Antwort, bzw. die entsprechende Antwort zur gegebenen Frage.

A: Nǐmen zuò nǎr? B:..
C: Nǐ xiǎng chī/chángchang shénme? D:..
C: Lái jǐ ge? D: .... (eine beliebige Zahl)
E: Nǐ juéde zhèr de píjiǔ zěnmeyàng? F:..
E: ....?
F: Wǒ? Wǒ zuì xǐhuān hē Fǎguó xiāngbīn(jiǔ).
G: Nín yào shénme cài? H: .... (2-3 Speisen)
I: Yào shénme tāng? J:..
I: Lái shénme jiǔ? J: .... (Flasche/Glas)
K: Nǐ qù guo nàr de fàndiàn ma? L: .... (ja)
K: Nàr de cài zěnmeyàng? L:..
M: Nǐ kàn de dǒng tā de xìn ma? N:..(nein)

A: Nǐ chī guo jiǎozi ma? B: ..... (nein) und ...... (Geschmack?)
A: Wèidào búcuò. (Macht den Vorschlag, mal welche zu probieren.) B: Hǎo a. Jīntiān wǒ qǐng nǐ.

4. Wie sagt man's auf Chinesisch?

a) Bei mir ist es nicht besonders ruhig.
b) Bei mir ist es ruhiger als bei dir.
c) Er möchte seine Freundin nicht vorstellen.
d) Mein Kollege Herr Schuhmann ißt kein Fleisch und ich esse keinen Fisch.
e) Sie ißt gern scharfe Suppe, ich esse gern salzige.
f) Herr Liu hat schon mal Sichuan-Küche probiert, ich noch nicht.
g) Diesen Film habe ich noch nicht gesehen.
h) Seine Freundin versteht mein Englisch nicht.
i) Er trinkt die Spirituosen von hier nicht gerne.
j) Aber ich meine, das Bier von hier schmeckt nicht schlecht.
k) Wir lassen noch zwei Gläser Wein kommen, wie wär's damit?
l) Auf unsere Freundschaft!

a) Herr Zhang ist ein bekannter Mensch hier.
b) Maotai ist eine berühmte Spirituose in China.

Das Auseinanderziehen des Teiges zu Nudeln mit bloßen Händen ist für ihn keine Kunst.

c) Das ist auch ein bekanntes Gericht in China.
d) Ich meine wir sollten noch einige Gerichte kommen lassen.
e) Die Suppe von hier ist zu scharf. Ich esse gerne eine wenig(er stark) gewürzte.
f) Ist England oder Deutschland größer?
g) Versteht er das Deutsch vom Alten Wang?
h) Die Bedienung des Sichuan-Restaurants fragt uns, was wir essen möchten. (Weil) wir die Speisekarte nicht lesen können, empfiehlt sie einige Sichuan-Gerichte. Wir möchten vegetarische Gerichte probieren, weil wir kein Fleisch essen.

5. Gelenkter Dialog

Übernehmen Sie die Rolle von A oder B (oder C) und führen Sie anhand der nachfolgenden Vorgaben einen Dialog mit einem Partner oder einer Partnerin.

A schlägt B und C vor, sich an einen Platz zu setzen. — **B** ist einverstanden: Es ist dort ruhig und es sind nur wenig Leute dort. — **C** fragt, welche Spezialitäten das Guangdong-Restaurant hat. — **B** möchte zuerst die Speisekarte ansehen und fragt C, was dieser essen möchte. — **C** will kein Fleisch und wählt Fisch. — **B** will weder Fleisch noch Fisch essen. — **C** stellt daher fest, daß sie zusammen zwei vegetarische Gerichte und einen Fisch wollen. — **A** erkundigt sich, ob die Gäste Suppe möchten. — **B** bejaht und bestellt.

✌ **A** fragt B nach seiner Beurteilung des Fisches. — **B** sagt, daß es ihm schmeckt und fragt A, ob er kosten möchte. — **A** lehnt dankend ab, da er Vegetarier ist. — **B** erinnert sich und fragt A nach dem Geschmack von dessen Gericht. — **A** drückt (große) Zufriedenheit aus. — **B** fragt, ob sie noch ein alkoholisches Getränk bestellen wollen. — **A** stimmt zu und bestellt zwei Gläser.

Versuchen Sie, das Gespräch selbständig fortzuführen, zum Beispiel durch einen Trinkspruch oder einige Sätze über das Getränk.

☝ + ✌ Freier Dialog: Im Restaurant

Vorschläge zum Inhalt:

Begrüßen von neuen Gästen — Platzempfehlung oder Zuweisung — Frage nach einer «lesbaren» Speisekarte oder einer Empfehlung — Bestellen von Getränken und Gerichten — Nachbestellungen — Bezahlen

Lektion 11: Wetter und Gesundheit

Zielsätze

1. Nǐ hǎoxiàng gǎnmào le? — *Sie scheinen sich erkältet zu haben.*
2. Tāmen zìjǐ dài le yào. — *Sie haben selber Medikamente mitgebracht.*
3. Wǒmen hái bù xíguàn zhèr de fàn. — *Wir haben uns noch nicht an das Essen hier gewöhnt.*
4. Tā méiyǒu shēng bìng. — *Sie ist nicht krank geworden.*
5. Tāmen měi tiān hěn máng. — *Sie haben jeden Tag viel zu tun.*
6. Wǒ hái děi dǎ yī ge diànhuà. — *Ich muß noch einen Anruf machen.*
7. Tā zuìhǎo bié qù le. — *Er sollte am besten nicht hingehen.*

Dialog 1

Frau Bauer (A) sitzt noch nicht lange an ihrer Arbeit, als sie plötzlich mehrmals hintereinander niesen muß. Ein Kollege (B) spricht sie darauf teilnehmend an:

B: Bào'ěr gōngchéngshī, nín hǎoxiàng gǎnmào le? — *Ingenieurin Bauer, Sie scheinen sich erkältet zu haben?!*

A: Duì, wǒ yǒudiǎn bù shūfu. — *Ja, ich fühle mich ein bißchen unwohl.*

B: Yào bu yào qù kànkan yīshēng? — *Wollen Sie nicht einen Arzt aufsuchen?*

A: Xièxie, búyòng le, wǒ zìjǐ dài le yào. — *Danke, nicht nötig, ich habe selber Medikamente mitgebracht.*

B: Kànlái, nín bú tài xíguàn zhèr de shēnghuó. — *Sowie es aussieht, haben Sie sich noch nicht ganz an das Leben hier gewöhnt.*

A: Duì, wǒ dì yī cì lái Shěnyáng, hái bú tài xíguàn. — *Genau, da ich das erste Mal in Shenyang bin, habe ich mich noch nicht ganz umgestellt.*

B: Zhèr bǐ nǐmen nàr lěng ma? — *Ist es hier kälter als bei Ihnen?*

A: Gēn wǒmen nàr yīyàng lěng, dànshì zhèr měi tiān xià xuě. — *Genauso kalt wie bei uns, aber hier schneit es jeden Tag.*

Dialog 2

Nachdem Herr Rohde (A) schon einen halben Tag lang ohne Unterbrechung an seinem Schreibtisch gearbeitet hat, läßt er sich plötzlich ermattet in einen Sessel fallen:

B: Luódé xiānsheng, nǐ zěnme le? Shēng bìng le? — *Herr Rohde, was ist los mit Ihnen? Sind Sie krank?*

A: Méi bìng, zhǐ shì yǒudiǎn lèi.	*Nicht krank, ich bin nur ein bißchen müde.*
B: Nǐ měi tiān zhème máng.	*Sie sind (auch) jeden Tag dermaßen im Streß!*
A: Shì a, jīntiān shìqing tèbié duō.	*Ja, heute gibt es besonders viel zu tun.*
B: Nà nǐ zǎo diǎn huí jiā xiūxi xiūxi.	*Dann gehen Sie ein wenig früher nach Hause und ruhen sich gut aus.*
A: Méi guānxi, wǒ hái děi dǎ liǎng ge diànhuà. Wǎnshàng de yīnyuèhuì jǐ diǎn kāishǐ?	*Es geht schon. Ich muß noch zwei Anrufe erledigen. Um wieviel Uhr beginnt das Konzert am Abend?*
B: Nǐ tài lèi le, zuìhǎo bié qù le.	*So müde wie Sie sind, sollten Sie am besten nicht hingehen.*
A: Méi shì, tīng yīnyuè yě shì yī zhǒng xiūxi.	*Nicht so schlimm. Musik zu hören ist auch eine Art, sich auszuruhen.*

Neue Wörter und Ausdrücke

hǎoxiàng	*scheinen; anscheinend*
gǎnmào	*sich erkälten; Erkältung*
le	Vergangenheitspartikel
yǒudiǎn	*etwas, ein bißchen*
shūfu	*sich wohl fühlen*
kàn yīshēng	*einen Arzt aufsuchen*
yīshēng	*Arzt*
búyòng le	*nicht nötig sein, (etwas) nicht (zu tun) brauchen*
zìjǐ	*selbst, selber; eigen*
dài	*mitbringen, mitnehmen*
yào	*Medikament, Medizin* (Verb: **chī** — *«einnehmen»*)
kànlái	*offenbar, anscheinend*
xíguàn	*sich gewöhnen, anpassen, umstellen; Gewohnheit*
shēnghuó	*Leben*
dì	Vorsilbe zur Bildung von Ordnungszahlen
cì	~ *mal*
lěng	*kalt, kühl* **rè**: *heiß, warm*
gēn ... yīyàng	*ebenso wie ...*
yīyàng	*gleich, genauso*
měi	*jede, -r, -s*
xià xuě	*schneien*
Nǐ zěnme le?	*Was haben Sie denn? Was ist los mit Ihnen?*
shēng bìng	*krank werden*
bìng	*krank*
lèi	*müde*
zhème	*so, dermaßen*
tèbié	*besonders, außerordentlich*
zǎo	*früh* **wǎn**: *spät*
(yī)diǎn	*ein bißchen, ein wenig*
xiūxi	*sich ausruhen, Pause machen; Pause*
děi	*müssen* **búyòng**: *nicht nötig sein, nicht müssen*
dǎ diànhuà	*telefonieren, einen Anruf machen*
yīnyuèhuì	*Konzert*
zuìhǎo	*am besten; es wäre am besten, wenn...*
bié	*(etwas) nicht (tun)*
méi shì	*nicht so schlimm! macht nichts!*
tīng	*hören*
yīnyuè	*Musik*

Anmerkungen und grammatische Erklärungen

1. «**Nín hǎoxiàng gǎnmào le?**» (Sie scheinen sich erkältet zu haben?!) In China wird jemandem, der niest, nicht «Gesundheit!» zugerufen. Man erkundigt sich stattdessen allenfalls, ob er oder sie etwa krank wird oder geworden ist.

2. Der Partikel «**le**» kann sehr unterschiedliche Funktionen haben. Im folgenden sollen zwei der wesentlichsten Verwendungen vorgestellt werden.

a) Als Vergangenheitspartikel bezeichnet «le» die Abgeschlossenheit einer Handlung.

⚠ Vor dem Objekt des Satzes steht dabei meistens eine Mengenbezeichnung oder eine attributive Ergänzung.

Es wird in diesem Fall im Deutschen mit dem Perfekt wiedergegeben. Die Verneinung erfolgt mit «**méiyǒu**» oder «**méi**», wobei der Partikel «le» wegfällt. Um einen Positiv-Negativ-Fragesatz zu bilden, setzt man nur «**méiyǒu**» an das Ende des Aussagesatzes.

Tā	**mǎi le** jǐ běn	shū?	*Wieviele Bücher **hat** sie **gekauft**?*
Tā	**mǎi le** sān běn	shū.	*Er hat drei Bücher **gekauft**.*
Tā	**mǎi le** hěnduō	shū.	*Sie **hat** sich viele Bücher **gekauft**.*
Tā	**mǎi le** shénme	shū?	*Was für ein Buch **hat** sie **gekauft**?*
Tā	**mǎi le** Hànyǔ	shū.	*Sie **hat** ein Chinesischlehrbuch **gekauft**.*
Tā	**mǎi le**	nà běn shū ma?	***Hat** er das Buch **gekauft**?*
Tā	**mǎi le**	nà běn shū **méiyǒu?**	***Hat** er das Buch **gekauft**?*
Tā	**mǎi le**	nà běn shū.	*Er **hat** das Buch **gekauft**.*
Tā **méiyǒu**	**mǎi**	nà běn shū.	*Er **hat** das Buch **nicht gekauft**.*

b) «**Le**» kann außerdem ausdrücken, daß sich eine Situation verändert hat und ein neuer Zustand eingetreten ist. In dieser Bedeutung steht «le» am Satzende. Im Deutschen kann man es mit «nun» oder «jetzt» wiedergeben.
Auch hier wird mit «**méiyǒu**» oder «**méi**» verneint und «le» fällt weg.
Ein Positiv-Negativ-Fragesatz wird wie in a) gebildet.

Tā **mǎi** nà běn shū **le** ma?	***Hat** er das Buch **(jetzt) gekauft**?*
Tā **mǎi** nà běn shū **le méiyǒu?**	***Hat** er das Buch **(jetzt) gekauft**?*
Tā **mǎi** nà běn shū **le.**	*Er **hat** das Buch **(jetzt) gekauft**.*
Tā **méiyǒu** mǎi nà běn shū.	*Er **hat** das Buch **(jetzt) nicht gekauft**.*
Tā jīnnián sānshí suì **le.**	*Sie ist dieses Jahr 30 Jahre alt geworden.*
Xiànzài píngguǒ dōu guì **le.**	*Jetzt sind die Äpfel alle teuer geworden.*

3. Verb + «**le**» und Verb + «**guo**» im Vergleich

Ein Verb mit nachfolgendem «le» bezeichnet eine Handlung, die zu einem bestimmten Zeitpunkt in der Vergangenheit erfolgt ist.

Wǒ zuótiān cháng **le** Máotái. — *Gestern **habe** ich Maotai probiert.*

Ein Verb mit angehängtem «guo» bedeutet dagegen, daß etwas irgendwann einmal erlebt, erfahren oder getan worden ist.
Wǒ yǐqián cháng **guo** Máotái. — *Ich **habe** früher **schon mal** Maotai probiert.*

Der Inhalt eines Satzes mit dem Vergangenheitspartikel «le» kann mit der Gegenwart noch in Beziehung stehen (a), während «guo» eine Handlung bezeichnet, die nicht mehr in die Gegenwart hineinreicht (b).

a) Tā **qù le** Běijīng.	*Sie **ist** nach Peking **gefahren.*** [Und ist noch immer da.]
b) Tā **qù guo** Běijīng.	*Sie **ist schon** in Peking **gewesen.*** [Und ist längst zurück.]

Beachten Sie: Die Verneinungen von a) und b) lauten

a) Tā **méi(yǒu) qù** Běijīng.	*Sie ist nicht nach Peking gefahren.*
b) Tā **méi(yǒu) qù guo** Běijīng.	*Sie ist noch nie in Peking gewesen.*

4. «**Yǒudiǎn**» (ein bißchen, etwas) drückt oft unangenehme Empfindungen aus.

yǒudiǎn bù shūfu: ***ein bißchen** unwohl;* **yǒudiǎn** bù gāoxìng: ***etwas** ärgerlich*

5. Das Wort «**zìjǐ**» kann, je nachdem ob es adjektivisch gebraucht wird und einem (Pro-)Nomen nachgestellt ist (a) oder selbst Pronomen ist (b), die Bedeutungen «eigen, persönlich» oder «selbst, selber» annehmen.

a) Zhè shì wǒ **zìjǐ** de zhàoxiàngjī. — *Das ist mein **eigener** Fotoapparat.*
b) Xīngqītiān tā **zìjǐ** yǒu ge yuēhuì. — *Am Sonntag hat sie **selbst** eine Verabredung.*

6. «**Kànlái**» (anscheinend, offenbar) kann als feste Wendung am Satzanfang stehen.
Kànlái tā xǐhuān Zhōngguó cài, bù xǐhuān Rìběn cài.
***Offenbar** mag er chinesisches, aber kein japanisches Essen.*

Es kann aber auch als Einschub verwendet werden.
Tā hái méiyǒu hē guo píjiǔ; tā **kànlái** bù hē jiǔ.
*Er hat noch kein Bier getrunken; **offenbar** trinkt er keinen Alkohol.*

7. Die Konstruktion «**... gēn/hé ... yīyàng**» (... ist ebenso/dasselbe wie ...) bezeichnet das Gleichsein von Dingen oder Sachverhalten. Die Verneinung erfolgt mit «**bù**», das in der Regel unmittelbar vor «yīyàng» steht.
Nǐ de zhàoxiàngjī **hé** wǒ de **yīyàng.**
*Dein Fotoapparat ist **der gleiche wie** meiner.*

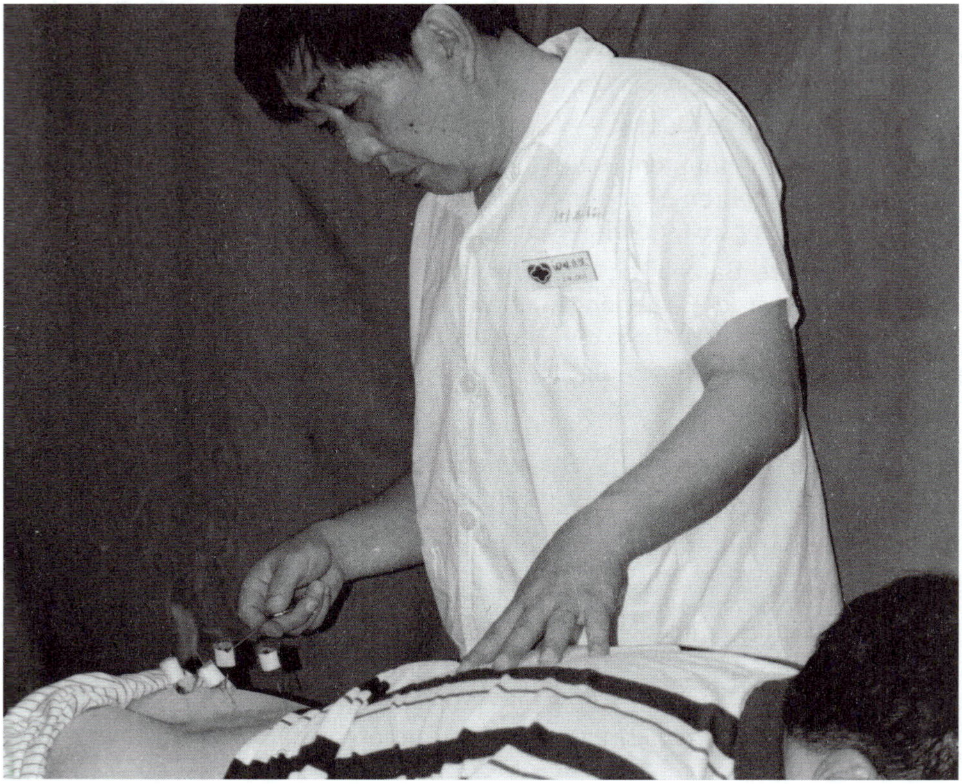

Wird eine gemeinsame Eigenschaft angegeben, steht das Adjektiv immer hinter «yīyàng».
Zhèr de dōngtiān **gēn** Běijīng de (dōngtiān) **yīyàng** lěng.
*Der Winter hier ist **genauso** kalt **wie** der in Peking.*

8. Folgt «**nǐ zěnme le?**» eine Frage nach dem Befinden (z. B. «Nǐ shēng bìng le ma?» — Sind Sie krank?), drückt es Anteilnahme aus: «Was haben Sie denn? Was ist denn los?». Steht «nǐ zěnme le?» dagegen allein, bedeutet es soviel wie «Was ist denn in Sie gefahren?».

9. «**Měi**» (jede, -r, -s) benötigt ein Zählwort, wenn es in Verbindung mit einem Substantiv steht.
Tā **měi** ge xīngqī kàn diànyǐng. — *Sie geht **jede** Woche ins Kino.*

10. «**(Yī)diǎn**» hat die Bedeutung «ein wenig, etwas» (a). Wenn es hinter Adjektiven steht, drückt es den Komparativ dieser Adjektive aus (b). Die erste Silbe «yī» fällt in der Umgangssprache oft weg.

a) Nǐ zài hē **yīdiǎn** píjiǔ ba. — *Trink noch **ein bißchen** Bier.*
b) Nǐ yǒu mei yǒu piányì **diǎn** de? — *Haben Sie auch **ein bißchen** billigere?*

11. Das Verb «**děi**» (müssen) bezeichnet eine subjektive oder objektive Notwendigkeit. In dieser Bedeutung ist seine Negation «**búyòng**» (nicht brauchen, nicht nötig sein).

Wǒ	**děi**	bāng(zhù) tā.	*Ich **muß** ihm helfen.*
Nǐ	**búyòng**	bāng(zhù) tā.	*Du **brauchst** ihm **nicht** zu helfen.*

12. «**Bié**» (nicht) steht in Aufforderungssätzen und kann entweder den Charakter einer Überredung besitzen (a) oder eine Warnung, ein Verbot ausdrücken (b). In beiden Fällen bedeutet «bié» soviel wie «bú yào» (nicht sollen, nicht dürfen).

a) **Bié** zǒu, zài zhèr chī fàn ba! — *Geh (noch) **nicht**, iß hier etwas.*
b) Nǐ **bié** gàosù tā wǒ hái zài zhèr. — *Du **darfst** ihr **nicht** sagen, daß ich noch hier bin.*

Wortfelder

Gesundheit

gǎnmào késòu *(Husten)* fāshāo *(Fieber haben)* lādùzi *(Durchfall haben)*
tóuténg/wèiténg/yáténg *(Kopf-/Magen-/Zahnschmerzen haben)*

Im Krankenhaus

yīyuàn *(Krankenhaus)* yīshēng/dàifu *(Arzt)* bìngrén *(Patient)*
hùshì *(Krankenschwester)* yàodiàn *(Apotheke)*
kàn yīshēng/dàifu/bìng *(einen Arzt aufsuchen)*

Wetter

tiānqì *(Wetter)* qíngtiān *(klar)* yīntiān *(bewölkt)*
fēng *(Wind)* yǔ *(Regen)* táifēng *(Taifun)*
guā fēng *(es ist windig)* xià xuě xià yǔ *(regnen)*
lěng rè liáng *(kühl)* nuǎnhuo *(warm, mild)*

Vergleichsangaben

gēn ... yīyàng gēn ... bù yīyàng *(anders als, nicht so wie)*
gēn ... chàbuduō *(ungefähr wie)*

Musik

liúxíng(yīn)yuè *(Unterhaltungsmusik)* yáogǔn(yīn)yuè *(Rockmusik)*
jiāoxiǎng(yīn)yuè *(Symphonie)* juéshì(yīn)yuè *(Jazz)*
dísīkē *(Disko)* gējù *(Oper)* yīnyuètīng *(Konzerthalle)*

Übungen

1. Basisübung

a) Lassen Sie sich von einem Partner oder einer Partnerin die folgenden Substantive nennen und bringen Sie diese mit dem Wort «měi» und dem passenden Zählwort (ge/bēi/zhāng/jīn/píng/tiáo/jiàn/wǎn) zusammen ins Chinesische:

Beispiel: A: Freund — B: Měi ge péngyǒu

Wein — Kollege — Suppe — Dandan-Nudeln — Sekretärin — Tag — Bluse — Fotoapparat — Geschäft — Mensch — Bier — Sommer — Zeitung — Banane — Vormittag — Jacke — Mandarine — Übersetzer — Jahr — Deutsche — Quittung — Büro — Firma — vegetarisches Gericht — Woche — Maotai — Stadt — Ort — Stunde — Krawatte — Ausstellung — Monat — Stadtplan — Telefon — Apfel — Fax — Faxgerät — Universität — Adresse

b) Lassen Sie sich nun unter Verwendung der folgenden Verben Fragen stellen, die Sie negativ beantworten müssen:

Beispiel: A: Tā shuō le ma? — B: Tā méiyǒu shuō.

lesen — suchen — weggehen — kommen — ankommen — fragen — sagen — essen — trinken — probieren — übersetzen — besichtigen — ausruhen — sich gewöhnen — arbeiten — lernen — krank werden

2. Austauschübung

a) Nǐ zhīdào Kèlè chǎngzhǎng zài nǎr?
Kèlè chǎngzhǎng hǎoxiàng zǒu le.

huí jiā	qù jiē nǐ
xià bān	qù kàn diànyǐng
qù yīyuàn	qù xiāoshòubù

b) Tā zìjǐ mǎi yīfu.
Shì ma?

zuò yīfu	kāi chē shàng bān
zuò fàn	qù jīchǎng
dài shū	qù yīyuàn kàn bìng

c) Nǐ xíguàn zhèr de qiūtiān ma?
Bú tài xíguàn.

zhèr de gōngzuò	bǐjiào xíguàn
Déguó de tiānqì	xíguàn le
zhèr de shēnghuó	hái bú tài xíguàn
Zhōngguó fàn	hěn bù xíguàn

d) Tā shēng bìng le ma?
Tā méiyǒu shēng bìng.

dào	wèn
lái	zuò fàn

e) Tā zuìjìn měi tiān hěn wǎn huílái ma?
Duì, tā měi tiān hěn wǎn huílái.

yǒu yuēhuì	zìjǐ zuò fàn
hěn máng	qù yīyuàn
chī yào	yǒu Zhōngwén kè

f) Zhōngwén gēn Rìwén yīyàng nán ba?
Bù, Zhōngwén bǐ Rìwén nán.

tā de Yīngyǔ	Fǎyǔ	hǎo
Déguó	Yīngguó	dà
zhèr de dìtiě	qìchē	jǐ
tā	Wáng Jiàn	gāo
Sìchuān Fàndiàn	Guǎngdōng Fàndiàn	dà
mìshū	fānyì	máng

g) Nǐ hái yǒu shì ma?
Wǒ hái děi dǎ yī ge diànhuà.

zhǎo yīxià bàozhǐ	qù Shūmàn xiānsheng nàr
huí bàngōngshì	xiān chī diǎn shénme
mǎi yī zhāng dìtú	xiě liǎng fēng xìn

h) Nǐ zuìhǎo zǎo diǎn lái.

qù kànkan yīshēng	wènwen Zhāng lǎoshī
bié hē jiǔ	kànkan dìtú
zuò chē qù	xué diǎn Rìyǔ

3. Frage-Antwort-Übung

Ergänzen Sie die entsprechende Frage zur gegebenen Antwort, bzw. die entsprechende Antwort zur gegebenen Frage.

A: Nǐ hǎoxiàng yǒudiǎn bù shūfu?	B: .... (ja)
A: Nǐ yào bu yào qù kàn yīshēng?	B:...
C: Nǐ zěnme le? Shēng bìng le?	D:...
C: ....?	D: Wǒ hái bú tài xíguàn zhèr de fàn.
E: Nǐ zài jiā chī shénme?	F:...
G: Jǐ diǎn de yīnyuèhuì?	H:...
I: Yīnyuèhuì jǐ diǎn kāishǐ?	J: ....
K: Nǐ měi tiān wǎnshàng chī shénme?	L:...

A: Nǐ dài le yào ma?	B: .... (ein bißchen)
A:....................................?	B) Wǒ zhǐ yǒu gǎnmào de yào.
C: Nǐ qù guo Zhōngguó ma?	D:...
C: Qù guo jǐ cì?	D: .... (vier Mal)
C: ....?!	D: Duì, zhè cì shì dì wǔ cì.
E: Nǐ jīntiān yào chī guo ma?	F:...
E: Chī guo jǐ cì?	F:...
G: Nǐ yào chī le ma?	H: ....(noch nicht)

4. Wie sagt man's auf Chinesisch?

a) Schuhmann scheint gegangen zu sein.
b) Sie hat sich nicht erkältet, ich habe mich erkältet.
c) Er muß jeden Tag Medizin einnehmen.
d) Neulich war das Wetter nicht besonders gut und wir haben uns alle ein bißchen unwohl gefühlt.
e) Er möchte keinen Arzt aufsuchen. Er sagt, er hat selber Medikamente gegen Erkältung («Erkältungs-Medikamente») mitgebracht.
f) Offenbar müssen sie alle zum Arzt gehen.
g) Ich habe mich (noch) nicht ganz an das Essen hier gewöhnt.
h) Jede Stadt hat ihre eigene Spezialität.
i) Sie kommt jeden Tag sehr früh in die Firma.

a) Das ist mein eigener Fotoapparat.
b) Dieser Fotoapparat ist mein eigener.
c) Das ist seine Sache, wir fragen am besten nicht.
d) Es wäre am besten, wenn es morgen nicht regnet. Dann könnten wir hinlaufen.
e) Ich bin heute besonders müde und möchte ein bißchen früher nach Hause gehen.
f) Drinnen und draußen ist es gleichermaßen heiß.
g) Nein, drinnen ist (es) nicht so wie draußen. Drinnen ist es heiß, draußen ist es kalt.
h) Sie trinkt jeden Abend Alkohol.
i) Gestern und heute hatte ich viel zu tun und bin ziemlich müde. Frau Zhang meint, ich gehe am besten früher nach Hause und ruhe mich aus. Ich möchte mich nicht zu Hause ausruhen, (sondern) ich möchte (mir) ein Konzert anhören gehen. Musik zu hören ist auch eine sehr gute Erholung.

5. Gelenkter Dialog

Übernehmen Sie die Rolle von A oder B (oder C) und führen Sie anhand der nachfolgenden Vorgaben einen Dialog mit einem Partner oder einer Partnerin.

A fragt B, ob er Medikamente gegen Erkältung hat. — **B** bejaht und erkundigt sich besorgt, ob A sich erkältet habe. — **A** bestätigt, daß sie sich nicht wohl fühlt. — **B** schlägt ihr vor, zum Arzt zu gehen. — **A** meint, daß ein Arzt nicht nötig ist. — **B** erinnert daran, daß es die Woche über jeden Tag geregnet hat. Auch er hat sich sehr unwohl gefühlt. — **A** erkundigt sich nach dem Wetter des kommenden Tages. — **B** schätzt, daß es schön wird. — **A** ist überrascht und äußert Begeisterung.

Versuchen Sie, das Gespräch selbständig fortzuführen, indem beide sich zum Beispiel über Pläne für den kommenden Tag unterhalten.

A will von B wissen, ob dieser sich schon an die Arbeit hier gewöhnt hat. —**B** sagt, noch nicht sehr. — **A** meint zu sehen, daß B müde ist. — **B** bestätigt und ergänzt, daß er gerade besonders viel zu tun hat. — **A** möchte wissen, ob das jeden Tag so ist. — **B** entgegnet, daß es nur an zwei bestimmten Wochentagen so ist. — **A** rät B, sich (am Wochenende) mal auszuruhen. — **B** gibt A recht, setzt aber zu einem Einwand an. — **A** fragt nach der Ursache. — **B** nennt ihm den Grund, weshalb er sich am Wochende erstmal noch nicht ausruhen kann: Er muß noch...

Versuchen Sie, das Gespräch selbständig fortzuführen, indem Sie den Grund von B angeben (eine Konferenz, eine Besichtigung oder ähnliches).

Das traditionelle Saiteninstrument Zheng

+ Freier Dialog: Wetter/Gesundheit

Vorschläge zum Inhalt:

1. Unterhaltung über die Umstellung auf ein bestimmtes Klima. Vergleich des Wetters Deutschland/China.

2. Bestimmte körperliche Beschwerden und wie man ihnen abhelfen könnte.

Lektion 12: Besuche

Zielsätze

1. Nǐmen zhèr bù hǎo zhǎo.	*Ihr seid hier nicht (sehr) leicht* zu finden.
2. Tā chūqù mǎi dōngxi le.	*Er ist etwas einkaufen gegangen.*
3. Wǒ jīnnián èrshíyī suì.	*Ich bin (dieses Jahr) 21 Jahre alt.*
4. Tā yībiān kàn shū, yībiān tīng yīnyuè.	*Sie hört Musik beim Lesen.*
5. Nǐ gāngcái zài zuò shénme?	*Was hast du gerade eben gemacht?*
6. Kěxī tā zhè cì tī de bù hǎo.	*Leider hat er dieses Mal nicht gut gespielt.*
7. Méi xiǎng dào nǐ shì ge zúqiúmí.	*Ich hätte nicht gedacht, daß du ein Fußballfan bist.*

Dialog 1

Frau Klee (A) besucht ihre Bekannte Frau Wang (B) zu Hause. Nachdem diese Frau Klee begrüßt hat, bittet sie sie herein und führt sie ins Wohnzimmer:

B: Hǎo jiǔ bú jiàn le, jìnlái zěnmeyàng?	*Wir haben uns lange nicht gesehen. Wie geht es Ihnen in letzter Zeit?*
A: Lǎoyàngzi. Nǐ shēntǐ hǎo ma?	*(Danke), ganz wie immer. Sind Sie bei guter Gesundheit?*
B: Yě shì lǎoyàngzi. Wǒmen zhèr hǎo zhǎo ma?	*Auch wie sonst. Sind wir hier leicht zu finden?*
A: Hái kěyǐ. Lùshàng wǒ wèn le jǐ ge rén.	*Es geht so. Ich habe unterwegs einige Leute (nach dem Weg) gefragt.*
B: Lái, qǐng zuò. Chōu yān ma?	*Kommen Sie, setzen Sie sich bitte. Möchten Sie rauchen?*
A: Bù, xièxie, wǒ bù chōu yān.	*Nein danke, ich rauche nicht.*
B: Hē diǎn shénme? Kāfēi háishì Kělè?	*Was möchten Sie trinken? Kaffee oder Cola?*
A: Suíbiàn. Nǐ àirén ne?	*Egal. – Wo ist (denn) Ihr Mann?*
B: Tā chūqù mǎi dōngxi le, děngyīhuìr jiù huílái.	*Mein Mann ist weggegangen um etwas einzukaufen. Er wird in einem Augenblick zurück sein.*
A: Zhè shì nǐ nǚ'ér ba? Jīnnián duō dà le?	(Weist auf ein an der Wand hängendes Foto:) *Das ist Ihre Tochter, nicht wahr? Wie alt ist sie (dieses Jahr)?*
B: Tā èrshíyī suì, zài dàxué xué qǐyè guǎnlǐ.	*Sie ist 21. Sie studiert Betriebswirtschaft an der Universität.*

Dialog 2

Frau Liu (A) besucht ihren Kollegen Herrn Sand (B). Weil sie den Weg nicht gut kannte, hat sie sich zwanzig Minuten verspätet:

A: Sāngdé xiānsheng, duìbuqǐ, wǒ lái wǎn le.	*Entschuldigen Sie Herr Sand, ich habe mich verspätet.*
B: Méi guānxi, wǒ yībiān kàn diànshì, yībiān děng nǐ.	*Macht nichts. Ich habe ferngesehen, während ich auf Sie gewartet habe.*
A: Nǐ gāngcái zài kàn shénme jiémù?	*Was haben Sie sich gerade für eine Sendung angeschaut?*
B: Zuótiān de zúqiú bǐsài.	*Das Fußballspiel von gestern.*
A: Bālāke yě cānjiā le ba?	*Hat Ballack auch daran teilgenommen?*
B: Duì, kěxī tā zhè cì tī de bú tài hǎo.	*Ja. Leider hat er dieses Mal nicht besonders gut gespielt.*
A: Méi xiǎng dào nǐ shì ge zúqiúmí.	*Ich hätte nicht gedacht, daß Sie ein Fußballfan sind.*
B: Nǐ xǐhuān shénme tǐyù?	*Was mögen Sie (denn) für Sport?*
A: Wǒ jīngcháng pǎobù, yóuyǒng.	*Ich laufe und schwimme regelmäßig.*

Neue Wörter und Ausdrücke

Hǎo jiǔ bú jiàn le.	*Wir haben uns lange nicht gesehen.*
Jìnlái zěnmeyàng?	*Wie geht's dir/Ihnen in letzter Zeit?*
jìnlái	*neulich, seit kurzem, seit letzter Zeit*
lǎoyàngzi	*so wie sonst/immer*
Nǐ shēntǐ hǎo ma?	*Bist du/sind Sie bei guter Gesundheit?*
shēntǐ	*Körper*
hǎo zhǎo	*leicht zu finden*
hǎo	*leicht zu..., bequem zu...* ☯ **nán**; **bù hǎo**: *schwierig zu...*
hái kěyǐ	*es geht so*
lùshàng	*unterwegs*
jǐ	*einige*
chōu yān	*rauchen*
kāfēi	*Kaffee*
(kěkǒu-)kělè	*(Coca-)Cola*
suíbiàn	*egal; «irgendwas»*
àirén	*(Ehe-)Frau; (Ehe-)Mann*
chūqù	*hinausgehen, weggehen* ☯ **jìnlái**: *hereinkommen*
mǎi dōngxi	*etwas einkaufen*
dōngxi	*Ding, Sache*
děngyīhuìr	*in einem Augenblick, gleich*
yīhuìr	*in einem Augenblick, gleich*
jiù	*gleich (danach), sofort*

nǚ'ér	*Tochter*
dà	hier: *alt*
suì	*Jahr* (Lebensalter)
xué(xí)	*lernen, studieren*
qǐyè guǎnlǐ	*Betriebswirtschaft*
qǐyè	*Betrieb, Unternehmen*
yībiān..., yībiān...	*gleichzeitig etwas tun, beim...*
kàn diànshì	*fernsehen*
diànshì	*Fernseher*
gāngcái	*gerade, eben* (etwas getan haben)
jiémù	*Programm, Sendung*
zúqiú	*Fußball*
bǐsài	*Wettkampf, Match; Turnier*
Bālākè	Eigenname: *Ballack*
cānjiā	*teilnehmen, mitmachen*
kěxī	*leider; bedauerlicherweise; schade, daß...*
tī	*spielen* (mit dem Fuß)
de	Partikel zur Bildung der Ergänzung des Grades (Grammatische Erklärung ☞ Lektion 13)
méi xiǎng dào...	*Ich hätte nicht gedacht, daß...*
mí	*~Fan*
tǐyù	*Sport*
jīngcháng	*häufig; regelmäßig*
pǎobù	*joggen, laufen*
yóuyǒng	*schwimmen*

Anmerkungen und grammatische Erklärungen

1. «**Jǐ**» (einige) gibt eine unbestimmte, geringe Menge an. Nach «jǐ» muß ein Zählwort stehen.
Nàr yǒu **jǐ** zhāng zhǐ. — *Dort liegen* ***einige*** *Blatt Papier.*
(☞ Unterscheiden Sie «jǐ» als Fragewort in der Bedeutung «wieviele», Lektion 6.)

2. «**Suíbiàn**» (egal, irgendetwas) wird auf Alternativangebote oder (vorschlagende) Fragen geantwortet, wenn man mit allen Möglichkeiten gleichermaßen einverstanden ist.
Wǒmen jīntiān wǎnshàng qù nǎr? — **Suíbiàn** (qù nǎr).
Wohin gehen wir heute Abend? — (Wir können) ***irgendwo*** *hin(gehen).*

3. «**Nǐ àirén ne?**» (Wo ist denn Ihr Mann?) Steht der Fragepartikel «**ne**» nach einem (Pro-)Nomen, kann er danach fragen, wo eine Person oder ein Gegenstand ist: «Wo ist denn...?»/«Wo sind denn...?»

Seit kurzem benutzt man in der Volksrepublik China wieder häufig die Wörter «**tàitai**» (Ehefrau) und «**xiānsheng**» (Ehemann), die seit Ende der vierziger Jahre als «bürgerlich» galten.
«**Qīzi**» (Ehefrau) und «**zhàngfu**» (Ehemann) werden dagegen meist in offizielleren Situationen verwendet (☞ Wortfelder dieser Lektion).

4. Das Adverb «**jiù**» (gleich, sofort) kann betonen, daß eine Handlung innerhalb kurzer Zeit oder unmittelbar nach einem genannten Zeitraum ausgeführt wird.
Wǒ **jiù** qù. — *Ich komme/gehe **gleich.***
Tā míngtiān **jiù** huílái. — *Sie kommt morgen **sofort** zurück.*

5. Die Frage «**duō dà le**?» (wörtlich: wie groß?) fragt nach dem Alter einer Person.
⚠ Zu beachten ist, daß Lebensjahre grundsätzlich mit «**suì**» hinter der Zahl angegeben werden und nie mit «nián» (Kalenderjahr). Bei der Nennung des Alters wird meistens «jīnnián» (dieses Jahr) hinzugefügt.
Wǒ jīnnián wǔshí **suì.** — *Ich bin (dieses Jahr) fünfzig **Jahre** (alt).*

6. «**Yībiān..., yībiān...**» steht vor (zwei) Handlungen, die das Subjekt zur gleichen Zeit ausführt. Im Deutschen wird es mit «bei» oder «während» wiedergegeben.
Tā **yībiān** chī fàn, **yībiān** kàn bàozhǐ. — *Sie liest **beim** Essen Zeitung.*

7. «**Gāngcái**» (gerade, eben) steht nur vor Handlungen oder Ereignissen, die unmittelbar vor ihrer Erwähnung stattgefunden haben.
Nǐ **gāngcái** qù nǎr le?/**Gāngcái** nǐ qù nǎr le? — *Wohin bist du **gerade** gegangen?*
Gāngcái lái guo yī ge diànhuà. — ***Soeben** ist ein Anruf gekommen.*

8. Das Adverb «**kěxī**» (leider, bedauerlicherweise) steht immer vor dem Subjekt des Satzes.
Wǒ hěn xiǎng qù Xī'ān kànkan, **kěxī** wǒ méiyǒu shíjiān.
*Ich würde sehr gerne mal Xi'an anschauen fahren, aber **leider** habe ich keine Zeit.*

9. Der Ausdruck «**méi xiǎng dào**» (Ich hätte nicht gedacht, daß...) wird wie eine Wendung gebraucht. Das Wort «dào» ist eine sogenannte Ergänzung des Resultats. Diese Ergänzung wird einem Verb angehängt, um das konkrete Ergebnis der Handlung dieses Verbs zu benennen. (☞ Lektion 13, Punkt 6 der Anmerkungen) «Dào» drückt entweder aus, daß eine Person oder Sache an einem Ort angekommen ist (a) oder daß eine Handlung erfolgreich ausgeführt wurde (b).
a) Tā **huí dào** Déguó le. — *Sie **ist** nach Deutschland **zurückgekehrt.***
b) Wǒ **mǎi dào** nà běn shū le. — *Ich habe das Buch **kaufen können/bekommen**.*

Häufige Ergänzungen des Resultats mit «dào» sind:

tīng	**dào**	*gehört haben*	xué	**dào**	*erlernt haben*
zhǎo	**dào**	*gefunden haben*	lái	**dào**	*gekommen sein*
kàn	**dào**	*erblickt haben*	huí	**dào**	*zurückgekehrt sein*
jiè	**dào**	*geliehen haben*	xiǎng	**dào**	*gedacht haben*

Verneint wird die Ergänzung mit «**méi(yǒu)**» vor dem Verb. «**Le**» fällt weg.

Nǐ	zhǎodào	tā	**le** ma?	*Hast du ihn gefunden?*
Nǐ	zhǎodào	tā	**méiyǒu**?	*Hast du ihn gefunden?*
Wǒ	zhǎo dào	tā	**le.**	*Ich habe ihn gefunden.*
Wǒ **méi(yǒu)**	zhǎo dào	tā.		*Ich habe ihn nicht gefunden.*

Wortfelder

Getränke

chá *(Tee)* lǜchá *(grüner Tee)* hóngchá *(schwarzer Tee)*
kāfēi Kěkǒu-kělè júzizhī *(Orangensaft)*
niúnǎi *(Milch)* yēnǎi *(Kokosmilch)*
kuàngquánshuǐ *(Mineralwasser)* kāishuǐ *(abgekochtes Wasser)*

Familienmitglieder (2) (☞ Wortfeld Lektion 2)

àirén qīzi/tàitai *(Ehefrau)* zhàngfu/xiānsheng *(Ehemann)*
háizi *(Kind)* érzi *(Sohn)* nǚ'ér

Studium

xuéxí *(studieren)* yánjiū *(forschen)* shíxí *(ein Praktikum machen)*
xué(xí) jīngjì *(Wirtschaft)* yīxué *(Medizin)*
qǐyè guǎnlǐ wàimào *(Außenhandel)*
xìnxīxué *(Informatik)* fǎlǜ *(Jura)*

Häufigkeit

yīzhí *(immer)* jīngcháng yǒushí *(manchmal)*
hěn shǎo *(selten)* cónglái bù/méiyǒu *(nie)*

Sportarten

pǎobù yóuyǒng sànbù *(spazierengehen)*
dǎ *(mit der Hand spielen)* lánqiú *(Basketball)* páiqiú *(Volleyball)*
gāo'ěrfū *(Golf)* wǎngqiú (Tennis) pīngpāngqiú *(Tischtennis)*
tī *(mit dem Fuß spielen)* zúqiú *(Fußball)*

Übungen

1. Basisübung

a) Lassen Sie sich von einem Partner oder einer Partnerin die folgenden Verben nennen und formulieren Sie damit Positiv-Negativ-Fragesätze. Ihr Partner/Ihre Partnerin gibt darauf verneinende Antworten:

Beispiel: A: Hǎo bù hǎo zhǎo? — B: Bù hǎo zhǎo.

lernen — schreiben — laufen — mitnehmen — machen — verkaufen — organisieren — übersetzen — kaufen

b) Lassen Sie sich nun nach dem Alter einer Person fragen und benutzen Sie die in Klammern gesetzten Angaben als Antworten:

Beispiel: A: Tā duō dà le? — B: (Tā) shíyī suì le./(Tā) jiǔ ge yuè le.

(Jahre:) 11 — 34 — 3 — 45 — 65 — 12 — 90 — 99 — 20 — 29
(Monate:) 6 — 12 — 3 — 7 — 2

2. Austauschübung

a) Huǒchēzhàn hǎo zhǎo ma?
Bú tài hǎo zhǎo.

Rìyǔ	xué
Zhōngguó fàn	zuò
zhè ge dōngxi	dài
nà zhǒng lùxiàngjī	mǎi
tā de gōngzuò	ānpái
zhè zhǒng chē	kāi

b) Shīmìtè xiānsheng ne?
Tā chūqù mǎi dōngxi le.

chī fàn	kàn péngyǒu
dǎ diànhuà	pǎobù
cānguān zhǎnlǎnhuì	kāi huì

c) Tā duō dà le?
Èrshí suì le./Tā jīnnián èrshí suì.

nǐ	shí'èr
nín	bāshísì
nǐ māma	liùshíjiǔ
nǐ nǚ'ér	jiǔ

d) Wǒ yībiān kàn shū, yībiān tīng yīnyuè.

chī fàn	kàn bào
lǚyóu	xué Hànyǔ
xiě xìn	tīng yīnyue
hē jiǔ	kàn diànshì

e) Nǐ gāngcái zài zuò shénme?
Wǒ gāngcái zài kàn diànshì.

dǎ diànhuà	kāi huì
mǎi dōngxi	kàn zhàopiàn

f) Kěxī tā tī de bú tài hǎo.

méi lái	shēng bìng le
bú zài	bù dǒng Rìwén
zài kāi huì	bù néng hé wǒmen yīqǐ qù

g) Nà ge rén nǐ kàn dào le ma?
Wǒ kàn dào le.

tā de jièshào	tīng
piányì de yīfu	mǎi
nà zhāng dìtú	zhǎo
tā de dìzhǐ	wèn

3. Frage-Antwort-Übung

Ergänzen Sie die entsprechende Frage zur gegebenen Antwort, bzw. die entsprechende Antwort zur gegebenen Frage.

A: (Nǐ) jìnlái zěnmeyàng?	B: ...., nǐ ne?
A:	
C: Duìbuqǐ, jīntiān wǒ lái wǎn le.	D: ....
E: Jīntiān de diànshì yǒu shénme hǎo jiémù?	F: ....
E: Wǎnshàng bā diǎn yǒu shénme bǐsài?	F: ....
G: Lǎo Wáng gāngcái zài nǎr?	H: ....
I: Lùshàng nǐ kàn dào shéi le?	J: ....
K: ....?	L: Wǒ bàba jīnnián liùshí (suì) le.
M: ....?	N: Tā zài dàxué xué yīxué.
O: Nǐ mǎi le shénme dōngxi?	P: ....

A: Nǐ yě cānjiā huìyì ma?	B: .... (nein)
C: Wǒ jīngcháng tīng liúxíng yīnyuè, nǐ ne?	D: ....
E: Nǐ wèishénme bú qù kàn zúqiú bǐsài?	F: Weil ....
G: Lùshàng yào liǎng ge xiǎoshí ba?	H: ....
I: Nǐ xǐhuān bu xǐhuān tǐyù jiémù?	J: ....
K: Lǎo Zhāng de míngpiàn ne?	L: ....(hier)
M: Nǐ juéde Zhōngwén hǎo xué ma?	N: ....

4. Wie sagt man's auf Chinesisch?

a) Leider versteht sie kein Japanisch.
b) Ich hätte nicht gedacht, daß Sie auch bei der Firma ZKES arbeiten.
c) Er hat dort einige berühmte Leute gesehen.
d) Sie hat in China schon einige bekannte Teesorten getrunken.
e) Ich trinke in Deutschland schwarzen Tee, in China grünen Tee.
f) Herr Schuhmann geht übermorgen eine Wirtschaftsausstellung besichtigen.
g) Wir gehen bald einkaufen. Gehst du auch mit?
h) Manager Wan kommt gleich wieder.

Das Schreiben der Schriftzeichen will früh gelernt sein.

i) Die Leute der Firma ASIEN kommen gleich morgen an.
j) Wann beginnt das Fußballspiel?
k) Gefällt dir das Musikprogramm oder das Sportprogramm?
l) Findest du, daß Japanisch leicht zu erlernen ist? — Es ist schwer zu erlernen. — Und Französisch? — Das ist auch schwer zu erlernen.
m) Hier regnet es immer/oft/nie/selten/manchmal.

✌ a) Kaffee und Cola mag ich nicht. Ich trinke gerneTee.
b) Er suchte eine halbe Ewigkeit [*Chinesischer Ausdruck*: «Einen halben Tag»] und hatte das Foto noch nicht gefunden.
c) Herr Wu fährt morgen nach Shanghai, um an einer Konferenz teilzunehmen.
d) Dieses Mal hat sie vor, am Tennisturnier teilzunehmen.
e) Unterwegs hat er eine ehemalige Kommilitonin gesehen.
f) Im Zug probierte sie Qingdao-Bier und Maotai.
g) Er sagt, er kann im Flugzeug die Zeitung lesen.
h) Er spielt selbst keine Ballspiele, aber er sieht sich gern Ballspiele an.
i) Ich habe heute Herrn Sand besucht. Weil es unterwegs zuviele Autos gab, habe ich mich verspätet. Während Herr Sand auf mich wartete, sah er fern: das gestrige Tennisturnier. Er sagte mir, er sähe sich gerne die Wettkämpfe von Becker an.

5. Gelenkter Dialog

Übernehmen Sie die Rolle von A oder B (oder C) und führen Sie anhand der nachfolgenden Vorgaben einen Dialog mit einem Partner oder einer Partnerin.

Klee (A) besucht seinen Freund Wang (**B**), der die Tür öffnet, A begrüßt und ihn hereinbittet. — **A** antwortet höflich. — **B** fordert A zum Setzen auf und erkundigt sich nach der Schwierigkeit, seine Adresse zu finden. — **A** antwortet. — **B** fragt A, was er trinken möchte. — **A** überläßt B die Wahl. — **B** schlägt Tee vor. — **A** ist damit einverstanden. — **B** fragt nach der Teesorte (schwarz oder grün?). — **A** trinkt lieber grünen Tee, weil er in Deutschland häufig schwarzen Tee trinkt. — **B** läd A dazu ein, einen berühmten Tee aus Hangzhou zu probieren.

A fragt B, welchen Sport er bevorzugt. — **B** nennt ein Ballspiel, das er mag und welches er regelmäßig spielt. — **A** erkundigt sich nach weiterem. — **B** nennt noch zwei Sportarten und fragt dann (mit einer einfachen Frageform) zum selben Thema zurück. — **A** nennt ihrerseits ihr Lieblingsballspiel. — **B** will wissen, ob A diesen Sport selbst betreibt. — **A** meint, früher ja, aber jetzt nicht mehr. — **B** fragt vermutend, ob sie sich regelmäßig Wettkämpfe dieser Sportart anschaut.

Versuchen Sie, das Gespräch selbständig fortzuführen (Beide unterhalten sich zum Beispiel über ein Spiel im Fernsehen oder einen Sportler).

+ Freier Dialog: Familie/Nach dem Einkaufen

Vorschläge zum Inhalt:

1. Wo man wohnt (in der Nähe von...). Die Mitglieder der Familie – wie alt sie sind, was sie arbeiten oder studieren und ob sie damit zufrieden sind.

2. (Un-)Zufriedenheit mit den Preisen. Vergleich mit dem, was Nachbarn oder Kollegen gekauft haben. Ehemalige und jetzige Preise.

Lektion 13: Verständigung in Sprache und Schrift

Zielsätze

1. Zhè jǐ ge zì shì shénme yìsi?	*Was bedeuten diese paar Schriftzeichen?*
2. Zhè jǐ ge zì zěnme fāyīn?	*Wie spricht man diese paar Schriftzeichen aus?*
3. Nǐ Zhōngwén shuō de búcuò.	*Sie sprechen ganz gut Chinesisch.*
4. Wǒ bú huì xiě Hànzì.	*Ich kann keine chinesische Schriftzeichen schreiben.*
5. Wǒ jiè yīxià zhè běn cídiǎn, xíng ma?	*Ich leihe mir mal das Wörterbuch aus, geht das?*
6. Yīngwén «computer» Zhōngwén zěnme shuō?	*Wie sagt man das englische (Wort) «computer» auf Chinesisch?*
7. «Computer» de yìsi shì «jìsuànjī» huòzhě «diànnǎo».	*«Computer» heißt «jisuanji» oder «diannao».*

Dialog 1

Herrn Bauer (A) fällt schon seit längerem ein Spruchband auf, das an mehreren Stellen der Fabrik aufgehängt ist. Bei Gelegenheit fragt er einen chinesischen Angestellten (B):

A: Qǐngwèn, zhè jǐ ge zì shì shénme yìsi?	*Entschuldigung, eine Frage: Was bedeuten diese paar Schriftzeichen?*
B: Yìsi shì «zhìliàng zuì zhòngyào».	*Sie bedeuten «Qualität ist am wichtigsten».*
A: Zěnme fāyīn?	*Wie spricht man das aus?*
B: «Zhìliàng dì yī». Nǐ zài xué Hànyǔ ba? Xué le duō jiǔ le?	*«Zhiliang di yi». Sie lernen Chinesisch, nicht wahr? Wie lange lernen Sie (es) schon?*
A: Zhǐ xué le jǐ ge yuè.	*Ich lerne (es) erst einige Monate*
B: Nǐ Zhōngwén xué de hěn kuài, shuō de yě búcuò.	*Sie lernen schnell Chinesisch und sprechen es auch ziemlich gut.*

A: Shì ma? Wǒ juéde hái bú tài hǎo.	*Wirklich? Ich meine, (es ist) noch nicht besonders gut.*
B: Nǐ juéde Hànyǔ nán ma?	*Finden Sie Chinesisch schwierig?*
A: Bú tài róngyì. Wǒ huì shuō yīdiǎn, dànshì hái bú huì xiě Hànzì.	*Besonders einfach ist es nicht. Ich kann ein bißchen was sprechen, aber ich kann noch keine Schriftzeichen schreiben.*

Dialog 2

Eine chinesische Kollegin (A) von Herrn Klee (B) tritt mit einer Bitte an seinen Schreibtisch:

A: Zāogāo, wǒ wàng le dài cídiǎn. Jiè yīxià zhè běn cídiǎn, xíng ma?	*So was Blödes, ich habe vergessen, das Wörterbuch mitzunehmen. Ich leih mir mal dieses, geht das?*
B: Xíng, nǐ yòng ba.	*Ja, benutzen Sie es (ruhig).*
A: Xièxie, wǒ děngyīhuìr huán nǐ.	*Ich gebe es Ihnen bald wieder zurück, danke.*
B: Āi, wǒ yǒu ge wèntí: «computer» Zhōngwén zěnme shuō?	*Ach, ich habe mal eine Frage: Wie sagt man «Computer» auf Chinesisch?*
A: «Jìsuànjī» huòzhě «diànnǎo», liǎng ge dōu kěyǐ.	*«Jisuanji» oder «diannao». Beides ist möglich.*
B: Nǐ yǒu bǐ ma? Wǒ jì yīxià pīnyīn. Zhèyàng xiě duì bu duì?	*Haben sie einen Stift? Ich schreibe mir das mal in Lautschrift auf. Ist es so richtig geschrieben?*
A: «Chi» xiě cuò le. Zhèr yīnggāi shì «ji», bú shì «chi».	*«Chi» ist falsch. Hier muß es «ji» heißen und nicht «chi».*
B: Duì, duì, xièxie nǐ de bāngzhù.	*Richtig, klar. Danke für Ihre Hilfe.*

Neue Wörter und Ausdrücke

zì	*Schriftzeichen*
... shì shénme yìsi?	*was bedeutet...?*
yìsi	*Bedeutung, Sinn*
zhìliàng	*Qualität*
zhòngyào	*wichtig*
fāyīn	*aussprechen; Aussprache*
Xué le duō jiǔ le?	*Wie lange lernen Sie (es) schon?*
kuài	*schnell* **màn**: *langsam*
nán	*schwierig*
róngyì	*einfach, leicht*
huì	*können, beherrschen* (☞ Lektion 16)
Hànzì	*Schriftzeichen, chinesische Schrift*

zāogāo	*So was Blödes! Verdammt!*
wàng(jì)	*vergessen*
cídiǎn	*Wörterbuch*
jiè	*leihen, sich ausleihen*
běn	Zählwort für Bücher, Hefte, Zeitschriften
xíng	*es geht*
yòng	*benutzen, verwenden* (☞ Lektion 14)
huán	*zurückgeben*
wèntí	*Frage, Problem* ☯ **huídá:** *Antwort; antworten*
jìsuànjī	*Computer*
huòzhě	*oder* (in Aussagesätzen)
diànnǎo	*PC, Computer*
bǐ	*Stift*
jì	*aufschreiben, notieren*
pīnyīn	*Lautschrift*
zhèyàng	*so, auf diese Weise; solche, -r, -s*
cuò	*falsch*
bāngzhù	*Hilfe; helfen*

Anmerkungen und grammatische Erklärungen

1. Die Ergänzung des Grades

Über die Ergänzung des Grades wird eine Handlung in ihrem Wesen oder in ihrem Ausmaß näher bestimmt (wie wird etwas getan?). Diese nähere Bestimmung besteht häufig aus einem einzelnen Adjektiv oder einem Adjektiv mit Adverb. Die Ergänzung wird immer mit dem Partikel «**de**» an das jeweilige Verb angeschlossen.

Tā chī **de**	kuài	*Er ißt schnell.*	
Tā hē **de** gèng	kuài.	*Er trinkt noch schneller.*	

Verneint wird mit «**bù**», das vor dem Adjektiv steht. (☞ Unterscheiden Sie hierzu die Verneinung der Ergänzung der Fähigkeit, Lektion 10, Punkt 2 der Anmerkungen.)

Wǒ lái de	zǎo (früh).	*Ich kam*	*früh.*
Wǒ lái de **bù**	zǎo.	*Ich kam **nicht***	*früh (ziemlich spät).*

Steht das Verb in Verbindung mit einem Objekt, dann muß direkt nach dem Objekt das Verb wiederholt werden. Erst dann kann die von «de» eingeleitete Ergänzung folgen. Das erste Verb kann dann (wie im Rahmen dieses Buches) auch weggelassen werden.

Nǐ (xiě) Hànzì **xiě** de búcuò. — *Chinesische Schriftzeichen schreibst du recht gut.*

Papier, Tusche, Tuschschreibstein und Pinsel sind die Hauptmaterialien jedes Kalligraphen.

2. Das Verb «**huì**»
«Huì» (können) bezeichnet eine erworbene, erlernte Fähigkeit. «Huì» kann sowohl als Modalverb verwendet werden (a) als auch als Vollverb eines Satzes (b).

a) Tā **huì** xiě Hànzì. — *Sie* ***kann*** *chinesische Schriftzeichen schreiben.*
b) Wǒmen dōu **huì** Déwén. — *Deutsch* ***können*** *wir alle.*

3. «**(~wén) ... Zhōngwén zěnme shuō?**» (Wie sagt man ... auf Chinesisch?) ist eine mögliche Konstruktion, um nach dem chinesischen Äquivalent für ein Wort aus einer anderen Sprache zu fragen. Die vorherige Benennung dieser Sprache kann auch wegfallen.

4. Im Gegensatz zu «háishì» (☞ Lektion 2) wird «**huòzhě**» (oder) meistens in Aussagesätzen verwendet.

A: Wǒ yīnggāi wèn Lǎo Wáng	**háishì**	Xiǎo Wáng?
B: Wèn Lǎo Wáng	**huòzhě**	Xiǎo Wáng dōu kěyǐ.
A: Soll ich den Alten	***oder***	*den Jungen Wang fragen?*
B: Frage den Alten	***oder***	*den Jungen Wang, es geht beides.*

5. .«**Zhèyàng**» (so, auf diese Weise) bezieht sich auf Handlungen oder Situationen und steht stellvertretend für diese.

Zhèyàng bù hǎo. — ***So** ist es nicht gut.*

«Zhèyàng» kann aber auch adjektivisch (solche, -r, -s) gebraucht werden.
Zhèyàng de jiákè hěn nán mǎi dào. — ***Solche** Jacken sind schwer zu bekommen.*

6. Die Ergänzung des Resultats
Die Ergänzung kann nicht nur ein Verb sein (☞ «dào» in Lektion 12, Punkt 9 der Anmerkungen und das folgende Beispiel a), sondern auch ein Adjektiv (b). In der gesprochenen Sprache folgt ihr häufig ein «le».

a) Tā xué **huì** le kāi chē. — *Sie hat Auto fahren **gelernt.***
Wörtlich: *Sie hat gelernt (xué) und kann (huì le) deshalb jetzt Auto fahren.*

b) Wǒ shuō **cuò** le. — *Ich habe mich **ver**sprochen/habe **etwas Falsches** gesagt.*
Zhè ge zì xiě **duì** le. — *Dieses Zeichen ist **richtig** geschrieben.*

Wortfelder

Sprache + Schrift

shuō/shuō huà *(sprechen)*
huà *(Sprache; Wort, Rede)*
Pǔtōnghuà *(Chinesische Hochsprache)*
Guǎngdōnghuà *(Kantonesisch)*
Shànghǎihuà *(Shanghainesisch)*
pīnyīn
sìshēng *(die vier Töne)*
fāyīn
kǒuyǔ *(Umgangssprache)*
yǔfǎ *(Grammatik)*
niàn *(vorlesen)* / jiěshì *(erklären)* / xiě
yī ge Hànzì
yī ge cí *(Wort)*
yī jù huà/jùzi *(Satz)*

Wörterbücher

Dé-Hàn cídiǎn *(Deutsch-Chinesisches Wörterbuch)*
Hàn-Dé cídiǎn *(Chinesisch-Deutsches Wörterbuch)*
Yīng-Hàn cídiǎn *(Englisch-Chinesisches Wörterbuch)*

Schreibbedarf

zhǐ *(Papier)*
xìnzhǐ *(Briefpapier)*
běnzi *(Heft)*
bǐjìběn *(Notizbuch)*
bǐ
qiānbǐ *(Bleistift)*
gāngbǐ *(Füller)*
yuánzhūbǐ *(Kugelschreiber)*
xiàngpí *(Radiergummi)*

Computer

jìsuànjī/diànnǎo
bǐjìběn diànnǎo *(Laptop)*
chéngxù *(Programm)*
cípán *(Diskette)*
ruǎnjiàn *(Software)*
dǎyìnjī *(Drucker)*
yīntèwǎng *(Internet)*
zhǔyè *(Homepage)*
wǎngzhǐ *(Internetadresse)*
yīmèi'ěr / diànzi yóujiàn *(E-Mail)*

Übungen

1. Basisübung

a) Lassen Sie sich von einem Partner oder einer Partnerin die folgenden Verben zusammen mit passenden (verneinten) Adjektiven nennen und bringen Sie beides ins Chinesische:

Beispiel: A: schnell + sprechen — B: shuō de kuài (shuō de bú kuài)

lesen — schreiben — lernen — machen — aussprechen — essen — trinken — gehen — fahren — sehen **+** schnell — langsam — nicht schlecht

b) Ergänzen Sie nun die angegebenen Substantive zusammen mit den entsprechenden Verben:

Beispiel: A: Buch — B: jiè shū

Fahrzeug — Stift — Landkarte — Wörterbuch — Fotoapparat — Foto — Buch — Fußball — Zeitung — Kleidung — Batterie — Videokassette — Stuhl — Tennis **+** ausleihen — kaufen — lesen — spielen — zurückgeben — verkaufen

2. Austauschübung

a) Zhè jǐ ge zì shì shénme yìsi?
Yìsi shì «qǐng bú yào chōu yān».

zhèxiē zì	«xiànzài xiūxi»
zhè jù huà	«tā méiyǒu qián le»
zhè jǐ ge zì	«hǎokàn» huòzhě «měi»
zhè ge jùzi	«nǐ yīnggāi qù nàr»

b) Tā Hànyǔ shuō de zěnmeyàng?
Shuō de búcuò.

Hànzì	xiě	hěn hǎo
Rìyǔ	shuō	fēicháng hǎo
chē	kāi	fēicháng kuài
cài	zuò	hái kěyǐ
Yīngyǔ	shuō	bǐjiào màn
Fǎyǔ	xué	bú tài hǎo

c) Nǐ huì bu huì shuō Pǔtōnghuà?
Huì./Huì yīdiǎn./Bú huì.

shuō	Shànghǎihuà
xiě	Hànzì
xiě	«nín hǎo»
kāi	chē
yòng	diànnǎo
shuō	Guǎngdōnghuà

d) Wǒ jiè yīxià nǐ de cídiǎn, xíng ma?
Xíng./Kěyǐ./Xiànzài bù xíng.

jiè	bàozhǐ
yòng	chē
kàn	dìtú
tīng	Walkman
yòng	diànhuà
kàn	lǚyóu shū

e) Zhèyàng shuō duì bu duì?
Duì./Bú duì.

xiě	fānyì
niàn	yòng
fāyīn	jiěshì

f) Déyǔ «Satz» Zhōngwén zěnme shuō?
Zhōngwén shì «jùzi».

«Wörter»	«cí»
«Aussprache»	«fāyīn»
«Grammatik»	«yǔfǎ»
«Umgangssprache»	«kǒuyǔ»
«erklären»	«jiěshì»
«Rede» oder «reden»	«huà» huòzhě «shuō huà»

3. Frage-Antwort-Übung

Ergänzen Sie die entsprechende Frage zur gegebenen Antwort, bzw. die entsprechende Antwort zur gegebenen Frage.

A: ....? B: Tāmen lái le./Tāmen hái méiyǒu lái.
C: Tāmen qù Běijīng le ma? D: ....
E: Lǎo Hú cānguān zhǎnlǎnhuì le ma? F: ....
G: ....? H: Zhāng nǚshì qù lǚyóu le./Tā méiyǒu qù lǚyóu.
I: ....? J: Wǒ wèn Wáng xiānsheng le./Wǒ méi wèn.
K: ....? L: (Zhè ge cí wǒ) méiyǒu xué guo.
M: «Míngrén» de yìsi shì shénme? N: ....
M: «Míngchéng» shì shénme yìsi? N: ....
O: Nǐ zhīdào zhè ge cí de yìsi ma? P: .... (weiß es auch nicht)
Q: Nǐ huì shuō Shànghǎihuà ma? R: .... (nein/ein bißchen)
Q: ....? R: (Tā Shànghǎihuà) shuō de hěn hǎo.
S: Tā Hànzì xiě de hǎo bu hǎo? T: ....
U: Néng bu néng jiè yīxià nǐ de cídiǎn? V: ....

A: Zhèyàng fāyīn duì bu duì? B: ....
C: Zhèyàng jiěshì nǐ dǒng le ma? D: ....
E: Hànzì róngyì/hǎo xué ma? F: ....

G: Zhè ge cí hěn nán niàn ba?	H: ....
I: Wǒ xiǎng jiè yīxià nǐ de Yīng-Hàn cídiǎn, xíng ma?	J: ....
K: Tā lánqiú dǎ de hǎo bu hǎo?	L: ....
M: Shénme? Nǐ Hànyǔ zhǐ xué le bàn nián?!	N: ....
Q: ....?	P: Zhè ge zì niàn «míng», «míngpiàn» de «míng» huòzhě «yǒumíng» de «míng».

4. Wie sagt man's auf Chinesisch?

a) Der Junge Wan spricht ziemlich langsam Kantonesisch.
b) Ihre Tochter ißt ziemlich gut.
c) Das Englisch der Jungen Liu ist besser als das der Jungen Zhang.
d) Ich hätte nicht gedacht, daß er ganz gut Deutsch spricht.
e) Ich kann Chinesisch sprechen, aber ich kann es nicht schreiben.
f) Kannst du Auto fahren?
g) Hast du noch Fragen?
h) Hast du noch andere Fragen?
i) Was bedeutet «fujin»?
j) Könnte ich dein Auto mal benutzen?
k) Haben Sie ein Deutsch-Chinesisches Wörterbuch? Ich möchte mal (etwas) nachschauen.
l) Dieses Buch leihe ich heute aus und gebe es morgen zurück.
m) Was schreibst du gerade? — Ich notiere mir gerade ein Wort.
n) Dieses Zeichen ist falsch (geschrieben).

a) Sie stellte eine Frage.
b) Seine Tochter stellt sehr gerne Fragen.
c) Könntest du mal die Bedeutung dieses Schriftzeichens erklären?
d) (Obwohl) Schuhmann ziemlich langsam Englisch spricht, versteht es der Alte Wang (immer) noch nicht.
e) Entschuldigung, könntest du mir mal helfen?
f) Verflixt, ich habe vergessen, die heutige Zeitung mitzubringen!
g) Ich lerne gerade ungefähr drei Monate Chinesisch und kann ein bißchen was sprechen, aber ich kenne noch keine Schriftzeichen. Meine Freunde sagen alle, ich lerne sehr schnell und spreche auch nicht schlecht. Aber ich finde, mein Chinesisch ist noch nicht besonders gut.

5. Gelenkter Dialog

Übernehmen Sie die Rolle von A oder B (oder C) und führen Sie anhand der nachfolgenden Vorgaben einen Dialog mit einem Partner oder einer Partnerin.

A fragt B, ob er Chinesisch spricht. — **B** kann ein bißchen Chinesisch sprechen. — **A** will wissen, wie lange B die Sprache bereits lernt. —

B gibt eine ungefähre Zeitdauer an. — **A** will es nicht glauben: Seit so kurzer Zeit?! — **B** bestätigt. — **A** lobt B. — **B** wehrt bescheiden ab. — **A** erkundigt sich, ob B das Lernen leicht oder schwer fällt. — **B** findet die Schriftzeichen schwierig. — **A** fragt nach der Zahl der Zeichen, die B kennt. — **B** kann nur einige Zeichen und den eigenen Namen schreiben.

✌ **A** fragt B, ob er ein Englisch-Chinesisches Wörterbuch besitzt. — **B** bejaht und will wissen, ob es A benutzen will. — **A** möchte es kurz ausleihen und fragt, ob dies möglich ist. — **B** meint ja, erkundigt sich aber danach, ob A es am nächsten Tag zurückgeben kann. — **A** verspricht es. Sie fragt ihn nebenbei, wie das Wort «Umgangssprache» auf Chinesisch heißt. — **B** nennt ihr die Entsprechung. — **A** will außerdem das Wort «üben» wissen. [Einfacher Fragepartikel]. — **B** beantwortet auch diese Frage. — **A** fragt, ob man dann sagen kann «wǒ liànxí kǒuyǔ». — **B** lobt A. — **A** fragt nach Papier und Stift. — **B** gibt ihr beides. — **A** dankt und will sich (den Satz) notieren.

☝ + ✌ Freier Dialog: Dinge ausleihen/Sprachen lernen

Vorschläge zum Inhalt:

1. Man hat etwas vergessen und will es sich woanders ausleihen. Weshalb hat man es vergessen? Bei wem kann man es sich leihen? Wer braucht es selbst und warum? Wo könnte man es stattdessen kaufen?

2. Zur selben Zeit lernt man zwei Sprachen. Wie lange schon? Welche ist schwieriger? Warum lernt man diese Sprachen? Will man noch weitere Sprachen lernen? Weshalb?

Lektion 14: Buchungen und Reservierungen

Zielsätze

1. Wǒ xiǎng yùdìng yī ge fángjiān.	*Ich möchte ein Zimmer reservieren.*
2. Dānrén fángjiān yǐjīng mǎn le, shuāngrén fángjiān xíng ma?	*Die Einzelzimmer sind bereits belegt. Ginge auch ein Doppelzimmer?*
3. Qǐng tián yīxià biǎo.	*Bitte füllen Sie kurz das Formular aus.*
4. Wǒ kěyǐ yòng yīxià diànhuà ma?	*Darf ich mal das Telefon benutzen?*
5. Wǒ xiǎng qǔ yùdìng de jīpiào.	*Ich möchte ein bestelltes Flugticket abholen.*
6. Nǐ shì shénme shíhòu yùdìng de?	*Wann haben Sie gebucht?*
7. Wǒ yòng xìnyòngkǎ fù qián.	*Ich bezahle mit Kreditkarte.*

Dialog 1

Herr Schuhmann (A) ist auf einer Urlaubsreise in eine kleine Stadt gekommen. Gegen Abend fragt er in einem Hotel nach einer Übernachtungsmöglichkeit:

B: Wǎnshàng hǎo!	*Guten Abend!*
A: Wǎnshàng hǎo! Wǒ xiǎng yào yī ge dānrén fángjiān.	*Guten Abend! Ich hätte gern ein Einzelzimmer.*
B: Nín yùdìng guo méiyǒu?	*Haben Sie reservieren lassen?*
A: Méiyǒu. Nǐmen hái yǒu kòng de ma?	*Nein, haben Sie noch (Zimmer) frei?*
B: Qǐng děng yīxià..., Dānrén fángjiān yǐjīng mǎn le, shuāngrén fángjiān xíng ma?	*Einen Moment bitte... Die Einzelzimmer sind bereits ausgebucht. Ginge auch ein Doppelzimmer?*
A: Yě xíng, wǒ xiǎng zhù liǎng ge wǎnshàng.	*Das geht auch. Ich möchte zwei Nächte bleiben.*
B: Qǐng tián yīxià biǎo.	*Bitte füllen Sie kurz das Formular aus.*
A: Hǎo. ... Hǎo le.	*Gut. ... Fertig.*
B: Nín de fángjiān shì wǔ líng wǔ hào, zhè shì yàoshi, diàntī zài yòubiān.	*Ihr Zimmer hat die Nummer 505. Das ist der Schlüssel, der Aufzug ist auf der rechten Seite.*
A: Xièxie. Wǒ kěyǐ yòng yīxià diànhuà ma?	*Danke. Darf ich mal das Telefon benutzen?*
B: Kěyǐ.	*Dürfen Sie.*

Dialog 2

Frau Sand (A) betritt ein Reisebüro, in dem sie ein Flugticket bestellt hatte:

A: Nín hǎo, wǒ xiǎng qǔ yùdìng de jīpiào.	*Guten Tag. Ich möchte ein bestelltes Flugticket abholen.*
B: Nín guì xìng?	*Wie ist Ihr werter Name?*
A: Wǒ xìng Sāngdé, jiào Lěinàtè Sāngdé. Wǒ yùdìng de shì shíbā hào qù Běijīng de jīpiào.	*Ich heiße Sand, Renate Sand mit ganzem Namen. Das (von mir) bestellte Ticket ist für den Achtzehnten nach Peking.*
B: Hǎo, qǐng děng yīxià, wǒ kànkan..., Nín shì shénme shíhòu yùdìng de?	*Gut, einen Augenblick bitte, ich sehe mal nach... Wann haben Sie gebucht?*
A: Shì xīngqīyī yùdìng de.	*Ich habe am Montag gebucht.*
B: Shì CA1502 hào hángbān, shíbā hào 11:40 fēi wǎng Běijīng?	*Der Flug CA 1502, am Achtzehnten um elf Uhr vierzig nach Peking?*
A: Duì. Wǒ yòng xìnyòngkǎ fù qián, kěyǐ ma?	*Genau. Ich bezahle mit Kreditkarte, wenn das möglich ist.*
B: Kěyǐ. Qǐng zài zhèr qiān zì. Zhè shì jīpiào.	*Das geht. Bitte unterschreiben Sie hier. – Das ist das Flugticket.*
A: Xièxie.	*Dankeschön.*

Neue Wörter und Ausdrücke

wǎnshàng hǎo!	*Guten Abend!* ☯ **zǎoshàng hǎo!**: *Guten Morgen!*
wǎnshàng	*Abend, abends*
dānrén fángjiān	*Einzelzimmer*
yùdìng	*(vor)bestellen, buchen, reservieren lassen*
kòng	*frei, leer*
Qǐng děng yīxià.	*Einen Augenblick bitte.*
yǐjīng	*bereits, schon*
mǎn	*ausgebucht, belegt, voll*
shuāngrén fángjiān	*Doppelzimmer*
zhù	*wohnen*
tián	*ausfüllen*
biǎo	*Formular*
fángjiān	*Zimmer*
yàoshi	*Schlüssel*
diàntī	*Aufzug, Fahrstuhl*
yòubiān	*rechts* ☯ **zuǒbiān**: *links*
kěyǐ	*es ist möglich/erlaubt; dürfen*
qǔ	*(ab)holen*
(fēi)jīpiào	*Flugticket*
fēijī	*Flugzeug*
piào	*Ticket, Fahrkarte*
Nín guì xìng?	*Wie ist Ihr werter Name?*
Lěinàtè	Eigenname: *Renate*
hángbān	*(planmäßiger) Flug, Flugnummer*
fēi wǎng ...	*nach ... fliegen*
yòng	*mit;* Verb: *benutzen*
xìnyòngkǎ	*Kreditkarte*
fù (qián)	*zahlen, bezahlen*
qiān zì	*unterschreiben*

Anmerkungen und grammatische Erklärungen

1. Neben der Bedeutung «können» (☞ Lektion 7) kann «**kěyǐ**» auch die Bedeutung «dürfen, erlaubt sein» annehmen. In verneinten Aussagesätzen werden «**bù kěyǐ**» oder «**bù néng**« verwendet.

Nǐmen **bù néng** yòng zhèr de diànhuà. — *Sie **dürfen** das Telefon von hier **nicht** benutzen.*

Bei einfachen Antworten auf Fragen nach dem Erlaubtsein steht dagegen «**bù xíng**».

Zhèr **kěyǐ** chōu yān ma? — ***Darf*** *man hier rauchen?*
Bù xíng. — ***Das geht nicht.***

2. Verben und Verb-Objekt-Konstruktionen als Attribut
Einzelne Verben (a), Verbkombinationen (b) oder Subjekt-Prädikat-Konstruktionen (c) können im Chinesischen Attribute sein. Alle drei Attributformen werden dem jeweiligen Nomen vorangestellt und mit «de» angeschlossen.

a) Tā qǔ **yùdìng** de jīpiào. — *Sie holt **das bestellte** Ticket ab.*
b) Zhōumò **qù lǚyóu** de rén hěn duō. — *Am Wochenende gibt es viele Leute, **die auf Reisen gehen.***
c) **Wǒ mǎi** de diànshìjī hěn hǎo. — *Der Fernseher, **den ich gekauft habe,** ist sehr gut.*

Ein Attribut mit nachfolgendem «de» kann auch ohne Nomen stehen.

Wǒ (yù)dìng de shì qù Běijīng de piào.
***Das von mir bestellte** (Ticket) ist das Ticket nach Peking.*

3. «**Nín guì xìng?**» (Wie ist Ihr werter Name?) ist die respektvollste Frageweise nach dem Familiennamen (a). Eine weniger formelle Variante, auf die man nur mit dem Nachnamen antworten kann, lautet «**Nǐ xìng shénme**?» (b).

a) Nín guì xìng? — Wǒ xìng Liú.
b) Nǐ xìng shénme? — Wǒ xìng Zhāng.

Zwei weitere, häufig verwendete Frageweisen sind:

c) Nǐ xìng shénme? Jiào shénme? — Wǒ xìng Liú, jiào Liú Jiàn.
d) Nǐ jiào shénme míngzì? — Wǒ jiào Liú Jiàn.

4. Die «**shì... de**» — Konstruktion
Sie kann die Funktion haben, bestimmte Aspekte einer Handlung, die bereits abgeschlossen wurde, besonders hervorzuheben. Diese Aspekte können betreffen: die Zeit (a), den Ort (b) und die Art und Weise oder die näheren Umstände der Handlung (c).

a) Tā **shì** shénme shíhou lái Zhōngguó **de**?	*Wann ist er nach China gekommen?*
Tā **shì** qùnián lái Zhōngguó **de**.	*Er ist letztes Jahr nach China gekommen.*
b) Tā **shì** cóng nǎr lái **de**?	*Woher ist sie gekommen?*
Tā **shì** cóng Déguó lái **de**.	*Sie ist aus Deutschland gekommen.*
c) Nǐ **shì** zěnme qù **de**?	*Wie bist du hingekommen?*
Wǒ **shì** zuò fēijī qù **de**.	Ich bin mit dem Flugzeug *hingekommen.*

5. «**Yòng**» kann außer seiner Bedeutung als Vollverb (benutzen, verwenden) auch präpositionsähnliche Funktion haben. Es entspricht dann dem deutschen «mit». In diesem Fall folgt «yòng» ein zweites Verb.

Tā **yòng** kuàizi chī fàn. — *Sie ißt **mit** Stäbchen.*

Wortfelder

Hotel

lǚguǎn *(Hotel)* fúwùtái *(Rezeption)* cāntīng *(Speiseraum)*
sāngná *(Sauna)* wǔtīng *(Tanzsaal)* jiǔbā *(Bar)*
cèsuǒ/wèishēngjiān *(Toilette)* yùshì *(Dusche/Bad)*
dài yùshì de fángjiān *(Zimmer mit Bad)*

fángjiān dānrén fángjiān shuāngrén fángjiān
tuì fángjiān *(auschecken)*

shuìjiào *(schlafen)* qǐchuáng *(aufstehen)* chī fàn

Verkehrsmittel + Tickets

fēijī + (fēi)jīpiào huǒchē + huǒchēpiào qìchē + chēpiào
chuán + chuánpiào
yùdìng/mǎi/qǔ/tuì *(zurückgeben)* piào

Fluggesellschaften

Hànshā Hángkōng Gōngsī *(Lufthansa)*
Zhōngguó Guójì Hángkōng Gōngsī *(Air China)*
Rìběn Hángkōng Gōngsī *(Japanese Airlines)*
Yīngguó Hángkōng Gōngsī *(British Airways)*
Fǎguó Hángkōng Gōngsī *(Air France)*

Übungen

1. Basisübung

a) Fragen Sie sich mit einem Partner oder einer Partnerin die folgenden Attribut-Substantiv-Kombinationen ab:

Beispiel: A: Die Leute, die (her)kommen — B: lái de rén

die Leute, die studieren — die Schwimmenden — die Kollegen, die hingehen — die Betrachtenden — die zuhörenden Studentinnen — der arbeitende Freund — die Leute, die nicht studieren — die, die nicht arbeiten — die, die nicht hingehen — die Studenten, die nicht schwimmen

b) Bringen Sie nun die folgenden Kombinationen ins Chinesische:

Beispiel: A: Die, die Bücher lesen — B: kàn shū de rén

der, der das Auto kauft — das Geschäft, welches Autos verkauft — die, die zurückkommen — der Ort, an dem (man) ißt — der, der telefoniert — der Ort, an dem (man) Bücher kauft — die Studentinnen, die sich den Wettkampf anschauen — der Kollege, der im dritten Stock wohnt — der Manager, der in Hongkong ist — die Freundin, die eine Reise macht — die, die nicht rauchen — der, der keinen Alkohol trinkt

Beispiel: A: Der Computer, den er gekauft hat — B: tā mǎi de diànnǎo

der Stift, den sie benutzt — das Sofa, das du geliehen hast — der Kaffee, den ich trinke — der Freund, den sie vorstellt — die Adresse, die du gegeben hast — die Disko, in die ich gehe — die Suppe, die er gemacht hat — die Schriftzeichen, die ich kenne — die Reise, die du organisierst — der Ort, zu dem ich nicht gehe — die Musik, die ich nicht gerne höre

2. Austauschübung

a) Wǒ xiǎng yùdìng yī ge fángjiān.

yī běn xīn shū	jǐ běn zázhì
wǔ zhāng jīpiào	sānshí zhāng huǒchēpiào

b) Nǐ yào zhù jǐ tiān?
Wǒ xiǎng zhù sān tiān.

shénme fángjiān	dānrén fángjiān
jǐ lóu	sān lóu
nǎr	lǚguǎn
duō jiǔ	yī ge xīngqī
nǎ ge fángjiān	007 hào fángjiān
nǎ ge lǚguǎn	Běijīng Fàndiàn

c) Wǒ kěyǐ yòng yīxià diànhuà ma?
Kěyǐ./Bù xíng.

chángcháng	bú qù
jièyòng yīxià	hé nǐmen yīqǐ qù
chōu yān	wèn jǐ ge wèntí

d) Nǐ shì shénme shíhòu yùdìng de?
Shàng xīngqīyī yùdìng de.

shénme shíhòu	mǎi	shàng ge yuè
zài nǎr	jiè	zài wǒ tóngxué nàr
zěnme	qù	zuò dìtiě
zài nǎr	chī	zài Zhōngguó fàndiàn
zěnme	lái	zǒu
shénme dìfang	xué	zài Àodìlì

e) Wǒ yòng xìnyòngkǎ fù qián.
Wǒ bú yòng xìnyòngkǎ fù qián.
Wǒ méiyǒu yòng xìnyòngkǎ fù qián.

kuàizi	chī fàn
tā de chē	shàng bān
Fǎyǔ	xiě xìn
diànnǎo	xiě shū

3. Frage-Antwort-Übung

Ergänzen Sie die entsprechende Frage zur gegebenen Antwort, bzw. die entsprechende Antwort zur gegebenen Frage.

A: Nǐ xiǎng zhù sān ge wǎnshàng ma?	B: Nein, zwei ....
A: Tāmen xiǎng zhù jǐ/duōshǎo tiān?	B: .... (etwa eine Woche)
A: Nǐ yào zhù nǎr?	B: .... (in der Wohnung des Freundes)
A: Tāmen ne?	B: .... (bei Herrn Zhang)
A: Wáng jīnglǐ zhù zài nǎr?	B: .... (im Hotel)
C: Zhèxiē Àodìlì rén yào zhù jǐ/duōshǎo tiān?	D: .... (ca. zehn Tage)
C: Tāmen yǐjīng zhù le jǐ tiān?	D:..
C: Tāmen yǐqián zhù guo zhèr ma?	D: .... (nein)
C: Tāmen wèishénme yào zhù zhèr?	D: .... (es gefällt ihnen)
E: Wǒ xiǎng yùdìng liǎng zhāng qù Xī'ān de jīpiào.	F: Nǐ yào jǐ hào de jīpiào?
E: .... (für den Zehnten)	F: Shí hào de yǐjīng méiyǒu le.
E: ....? (für den Elften)	F: Shíyī hào de zhǐ yǒu wǎnshàng de.
E: ....? (wann?)	F: Wǎnshàng jiǔ diǎn de.
E: ....(O.K.)	F:..
A: ....? (Schlüssel?)	B: Zhè shì nǐ de fángjiān yàoshi.
A: Fángjiān yàoshi wǒ yǐjīng yǒu le.	B: .... (Hätte ich nicht gedacht.)
C: Zhè zhāng biǎo zěnme tián?	D: .... (Weiß ich auch nicht.)
E: Qǐngwèn, ...? (Bahnkarte/ für den Dritten/nachTianjin)	F: Sān hào de yǐjīng méiyǒu le. Nǐ yào bu yào sì hào huòzhě wǔ hào de?
E: O.K. ....? (Preis?)	F: Liùshíwǔ kuài. Nǐ yào jǐ zhāng?
E: ....(Drei)	F: Yīgòng yībǎi jiǔshí wǔ kuài.
E: .... (200 Kuai)	F: Zhǎo nǐ wǔ kuài.
G: Zhèr yào bu yào qiān zì?	H:...(nein)
I: Yǒu mei yǒu èrshíyī hào xiàwǔ fēi wǎng Fǎlánkèfú de jīpiào?	J: .... (Ja, 14: 30)

4. Satzumwandlungen

Fassen Sie jeweils zwei Sätze in einen Satz mit einem komplexen Attribut zusammen.

Beispiel: Nà ge péngyǒu qù Běijīng. + Tā jiào Lǐ Gāng.

⇨ Qù Běijīng de péngyǒu jiào Lǐ Gāng./Jiào Lǐ Gāng de péngyǒu qù Běijīng.

a) Fùjìn yǒu yī ge shāngdiàn. + Nà ge shāngdiàn mài qìchē.
b) Yī ge rén zài dǎ diànhuà. + Nà ge rén shì Xiǎo Wàn.

c) Wǒ jiè le yī běn shū. + Nà běn shū búcuò.
d) Nàxiē rén bù hē jiǔ. + Tāmen hē chá.
e) Tā kàn le yī ge diànyǐng. + Nà ge diànyǐng jiào «Chūntiān».

5. Wie sagt man's auf Chinesisch?

a) Wieviele Tage hast du vor, in Hong Kong zu wohnen? Und wo willst du wohnen?
b) Entschuldigung, eine Frage: Wie füllt man dieses Formular aus?
c) Wo soll ich unterschreiben?
d) Kann ich hier rauchen?/Kann man hier rauchen? — Nein.

Übersetzen Sie mit Verb- und Verb-Objekt-Konstruktionen als Satzattribut:

e) Heute ist es kalt und es gibt wenige Leute, die schwimmen.
f) Das Geschäft ist groß, aber es gibt sehr wenige, die dort hingehen.
g) Ein «Kino» ist ein Ort, an dem man Filme anschaut.
h) Es gibt dort viele (nicht wenige), die Alkohol trinken.
i) Das dort sind alles Leute, die am Wettkampf teilnehmen.
j) Das Auto, das er gekauft hat, gefällt mir nicht.
k) Die Zeitung, die sie wollte, ist hier.
l) Er ist nicht der, den ich suchen will.
m) Der Film, den wir gestern gesehen haben, hieß «Die Firma».

*Übersetzen Sie mit «**shì ... de**»-Konstruktion:*

n) Wann ist sie angekommen? — Gestern Abend ist sie angekommen.
o) Wo bist du geschwommen? — An der Universität.
p) Wie sind sie hingefahren? — Sie sind mit dem Flugzeug hingeflogen.
q) Wann bist du in die Schweiz gefahren? — Im Sommer '90.
r) Wo hast du Englisch gelernt? — Ich habe in London Englisch gelernt.
s) Wie hat er (es) geschrieben? — Er hat (es) mit dem Computer geschrieben.

a) Am liebsten esse ich das Essen, das meine Mutter macht.
b) Von wem ist dieses Buch entliehen? — Es ist von mir entliehen.
c) Die Sachen, die er gekauft hat, sind alle teuer.
d) Dieser Computer ist nicht schlecht, aber zu teuer. — Deshalb gibt es viele, die ihn sich anschauen, (aber nur) wenige, die ihn kaufen.
e) Sie haben nicht im Restaurant gegessen, sie haben bei einem Kollegen zu Hause gegessen. («shì ... de»-Konstruktion.)
f) Er ist heute krank, deshalb fahre ich selbst das Auto.
g) Am Montag habe ich zwei Tickets bestellt, heute gehe ich die Tickets abholen. Unser Flugzeug hat die Flugnummer CA 1502 und fliegt am Zehnten abends um acht Uhr nach Shanghai. Die zwei Tickets kosten zusammen 3100 Yuan. Ich bezahle mit Kreditkarte.

6. Gelenkter Dialog

Übernehmen Sie die Rolle von A oder B (oder C) und führen Sie anhand der nachfolgenden Vorgaben einen Dialog mit einem Partner oder einer Partnerin.

A (ein Gast) und **B** (an der Hotelrezeption) grüßen sich. — **A** fragt nach einem Zimmer. — **B** will wissen, ob eines reserviert worden ist. — **A** verneint. — **B** fragt, wieviele Personen sie insgesamt sind. — **A** gibt zwei Personen an. — **B** will erstmal nachsehen. Es gibt kein Doppelzimmer mehr, nur noch Einzelzimmer. Ob A damit einverstanden ist? — **A** stimmt zu. — **B** fragt nach der geplanten Anzahl der Nächte. — **A** will X Nächte bleiben. — **B** gibt A ein Formular zum Ausfüllen. — **A** nimmt es in Empfang. — **B** teilt A die Zimmernummern mit, gibt ihm die Schlüssel und zeigt ihm den Speiseraum. — **A** bedankt sich.

A möchte zwei Tickets buchen. — **B** fragt, wohin A will. — **A** nennt eine große chinesische Stadt, in die sie am neunten will. — **B** will erst mal nachschauen und meint dann, daß am Nachmittag des neunten bereits alle Flüge ausgebucht sind. — **A** fragt nach dem Abend. — **B** sagt, zu dieser Zeit gibt es noch Flüge. — **A** will wissen, um wieviel Uhr. — **B** nennt X Uhr und die Flugnummer Y. — **A** ist einverstanden und fragt nach dem Gesamtpreis. — **B** nennt ihr eine Summe. — **A** fragt, ob es ginge, daß sie am siebten nachmittags die Tickets abhole. — **B** sagt, daß es möglich ist. — **A** bedankt sich und *beide* verabschieden sich.

+ Freier Dialog: Ein Formular ausfüllen/Im Hotel

Vorschläge zum Inhalt:

1. Fragen zum Ausfüllen von verschiedenen Feldern und Antworten: Gesamtname, Wohnort, Telefon, Geburtstag, Studienort und Fach, Arbeitsstelle und Beruf, eigene Unterschrift...

2. Ein Hotelier zeigt einem Gast das Zimmer: Dusche, WC, Speisesaal usw. Vergleich von verschiedenen Zimmern in Ausstattung und Preis.

Lektion 15: Post und Bank

Zielsätze

1. Qǐng dǎ yīxià zhè fèn wénjiàn.	*Bitte tippen Sie dieses Schriftstück mal ab.*
2. Néng bu néng mǎshàng fā chuánzhēn?	*Könnten Sie sofort ein Fax abschicken?*
3. Wǒ qù jiào tāmen lái xiūlǐ.	*Ich bitte sie, (es) reparieren zu kommen.*
4. Wǒ jì guàhàoxìn.	*Ich schicke den Brief per Einschreiben.*
5. Zhèxiē hái bú gòu.	*Diese reichen noch nicht.*
6. Wǒ xiǎng yòng Ōuyuán huàn Rénmínbì.	*Ich möchte Euro in Renminbi umtauschen.*
7. Yī bǐ wǔ diǎn liù èr.	*Eins zu fünf Komma sechs zwei.*

Dialog 1

Herr Klee (A) legt seiner chinesischen Sekretärin (B) einige handgeschriebene Seiten auf den Schreibtisch:

A: Helen, qǐng dǎ yīxià zhè fèn wénjiàn.	*Helen, bitte tippen Sie dieses Schriftstück mal kurz ab.*
B: Hǎo. ... Kèlè xiānsheng, zhèyàng xíng ma?	*In Ordnung.* (Nach einer Weile:) *Herr Klee, geht es so?*
A. Xíng, xiān fùyìn yī fèn. Néng bu néng mǎshàng fā chuánzhēn?	*Ja, machen Sie zuerst eine Kopie. Könnten Sie es (dann) sofort als Fax abschicken?*
B: Wǒmen de chuánzhēnjī huài le.	*Unser Faxgerät ist kaputtgegangen.*
A: Shénme? Yòu huài le? Nà zài qǐng xiūlǐgōng lái xiū yīxià.	*Was, schon wieder kaputtgegangen? Dann bitten Sie den Reparaturdienst nochmal, (es) reparieren zu kommen*
B: Wǒ yǐjīng jiào guo le. Wǒ xiān qù duìmiàn de yóujú fā ba.	*Ich habe ihn schon gerufen. Ich gehe vorerst ins Postamt gegenüber, um (das Fax) abzuschicken.*
A: Hǎo, shùnbiàn jì yīxià zhèxiē xìn, dōu jì guàhào.	*Gut, geben Sie bei dieser Gelegenheit diese Briefe auf. Alle per Einschreiben*
B: Wǒmen hái yǒu xiē yóupiào ba?	*Wir haben noch einige Briefmarken, nicht wahr?*
A: Wǒ kànkan..., yīgòng èrshí jǐ kuài, dàgài gòu le.	*Ich sehe mal nach... zusammen mehr als 20 Kuai, das reicht wahrscheinlich.*

In einer Bank. Im Hintergrund hängt eine Währungsumrechnungstabelle.

B: Yào bu yào zài mǎi yīxiē?	*Soll ich nochmal ein paar kaufen?*
A: Hǎo a, zài mǎi èrshí zhāng liǎng máo de yóupiào.	*O.K., kaufen Sie nochmal zwanzig Briefmarken zu zwei Mao.*

Dialog 2

Frau Bauer (A) hat kein Bargeld mehr und muß zur Bank. Da es bereits später Nachmittag ist, fragt sie ihre Freundin (B), wann die Bank zumacht:

A: Yínháng jǐ diǎn guān mén?	*Um wieviel Uhr macht die Bank zu?*
B: Liù diǎn guān mén.	*Sie schließt um sechs Uhr.*
(Zài yínháng)	(In der Bank)
A: Nǐ hǎo, wǒ xiǎng yòng lǚxíng zhīpiào huàn Rénmínbì.	*Guten Tag. Ich möchte Reiseschecks in Renminbi eintauschen.*
C: Nǐ yào huàn duōshǎo?	*Wieviel wollen Sie eintauschen?*
A: Sānbǎi Ōuyuán. Jīntiān de páijià shì duōshǎo?	*Dreihundert Euro. Wie ist der Euro-Kurs heute?*
C: Yī bǐ wǔ diǎn liù qī jiǔ. Néng bu néng kànkan nín de hùzhào?	*Eins zu fünf Komma sechs sieben neun. Könnte ich Ihren Paß mal sehen?*
A: Kěyǐ.	*Können Sie.*
C: Qǐng zài zhèr qiān zì.	*Bitte unterschreiben Sie hier.*
A: Hǎo. Néng bu néng duō gěi wǒ diǎn língqián?	*Gut. – Können Sie mir ein bißchen mehr Kleingeld geben?*
C: Kěyǐ. Zhè shì yīqiān qībǎi líng sān kuài qī máo sì fēn Rénmínbì.	*Ja. Das sind 1703 Kuai 74 (Renminbi).*

Neue Wörter und Ausdrücke

dǎ (zì)	*tippen, abtippen*
fèn	Zählwort für Schriftstücke und Zeitungen
wénjiàn	*Dokument, Schriftstück*
fùyìn	*kopieren*
mǎshàng	*sofort*
fā chuánzhēn	*ein Fax abschicken*
fā	*abschicken* (Fax, E-Mail)
huài	*kaputt sein, defekt sein*
yòu	*wieder*
xiūlǐgōng	*Reparaturdienst*
xiū(lǐ)	*reparieren; Reparatur*
jiào	*(her-)rufen; bitten, lassen*
duìmiàn	*gegenüber*
yóujú	*Postamt*
jì	*(ab)schicken, senden, aufgeben*
guàhào	*per Einschreiben*
yóupiào	*Briefmarke* (Zählwort: zhāng)
dàgài	*wahrscheinlich*
gòu	*(aus)reichen; genug*
yínháng	*Bank*
guān mén	(ein Geschäft u.ä.) *schließen* ☯ **kāi mén**: *öffnen*
guān	*zumachen, schließen* ☯ **kāi**: *öffnen, aufmachen*
mén	*Tür, Tor*
lǚxíng zhīpiào	*Reisescheck*
zhīpiào	*Scheck*
huàn	*(Geld) tauschen, (um-)wechseln*
Rénmínbì (RMB)	*chinesische Währung* (wörtlich: *Volkswährung*)
Ōuyuán	*Euro*
Mǎkè	*Mark*
páijià	*(amtlicher) (Wechsel-)Kurs*
... bǐ ...	*... zu ...* (bei Wechselkursangaben und ähnlichen Zahlenvergleichen)
diǎn	*Komma* (wörtlich: *Punkt*) (bei Zahlenangaben)
hùzhào	*Paß*
língqián	*Kleingeld*
qiān	*tausend*
fēn	Währungseinheit: *Fen*

Anmerkungen und grammatische Erklärungen

1. Die Adverbien «**yòu**» (wieder) und «**zài**» (wieder, nochmal)
«**Yòu**» bezeichnet in der Regel die Wiederholung einer Handlung; es bezieht sich also vor allem auf die Vergangenheit.

Tā **yòu** mǎi le yī píng niúnǎi. — *Sie hat **wieder** eine Flasche Milch gekauft.*

«**Zài**» dagegen verwendet man dann, wenn die Wiederholung einer Tätigkeit erst (in der Zukunft) stattfinden soll.

Nín xīngqīyī xiàwǔ **zài lái** ba. — *Bitte kommen Sie am Montag Nachmittag **wieder.***

Leichter zu merken ist der Unterschied zwischen beiden Adverbien, wenn man an das chinesische Wort für «auf Wiedersehen» denkt: zàijiàn.

2. Neben der Bedeutung «rufen» (a) kann «**jiào**» außerdem (b) die Veranlassung einer Person zu einer Handlung bezeichnen (jemanden bitten, etwas zu tun; jemanden etwas tun lassen).

a) Wǒmen yǐjīng **jiào** guo tā le. — *Wir haben sie schon **(her)gerufen.***
b) Tā **jiào** wǒ jìnqù. — *Er **bittet** mich herein./Er **läßt** mich eintreten.*

3. «**Shùnbiàn**» (bei der/dieser Gelegenheit, nebenbei) bezieht sich auf Handlungen, die im Rahmen einer zweiten Handlung mit ausgeführt werden.

4. «**Jǐ**» (einige) kann auch in Verbindung mit Zahlen stehen. Geht es den Zahlen 10, 100 oder 1000 unmittelbar voran, drückt es ein unbestimmtes Mehrfaches dieser Zahlen aus.
jǐ bǎi ge rén: ***einige hundert** Menschen*; **jǐ shí** běn shū: ***einige Dutzend** Bücher*

Folgt «jǐ» einer Zahlen- oder Mengenangabe, meint es «und einige mehr» und kann mit «über» wiedergegeben werden.

Tā yǐjīng èrshí **jǐ** suì le. — *Er ist schon **über** zwanzig.*

5. Die Zahlen hinter dem Punkt («**diǎn**») eines Dezimalbruches müssen auch im Chinesischen als Einzelstellen gelesen werden. Die Zahlen vor dem Punkt können dagegen als ganze Zahl gelesen werden.

104. 202: «Yībǎi líng sì **diǎn** èr líng èr» oder «Yī líng sì **diǎn** èr líng èr».

6. Im Satz «**Néng bu néng duō gěi wǒ diǎn língqián?**» (Können Sie mir ein bißchen mehr Kleingeld geben?) drückt «**néng**» keine Bitte aus, sondern erkundigt sich nach einer von objektiven Bedingungen abhängigen Möglichkeit oder Fähigkeit. «Néng» kann auch danach fragen, ob etwas gestattet ist.

Zhèr **néng** chōu yān ma? — **Bù néng.**
Kann** man hier rauchen? — **Nein.

Wortfelder

Offizielle Dokumente

wénjiàn

cáiliào *(Unterlagen)*

tōngzhī *(Mitteilung, Rundschreiben)*

yuánjiàn *(Original)*

tǒngjìbiǎo *(Statistik)*

biǎogé *(Formular)*

fùyìnjiàn *(Kopie)*

Post

jì xìn

hángkōngxìn *(Luftpostbrief)*

míngxìnpiàn *(Postkarte)*

yóupiào

xìnfēng *(Briefumschlag)*

píngxìn *(einfacher Brief)*

guàhàoxìn *(Einschreibebrief)*

bāoguǒ *(Paket)*

Währungen

Rénmínbì

Měiyuán *(US-Dollar)*

Fǎláng *(Franc)*

Yīngbàng *(Pfund Sterling)*

Ruìshì Fǎláng *(Schweizer Franken)*

Gǎngbì *(Hongkong-Dollar)*

Mǎkè

Rìyuán *(Yen)*

Xiānlìng *(Schilling)*

Ōuyuán

Zahlungsformen

xìnyòngkǎ zhīpiào lǚxíng zhīpiào xiànjīn *(Bargeld)* língqián

Papiere

zhèngjiàn *(Papiere)*

qiānzhèng *(Visum)*

xuéshēngzhèng *(Studentenausweis)*

shēnfènzhèng *(Personalausweis)*

gōngzuòzhèng *(Arbeitsausweis)*

hùzhào

jiàshǐ zhízhào *(Führerschein)*

Übungen

1. Basisübung

a) Geben Sie die folgenden Zahlenvergleiche auf Chinesisch an:

0: 1 — 1: 0 — 1: 2 — 2: 3 — 5: 7 — 1: 02 — 1: 1.1 — 1: 1.37 — 1: 3.65 — 1: 5.45 — 0: 0.01

b) Lassen Sie sich von einem Partner oder einer Partnerin nach den folgenden Briefmarkenwerten und -mengen fragen. Wechseln Sie sich dabei mit dem Fragen bzw. Antworten ab:

Beispiel: A: eine Zwei-Mao-Marke — B: yī zhāng liǎng máo de yóupiào

zwei Ein-Mao-Marken, drei Vier-Mao-Marken, fünf Fünf-Mao-Marken, sieben 1.50-Kuai- Marken, zwölf Ein-Kuai-Marken, fünfzehn 1.60-Kuai-Marken, zweiundzwanzig Zwei-Kuai-Marken, zehn Vier-Mao-Marken

2. Austauschübung

a) Qǐng zhǎo yīxià jīntiān de bàozhǐ.

wèn	tāmen de diànhuà
qiān	(nǐ de) míngzì
tián	biǎo
fā	zhè ge chuánzhēn

b) Wǒ qù jiào tā lái xiūlǐ.
Hǎo./Xíng.

kànkan	jièshao jièshao
chī fàn	chángchang

c) Néng bu néng shùnbiàn jì yīxià xìn?
Kěyǐ.

wèn yīxià	huàn xiē Rénmínbì
mǎi xiē yóupiào	kànkan Bào'ěr tàitai

d) Nǐ yào huàn duōshǎo?
Wǒ yào huàn 1000 kuài Rénmínbì.

500 Mǎkè	1500 Měiyuán
350 Měiyuán	700 Ōuyuán
5000 Gǎngbì	650 Yīngbàng

e) Jīntiān Mǎkè de páijià shì duōshǎo?
Shì 1:5.679.

Měiyuán	1:8.333
Yīngbàng	1:12.175
Ruìshì fǎláng	1:7.035
Rìyuán	1:0.078

3. Frage-Antwort-Übung

Ergänzen Sie die entsprechende Frage zur gegebenen Antwort, bzw. die entsprechende Antwort zur gegebenen Frage.

A: Kèlè nǚshì, zhèyàng dǎ xíng ma? B: .... (O.K.)
C: Wǒmen de chē huài le. D: .... (Was, schon wieder?!)
C: Yào bu yào qǐng rén lái xiū yīxià? D: .... (O.K.)
E: Nǐ de diànshì ne? F: .... (kaputt)
E: Shì ma? Wǒ kànkan. F: ....?
E: Wǒ huì xiū. Wǒ xiū guo hěn duō diànshì.
G: .... H: Nǐ kěyǐ jiào xiūlǐgōng lái xiū yīxià.
I: ....? (Euro zu RMB) J: Shì 1: 5.679.
K: ....? (Kurs US $ zu RMB) L: Jīntiān de páijià shì 1:8.333.
K: Nǐ yào huàn duōshǎo Měiyuán? L: ....
M: Néng bu néng kànkan nín de hùzhào? N: ....
O: Nín hùzhào dài le ma? P: ....
Q: Qǐng fùyìn yīxià zhè fèn cáiliào. R: Hǎo. ....? (wieviel?)
Q: .... (Fünf Exemplare)
S: Helen, qǐng.................................. T: Yào bu yào jì guàhào?
S: .... (Ja)
U: Qǐngwèn, zài nǎr qiān zì? V: .... (hier)

A: Shéi jiào wǒ? B: ....
C: Nǐmen jiào shéi lái xiū? D: ....
C: Xiūlǐgōng bú huì xiū zhè zhǒng fùyìnjī. D: Nà.......................... (wer?)
C: Wǒ xiǎng Wáng gōngchéngshī huì xiū. D: Nà..
E: Xiū diànhuà de rén lái le ma? F: .... (noch nicht)
E: Wèishénme hái méi lái? F: .... (Ich frage telefonisch.)
G: Nǐ yǒu mei yǒu língqián? H: .... (Ja. Wieviel?)
G: Wǒ xiǎng huàn liǎng kuài. H: .... (O.K.)

4. Wie sagt man's auf Chinesisch?

a) Könntest du (es) ihnen sofort mitteilen?
b) Könnten Sie sie sofort bitten, herzukommen?
c) Ist das so richtig geschrieben? — (So ist es) richtig/falsch.
d) Geht das, so geschrieben? — (So) geht es/ist es nicht sehr gut.
e) Hat euer Geschäft solche Kleidung?
f) Sie bittet mich, mal hinzugehen.
g) Der Kopierer ist kaputt. Ich bestelle den Alten Wang her, (ihn sich) mal an zuschauen.

h) Wann schließt das Restaurant? — Nachts um zwölf.
i) Bitte kaufe bei der Gelegenheit zwei Flaschen Bier.
j) Ich möchte sie bei dieser Gelegenheit mal besuchen gehen.
k) Reicht dein Geld? — Danke, es reicht aus.
l) Ich möchte etwas Kleingeld eintauschen. — Tut mir leid, ich habe kein Kleingeld.
m) Entschuldigung, eine Frage: Wo kann man in der Nähe US-Dollar umwechseln?
n) Ich möchte Reiseschecks in Renminbi eintauschen.
o) Er möchte Mark in Renminbi umwechseln.
p) Wie ist der heutige Kurs?
q) Wie ist der heutige DM-Kurs?
r) Ich habe gehört, daß sie nochmal nach Hongkong gefahren ist.
s) Ich gehe nächstes Jahr wieder nach Berlin.

a) A: Er bittet dich, zu ihm zu kommen.
B: Wer bittet mich?
A: Der Alte Li bittet dich.
B: Was gibt es denn? (Was für eine Angelegenheit?)
A: 1) Er bittet dich, mal zu ihm zu gehen.
2) Er bittet dich, ihm mal zu helfen.

b) A: Das Kopiergerät des Büros ist kaputtgegangen.
B: Was? Schon wieder kaputtgegangen?! Wo ist es defekt?
A: Ich weiß es auch nicht.
B: 1) Dann rufen Sie sie [Plural] nochmal, (es) reparieren zu kommen.
2) Anscheinend müssen wir ein Neues kaufen.
3) Dann gehen Sie erstmal in den ersten Stock zum Kopieren.

c) A: Haben Sie Ihren Paß da?
B: 1) Heute habe ich meinen Paß nicht mitgenommen. Ginge es (auch) mit meinem Führerschein?
2) Oh, heute habe ich meinen Paß nicht mitgenommen. Ginge es (auch) mit meinem Arbeitsausweis?
3) Oh, ich habe heute vergessen, meinen Paß mitzunehmen. Ginge es (auch) mit meinem Personalausweis?
A: Das geht.

d) Dieses Schriftzeichen ist wieder falsch geschrieben. — Dann schreibe ich es nochmal.

e) (Weil) unser Faxgerät kaputtgegangen ist, muß ich zum Postamt gehen, um das Fax abzuschicken. Herr Klee will, daß ich bei der Gelegenheit einige Einschreibebriefe aufgebe. Wir haben einige Briefmarken, aber die reichen noch nicht. Ich muß noch ein paar Briefmarken kaufen.

5. Gelenkter Dialog

Übernehmen Sie die Rolle von A oder B (oder C) und führen Sie anhand der nachfolgenden Vorgaben einen Dialog mit einem Partner oder einer Partnerin.

A (in der Hand ein Schriftstück) bittet seine Sekretärin, X Kopien zu machen. — **B** wendet ein, daß der Kopierer des Büros kaputt ist. — **A** ist sehr erstaunt darüber. — **B** meint, sie habe schon jemanden vom Reparaturdienst verständigt. — **A** möchte wissen, wann dieser kommen will. — **B** nennt eine ungefähre Zeit und will die Kopien erst mal woanders machen. — **A** stimmt zu und fragt, sich plötzlich erinnernd, ob einige Einschreibebriefe schon abgeschickt worden seien. — **B** bestätigt. — **A** weist auf zwei weitere Briefe hin und fragt B, ob sie diese sofort abschikken könnte. — **B** meint ja und fragt, ob auch per Einschreiben. — **A** bestätigt.

A fragt auf der Straße nach einem Ort in der Nähe, wo man RMB tauschen kann. — **B** verweist sie nach «da vorne» auf eine Bank, wo sie tauschen könne. — **A** (nun in der Bank) will US-Dollar in RMB umtauschen. — **C** fragt sie nach der Summe. — **A** möchte X-100 Dollar tauschen und fragt nach dem aktuellen Wechselkurs. — **C** nennt ihr 1:Y. — **A** übergibt das Geld und bittet um etwas Kleingeld. — **C** sagt, daß sich das machen läßt, übergibt ihr die Summe von Z RMB und bittet, nachzuzählen. — **A** bedankt sich.

+ Freier Dialog: Reparatur/Geld tauschen

Vorschläge zum Inhalt:

1. Das Telefon von A ist kaputt, es erreicht nur noch B. Warum ist es kaputt? Wer soll/kann es reparieren? (ein Freund, Nachbar, Verwandter?) Was wird die Reparatur kosten? Soll man lieber ein neues Gerät kaufen?!

2. A und B wollen beide Geld tauschen. Doch die Bank hat schon geschlossen. A will Währung X in Währung Y tauschen, B genau umgekehrt. Also kann einer dem anderen helfen. Wieviel tauschen sie? Wie ist der Kurs?

Lektion 16: Telefonieren

Zielsätze

1. Nín néng bu néng zài shuō yī biàn?	Könnten Sie es noch einmal wiederholen?
2. Qǐng màn diǎn shuō.	Bitte sprechen Sie etwas langsamer.
3. Tā gāng chūqù.	Er ist soeben hinausgegangen.
4. Wǒ yǒu jí shì zhǎo tā.	Ich suche ihn in einer dringenden Angelegenheit.
5. Tā huílái yǐhòu, wǒ ràng tā gěi nǐ dǎ diànhuà.	Wenn er zurück ist, werde ich ihn bitten, Sie anzurufen.
6. Tā jīntiān huì bu huì huílái?	Wird sie heute (noch) zurückkommen?
7. Qǐng nǐ gēn tā liánxì yīxià.	Bitte setzen Sie sich mit ihr in Verbindung.

Dialog 1

Frau Klee (A) möchte Herrn Wan von der Marketingabteilung einer Firma sprechen, verwählt sich aber zunächst:

B: Wèi.	*Hallo.*
A: Wèi, nǐ shì shìchǎngbù ma?	*Hallo, Ist dort die Marketingabteilung?*
B: Bú shì, nǐ dǎ cuò le. Zhèr shì rénshìbù, shìchǎngbù de diànhuà shì 11243187.	*Nein, Sie haben sich verwählt. Hier ist die Personalabteilung. Die Marketingabteilung hat die Nummer 11243187.*
A: Duìbuqǐ, wǒ de Zhōngwén bú tài hǎo, néng bu néng zài shuō yī biàn?	*Verzeihung, mein Chinesisch ist nicht besonders gut. Könnten Sie es noch einmal wiederholen?*
B: Hǎo, wǒ màn diǎn shuō, shìchǎngbù de diànhuà shì 11243187.	*Gut, ich spreche etwas langsamer. Die Nummer der Marketingabteilung ist 11243187.*
C: Wèi, nǐ zhǎo shéi?	*Hallo, mit wem möchten Sie sprechen?*
A: Wàn Jīngléi xiānsheng zài ma?	*Ist Herr Wan Jinglei da?*
C: Qǐng děng yīxià ... Wàn xiānsheng gāng chūqù. Nǐ shì nǎlǐ?	*Bitte warten Sie einen Augenblick ... Herr Wan ist soeben hinausgegangen. Mit welcher Stelle spreche ich?*

A: Wǒ jiào Kèlè, zài Chángchéng Bīnguǎn 202 fángjiān. Wǒ yǒu jí shì zhǎo tā.	*Ich heiße Klee und bin im Gästehaus Große Mauer, Zimmer 202. Ich suche ihn in einer dringenden Angelegenheit.*
C: Hǎo, tā huílái yǐhòu, wǒ ràng tā gěi nǐ dǎ diànhuà.	*Gut, wenn er zurück ist, werde ich ihn bitten, Sie anzurufen.*
A: Xièxie, zàijiàn.	*Danke. Auf Wiederhören.*
C: Zàijiàn.	*Auf Wiederhören.*

Dialog 2

Herr Rohde (A) will Herrn Liu von der Reparaturwerkstatt der Ostasien-Gruppe in einer geschäftlichen Angelegenheit sprechen:

A: Wèi, Dōngyà Jítuán zǒngjī ma? Qǐng zhuǎn 17 hào fēnjī.	*Hallo, Vermittlung der Ostasien-Gruppe? Bitte verbinden Sie mich mit dem Anschluß Nummer 17.*
B: Qǐng děng yīxià ... Wèi, xiànzài zhàn xiàn, qǐng děngyīhuìr zài dǎ ba.	*Bitte warten Sie einen Moment ... Hallo, es ist gerade besetzt. Bitte rufen Sie später nochmal an.*
A: Wèi, xiūlǐbù ma?	*Hallo, Reparaturwerkstatt?*
C: Wǒ shì xiūlǐbù, nǐ zhǎo shéi?	*Hier ist die Reparaturwerkstatt. Mit wem möchten Sie sprechen?*
A: Wǒ zhǎo Liú Jiàn xiānsheng, wǒ shì guǎnggàobù de.	*Ich möchte mit Herrn Liu Jian sprechen. Ich bin von der Werbeabteilung.*
C: Liú xiānsheng zuìjìn chū chāi le.	*Herr Liu ist vor kurzem auf Geschäftsreise gegangen.*
A: Tā jīntiān huì bu huì huílái?	*Wird er heute noch zurückkommen?*
C: Wǒ yě bú tài qīngchǔ, yǒu shénme shì ma?	*Da bin ich (auch) nicht sicher. Worum handelt es sich denn?*
A: Qǐng tā jǐnkuài gēn guǎnggàobù liánxì yīxià.	*Bitten (Sie) ihn, sich möglichst schnell mit der Werbeabteilung in Verbindung zu setzen.*
C: Hǎo, tā huílái yǐhòu, wǒ gàosù tā.	*Gut, wenn er zurückkommt, werde ich es ihm ausrichten.*
A: Máfan nǐ le.	*Entschuldigen Sie die Störung.*
C: Méi guānxi.	*Keine Ursache.*

Neue Wörter und Ausdrücke

wèi/wéi	*Hallo?!*
shìchǎngbù	*Marketingabteilung*
dǎ cuò	*sich verwählen*
rénshìbù	*Personalabteilung*
biàn	*~mal* (etwas von Anfang bis Ende tun)

Nǐ zhǎo shéi?	*Mit wem möchten Sie sprechen?* (Wörtlich: *Wen suchen Sie?)*
gāng	*gerade eben, soeben*
Nǐ shì nǎlǐ?	*Mit welcher Stelle spreche ich?* (Wörtlich: *Von wo sind Sie?* — Gemeint ist, von welcher Einheit oder Stelle)
Chángchéng Bīnguǎn	Eigenname: *Gästehaus Große Mauer*
Chángchéng	*Die Große Mauer*
bīnguǎn	*Hotel*
jí	*dringend, eilig*
yǐhòu	*danach, nachdem* ☯ **yǐqián**: *bevor, vorher*
ràng	*(jemanden) veranlassen, bitten*
gěi ... dǎ diànhuà	*... anrufen*
gěi	Präposition: *an, für*
Dōngyà Jítuán	Eigenname: *Ostasien-Gruppe*
jítuán	*(Firmen-)Gruppe*
zǒngjī	*Telefonzentrale, Vermittlung, Hauptanschluß*
zhuǎn ...	*(jemanden) verbinden mit ...*
fēnjī	*(Neben-)Anschluß*
zhàn xiàn	*besetzt sein*
xiūlǐbù	*Reparaturwerkstatt*
guǎnggàobù	*Werbeabteilung*
guǎnggào	*Werbung, Reklame*
chū chāi	*eine Geschäftsreise/Dienstreise machen*
huì	*(bestimmt) werden*
qīngchǔ	*(sich) sicher sein*
jǐnkuài	*möglichst schnell*
gēn ... liánxì	*sich mit ... in Verbindung setzen, Kontakt aufnehmen*
liánxì	*Kontakt, Verbindung; verbinden*
máfan nǐ le	*Entschuldigen Sie die Störung.* (Wörtlich: *Ich habe Sie gestört.)*
máfan	*stören, belästigen*

Anmerkungen und grammatische Erklärungen

1. Das Ausrufewort «**wèi/wéi**» (hallo?!) wird benutzt, um zu prüfen, ob eine Telefonverbindung zustandegekommen ist, oder steht vor der Frage nach der Identität des Gesprächsteilnehmers. In China ist es noch häufig üblich, sich nicht mit dem Familiennamen, dem Namen der Firma oder der Abteilung zu melden, sondern der Anrufende muß meistens selbst danach fragen.

2. «**Gāng**» (gerade, soeben) bezeichnet ebenso wie «gāngcái» Handlungen, die unmittelbar zuvor stattgefunden haben.

3. Im Satz «**Wǒ yǒu jí shì zhǎo tā**» sind zwei Handlungen ohne «und» hintereinandergesetzt: «Ich habe eine dringende Angelegenheit (und) suche ihn». Im Deutschen kann man diesen Satz zusammenfassen in: «Ich suche ihn in einer dringenden Angelegenheit».

4. Die Zeitbestimmungen «**yǐhòu**» (nachdem, nach) und «**yǐqián**» (bevor) stehen im Gegensatz zum Deutschen hinter einer Handlung oder der Angabe eines Zeitpunktes bzw. einer Zeitspanne.
liǎng tiān **yǐhòu**: ***nach** zwei Tagen*
Chī zhōngfàn **yǐqián** wǒ zài bàngōngshì. — ***Vor** dem Mittagessen bin ich im Büro.*

Beide Wörter können als Zeitbestimmungen auch eigenständig verwendet werden.
Nǐ **yǐhòu** bié qù tā nàr. — *Gehe **danach** nicht mehr zu ihr.*

5. Das Verb «**ràng**» (veranlassen, bitten) drückt, ähnlich wie «jiào» (☞ Lektion 15), eine Veranlassung zu einer Handlung aus.
Wǒ **ràng** tā gěi nǐ dǎ diànhuà. — *Ich **bitte** ihn, Sie anzurufen.*

6. In Sätzen, in denen eine Person einer anderen etwas mitteilt oder gibt, wird der Empfänger mit Hilfe des Wortes «**gěi**» (eigentlich: «geben») vor das Verb des Satzes gestellt. «Gěi» wird dabei manchmal mit der Präposition «an» wiedergegeben werden, häufiger jedoch durch einen Dativ. Die Verneinung mit «**bù**» steht immer vor «**gěi**».

Tā **gěi wǒ** xiě xìn.	*Sie schreibt **mir** einen Brief./* *Sie schreibt einen Brief **an mich**.*
Tā **bù** **gěi wǒ** xiě xìn.	*Sie schreibt **mir keinen** Brief.*

7. Funktionen von «**huì**»
Das Modalverb «huì» kann neben der Bezeichung einer Fähigkeit (☞ Lektion 13, Punkt 2 der Anmerkungen) auch eine, in eine beliebige Zeit gerichtete, (Un-)Wahrscheinlichkeit oder (Un-)Möglichkeit ausdrücken. Im Deutschen wird diese Bedeutung mit «(bestimmt) werden» wiedergegeben.
Tā **huì** mǎi zhè zhǒng diànnǎo ma? — Wǒ xiǎng tā **huì**.
***Wird** sie diesen Computer denn kaufen? — Ich denke, das **wird** sie (bestimmt).*

Als Antwort können «**huì (de)**» und seine Verneinung «**bú huì**» ohne weitere Ergänzungen stehen, was aber leicht den Eindruck des Kurzangebundenseins vermittelt.

8. Der Ausdruck «**Wǒ yě bú tài qīngchǔ**» (ich bin auch nicht sicher) wird in China häufig als Euphemismus für das als sehr direkt empfundene «wǒ bù zhīdào» (ich weiß es nicht) verwendet.

9. Die Wendung «**máfan nín/nǐ le**» («Ich habe Sie gestört») wird meistens benutzt, nachdem man (zuvor erbetene) Hilfe erhalten hat.

Wortfelder

Betriebsabteilungen

xiāoshòubù shìchǎngbù guǎnggàobù
fúwùbù *(Serviceabteilung)* cáiwùbù *(Buchhaltung)* rénshìbù
jìshùbù *(technische Abteilung)* cǎigòubù *(Einkaufsabteilung)* xiūlǐbù
chējiān cāngkù *(Lager)* shítáng *(Kantine)*
xiǎomàibù *(Verkaufsraum, Kiosk)* ménfáng *(Pforte)*

Telefon

zǒngjī fēnjī diànhuà lùyīn *(Anrufbeantworter)*
yídòng diànhuà *(Mobiltelefon)* shǒujī *(Handy)*
tóubì diànhuà *(Münztelefon)* cíkǎ diànhuà *(Kartentelefon)*
BBjī *(Funkrufempfänger)* diànhuàkǎ *(Telefonkarte)*
Xiànzài zhàn xiàn.
Duàn xiàn le. *(Die Verbindung ist abgebrochen.)*
Xiànzài méiyǒu rén jiē. *(Es hebt gerade niemand ab.)*
tīng diànhuà *(ein Gespräch entgegennehmen)*

Übungen

1. Basisübung

a) Lassen Sie sich von einem Partner oder einer Partnerin die folgenden Angaben zusammen mit der Zeitbestimmung «vor» oder «nach» nennen und übertragen Sie ins Chinesische:

Beispiel: A: vor/nach dem Anrufen — B: dǎ diànhuà yǐqián/yǐhòu

20 Minuten — dem Essen — Arbeitsbeginn — zwei Monaten — der Rückkehr nach Hause — einer Stunde — der Fahrt nach China — der Ankunft in Deutschland — zwei Tagen — dem Chinesischlernen — dem Krankwerden — 1949 — dem Joggen — (ich) sie kennengelernt habe — es regnet — dem Fernsehen — dem Bezahlen — dem Telefonieren — dem Geld tauschen — der Einnahme der Medizin

b) Lassen Sie sich von einem Partner oder einer Partnerin fragen und benutzen Sie die folgenden Angaben als Antworten:

Beispiel: A: Tā gěi shéi dǎ diànhuà? — B: Tā gěi Liú nǚshì dǎ diànhuà.

Herr Wang — unser Generalmanager — die Freundin vom Kleinen Hu — seine Eltern — unser chinesischer Kollege — die Dolmetscherin seiner Firma — Werbeabteilung — seine Frau — das Reisebüro — die Bank von China — das Hotel des Ostens — das Kaufhaus Asiens — Shanghai — USA

2. Austauschübung

a) Nǐ néng bu néng zài shuō yī biàn?
Hǎo, wǒ zài shuō yī biàn.

xiě	zuò	kàn
dǎ (tippen)	niàn	jiěshì

b) Qǐng màn diǎn shuō.

màn	chī
màn	xiě

c) Liú lǎoshī zài nǎr?
Tā gāng chūqù.

zǒu	huí jiā	qù jìshùbù
chū chāi	qù chī fàn	qù dǎ diànhuà

d) Wǒ yǒu jí shì zhǎo tā.

gàosù tā	qù Ruìshì
qù Xiānggǎng	yào gēn tā liánxì

e) Nǐ yào nǎlǐ?
Qǐng zhuǎn 3 (hào) fēnjī.

rénshìbù	xiūlǐbù
jìshùbù	zǒngjīnglǐ bàngōngshì
guǎnggàobù	shìchǎngbù

f) Tā jīntiān huì bu huì huílái?
Tā jīntiān bú huì huílái.

wǎnshàng	chūqù
hòutiān	qù Xīnjiāpō
xià xīngqī	qù lǚyóu
xiànzài	qù yínháng
zuìjìn	zài nǚ péngyǒu nàr
yǐhòu	zài qù nàr gōngzuò

g) Qǐng tā gēn wǒ liánxì yīxià.
Hǎo, tā huílái yǐhòu wǒ gàosù tā.

Kèlè jiàoshòu	wǒ de mìshū
xiūlǐbù	zǒngjīnglǐ bàngōngshì
Dōngyà Shāngdiàn	
Chángchéng Bīnguǎn 501 fángjiān	

3. Frage-Antwort-Übung

Ergänzen Sie die entsprechende Frage zur gegebenen Antwort, bzw. die entsprechende Antwort zur gegebenen Frage.

A: ....? B: Bú shì, nǐ dǎ cuò le, rénshìbù de diànhuà shì 1133212.

C: Wèi, zǒngjī ma? .... (Anschluß Nummer 33)
D: Xiànzài zhàn xiàn, qǐng děng yīhuìr zài dǎ ba.

E: Wèi, nǐ zhǎo shéi? F:...
G: Wèi, nǐ shì nǎlǐ? H:...
I: ....? J: Hǎo, wǒ zài shuō yī biàn.
K: ....? L: Hǎo, wǒ màn diǎn shuō.
M: Nǐ néng bu néng gàosù tā tā de péngyǒu Wáng Lù gěi tā dǎ guo diànhuà? N: Hǎo, ...
O: ....? P: Tā xiànzài zài guǎnggàobù gōngzuò.
Q: ....? R: Yǒu, tā de diànhuà shì 11002.
Q: Máfan nǐ le. R:...
S: Nǐ zhīdào tā míngtiān huílái ma?
T: .... (Ich bin nicht sicher.) Yǒu shénme shì?
S: Míngtiān wǎnshàng wǒ xiǎng qǐng tā kàn diànyǐng.
T: .... (Wann? Könnten Sie es wiederholen?)
S: Míngtiān wǎnshàng wǒ qǐng tā kàn diànyǐng.
T: .... (Gut, ich richte es ihm aus, wenn er zurück ist.)

Frau Hu (H) versucht Herrn Schuhmann von der Reparaturabteilung telefonisch zu erreichen. Ein Kollege (K) von ihm ist am Apparat:

H: Wèi, shì xiūlǐbù ma?
K: Shì, nǐ zhǎo shéi?
H: Wǒ zhǎo Shūmàn xiānsheng.

Situation 1: Herr Schuhmann ist momentan nicht da.

K: a) Duìbuqǐ, ... (Er ist gerade weggegangen.)
b) Duìbuqǐ, ... (Er ist gerade nicht da.)
c) Duìbuqǐ, ... (Er ist noch nicht zurückgekommen.)

H: Nǐ zhīdào tā shénme shíhòu huílái?
K: .... (etwa in einer Stunde)
H: Hǎo, nàme wǒ yī ge xiǎoshí yǐhòu zài dǎ lái.

Situation 2: Herr Schuhmann ist an diesem Tag nicht zu erreichen.

K: a) Duìbuqǐ, ... (Er ist schon nach Hause gegangen.)
b) Duìbuqǐ, ... (Er macht heute Urlaub.)

H: Hǎo, wǒ míngtiān zài dǎ lái.

Situation 3: Herr Schuhmann ist für längere Zeit abwesend.

K: Duìbuqǐ, ... (Er ist auf Geschäftsreise.)
H: Tā shénme shíhòu huílái?
K: a) .... (Ich bin nicht sicher.)
b) .... (Freitag Nachmittag)

Situation 4: Herr Schuhmann ist in eine andere Abteilung versetzt worden.

K: .... (Er ist nicht bei uns, sondern er arbeitet jetzt in der technischen Abteilung.)
H: Shì ma? Nǐ néng bu néng gàosù wǒ tā de xīn diànhuà hàomǎ?
K: .... (Gut, sein Anschluß hat die Nummer ...)

Situation 5: Frau Hu hinterläßt eine Nachricht.

K: .... (Entschudigung, er hat gerade eine Sitzung.)
H: a) Nǐ néng bu néng gàosù tā, Dōngyà Gōngsī de Hú Yīpíng gěi tā dǎ guo diànhuà?
K: .... (Ja. Wie ist Ihre Nummer?)
H: Wǒ de diànhuà shì 1134119.
b) Nǐ néng bu néng gàosù tā, qǐng tā jǐnkuài gēn guǎnggàobù liánxì yīxià?
K: .... (Gut, ich sage es ihm, wenn er wiederkommt.)

4. Wie sagt man's auf Chinesisch?

a) Wer hat wen angerufen?
b) Wem schreibst du einen Brief? — Ich schreibe meinem Schweizer Freund.
c) Diesen Brief lese ich nochmal.
d) Mein Freund hat in letzter Zeit keine Geschäftsreise gemacht.
e) Ich habe heute gerade erst diese Werbung gesehen.
f) Wann beginnt der Film? — Der Film hat gerade eben begonnen.
g) Die Manager-Konferenz endete eben.
h) Wird es morgen regnen? — Morgen wird es bestimmt nicht regnen.

i) Kannst du diese Art Computer verwenden? — Ich kann diese Art Computer nicht besonders gut verwenden.
j) Mein Deutsch ist nicht besonders gut. Könntest du ein bißchen langsamer sprechen?
k) Bitte schreibe ein bißchen langsamer.
l) Er hat mir gesagt, daß er in zwei Tagen wiederkommt.
m) Wo warst du vor einer Stunde? — Ich habe im Hotel ferngesehen.

a) Sie ist abends vor sieben und nach zehn Uhr nicht zu Hause.
b) Nach Feierabend trinkt er häufig Alkohol.
c) Sag mal, kommt sie morgen zurück? — Ich weiß es auch nicht./Ich bin mir nicht sicher.
d) Ich habe dir drei Briefe geschrieben, aber du hast mich nicht angerufen.
e) Bitte rufen Sie ihn heute Abend nach sechs Uhr, (aber) vor zehn Uhr an.
f) Dieses Schriftzeichen ist falsch geschrieben — (bei) diesem Anruf hat (man sich) verwählt — die Adresse wurde falsch angegeben — die Telefonnummer wurde falsch notiert — das Fax wurde verkehrt verschickt — die Adresse ist falsch getippt
g) (Als) ich Herrn Wan anrief, sagte mir seine Kollegin, daß er vor kurzem auf Geschäftsreise gegangen sei. Sie war nicht sicher, wann er zurückkommt. Ich bat sie, Herrn Wan auszurichten, (er soll) nach seiner Rückkunft kurz mal mit der Werbeabteilung Kontakt aufnehmen.

5. Gelenkter Dialog

Übernehmen Sie die Rolle von A oder B (oder C) und führen Sie anhand der nachfolgenden Vorgaben einen Dialog mit einem Partner oder einer Partnerin.

A möchte, nachdem sich **B** gemeldet hat, wissen, ob er mit der Firma PAZIFIK verbunden ist. — **B** bestätigt dies. — **A** bittet **B**, mit dem Anschluß Nummer 5 verbunden zu werden. (Nachdem er verbunden ist), fragt er wieder nach, wer am Apparat ist — **C** nennt ihm die Abteilung X. — **A** erkundigt sich, ob Herr Li da ist. — **C** meint, dieser sei soeben hinausgegangen. — **A** fragt, wann er zurückkommen wird. — **C** weiß es auch nicht und erkundigt sich, was es gibt. — **A** bittet C, Herrn Li auszurichten, daß er am nächsten Tag zu einer Konferenz in ihre Firma kommen soll. — **C** verspricht, es ihm sofort nach seiner Rückkunft auszurichten.

Nachdem die Verbindung zustande gekommen ist, grüßen sich **B** und **A**. **A** nennt B «Lao Liu». — **B** vermutet (aufgrund der Stimme), daß sie mit der Kleinen Zhang

Von vielen Städten aus kann man jetzt mit Kartentelefonen auch direkt ins Ausland telefonieren.

verbunden ist. — **A** bestätigt dies und meint, daß beide sich lange nicht gesprochen (gesehen) haben. Sie fragt B, wie es ihr geht. — **B** sagt «einigermaßen» und fragt zurück. — **A** geht es wie sonst auch. — **B** spricht A darauf an, daß sie gehört hat, A gehe häufig auf Geschäftsreise. — **A** antwortet bejahend, daß sie seit kurzem recht viel zu tun habe, in den kommenden zwei Tagen aber Urlaub mache. — **B** zeigt sich davon überrascht und erkundigt sich nach den Plänen von A. — **A** hat noch nichts vor. — **B** macht einige Vorschläge ...

Versuchen Sie, das Gespräch selbständig fortzuführen.

+ Freier Dialog: Telefonieren

Vorschläge zum Inhalt:

1. Jemand verwählt sich, wählt neu, aber erreicht nur ein Familienmitglied des gewünschten Gesprächspartners. Er/sie bittet, eine wichtige Nachricht auszurichten oder zu notieren.

2. Jemand möchte eine(n) Bekannte(n) sprechen, aber am Apparat ist nur ein Kollege. Dieser sagt etwas, muß es aber nochmal wiederholen: Der/die Bekannte ist krank geworden und liegt nun im Krankenhaus. Frage nach der Adresse bzw. dem Weg dorthin.

Lektion 17: Verabschiedung

Zielsätze

1. Xiànzài cái shí diǎn. — *Jetzt ist es erst zehn Uhr.*
2. Xīwàng nǐ zài lái. — *Ich hoffe, Sie kommen wieder.*
3. Wǒ méiyǒu jīhuì qù Guǎngdōng. — *Ich habe keine Gelegenheit, nach Guangdong zu fahren*
4. Yàoshì nǐ qù Běijīng, wǒ yě qù. — *Wenn du nach Peking fährst, fahre ich auch hin.*
5. Sòng nǐ yīdiǎn xiǎo lǐwù, qǐng shōu xià. — *Ein kleines Geschenk für Sie, bitte nehmen Sie es an.*
6. (Qǐng) wèn Wáng chǎngzhǎng hǎo. — *Bitte grüßen Sie Direktor Wang.*
7. Zhù nǐ yīlù píng'ān! — *Ich wünsche Ihnen eine angenehme Reise.*

Dialog 1

Frau Sand (A) war zum Abendessen bei ihrem Bekannten Herrn Zhang (B) eingeladen:

B: Zài lái diǎn shénme? — *Kann ich (dir) noch irgendetwas anbieten?*

A: Gòu le, gòu le, xièxie, wǒ yǐjīng chī bǎo le. Shíjiān bù zǎo le, wǒ děi zǒu le. — *Reicht, reicht, danke! Ich bin schon satt. (Nach einem Blick auf die Uhr:) Es ist spät geworden. Ich muß gehen.*

B: Zài zuò yīhuìr ba, xiànzài cái shí diǎn. — *Bleib doch noch einen Augenblick sitzen. Jetzt ist es erst zehn Uhr.*

A: Bú zuò le, míngtiān zǎoshàng wǒ hái yào chū chāi. — *Ich bleibe nicht länger (sitzen). Morgen früh muß ich noch auf eine Geschäftsreise.*

B: Shì ma? Nà wǒ bù liú nǐ le. — *Tatsächlich? Wenn das so ist, werde ich dich nicht zurückhalten.*

A: Lǎo Zhāng, xièxie nǐ de rèqíng zhāodài. — *Alter Zhang, danke für deine herzliche Bewirtung.*

B: Nǐ tài kèqi le. Xīwàng nǐ yǒu jīhuì zài lái. — *Sei doch nicht so höflich. Ich hoffe, du kommst bei Gelegenheit (mal) wieder.*

A: Yàoshì nǐ lái Běijīng, huānyíng nǐ lái zuòkè. — *Wenn du nach Peking kommst, bist du (mir) als Gast willkommen.*

B: Wǒ yīdìng lái kàn nǐ. — *Ich komme dich ganz bestimmt besuchen.*

A/B: Zàijiàn. — *Auf Wiedersehen.*

Dialog 2

Auf der von einer chinesisch-deutschen Joint-Venture-Firma veranstalteten Abschiedsfeier sagen sich Herr Schuhmann (A) und Herr Wang (B) Lebewohl:

A: Wáng chǎngzhǎng, fēicháng gǎnxiè nǐmen de rèqíng yāoqǐng hé zhāodài.	*Direktor Wang, vielen Dank für Ihre freundliche Einladung und Ihre Bewirtung.*
B: Shíjiān guò de zhēn kuài, nǐ jiùyào huí guó le.	*Die Zeit ist wirklich schnell vergangen, und sehr bald werden Sie in Ihre Heimat zurückkehren.*
A: Shì a, wǒ lái Zhōngguó yǐjīng yī ge yuè le.	*Tatsächlich, es ist schon einen Monat her, daß ich nach China gekommen bin.*
B: Sòng nǐ yīdiǎn xiǎo lǐwù, qǐng shōu xià.	*Ein kleines Geschenk für Sie. Bitte nehmen Sie es an.*
A: Nǐ tài kèqi le. Fēicháng gǎnxiè.	*Sie sind sehr liebenswürdig. Besten Dank!*
B: Huānyíng nǐ yǒu jīhuì zài lái.	*Sie sind (uns) immer herzlich willkommen.*
A: Wǒ yě xīwàng wǒmen néng zài Sītújiātè jiànmiàn.	*Ich hoffe auch, daß wir uns in Stuttgart wiedersehen können.*
B: Qǐng wèn Shīmìtè xiānsheng hǎo.	*Bitte grüßen Sie Herrn Schmitt.*
A: Wǒ yīdìng zhuǎngào.	*Ich werde (Ihre Grüße) ganz bestimmt ausrichten.*
B: Zhù nǐ yīlù píng'ān.	*Ich wünsche Ihnen eine angenehme Reise.*
A: Wǒ zhù nǐmen gōngzuò shùnlì.	*(Und) ich wünsche Ihnen gutes Gelingen Ihrer Arbeit.*

Neue Wörter und Ausdrücke

bǎo	*satt* **è**: *hungrig*
cái	*erst, nur*
liú	*(jemanden) zurückhalten, aufhalten*
rèqíng	*herzlich, freundlich*
zhāodài	*Bewirtung, Aufnahme*
kèqi	*bescheiden, liebenswürdig*
xīwàng	*hoffen, wünschen*
jīhuì	*Gelegenheit, Chance*
yàoshì	*falls, wenn*
huānyíng	*willkommen sein, willkommen heißen*
zuòkè	*zu Gast sein*
yīdìng	*(ganz) bestimmt, sicher*
chǎngzhǎng	*Fabrikdirektor, -in; Betriebsleiter, -in*
gǎnxiè	*danken, danken für*
yāoqǐng	*Einladung*
guò	Zeit: *vergehen, umgehen*
zhēn	*wirklich*
jiùyào	*(sehr) bald, gleich*
sòng	*schenken*
lǐwù	*Geschenk*
shōu xià	*annehmen*
wèn... hǎo	*(jemanden) grüßen; jemanden Grüße ausrichten*
zhuǎngào	(Grüße, Nachrichten u. ä.) *ausrichten, weitergeben*
zhù	*wünschen (jemandem etwas)*
yīlù píng'ān	*Gute/angenehme Reise!*
gōngzuò shùnlì	*gutes Gelingen der Arbeit*

Anmerkungen und grammatische Erklärungen

1. Das Adverb «**cái**» (erst, nur) wird benutzt, um eine Zahlenangabe als gering einzustufen.

Tā **cái** shíliù suì. — *Sie ist **erst** 16 Jahre alt.*

2. Der Partikel «**le**» kann sich außer auf die Vergangenheit und auf einen neuen Zustand in der Gegenwart (☞ Lektion 11, Punkt 2 der Anmerkungen) auch auf die Zeitebene der Zukunft beziehen. In dieser Verwendungsweise steht er am Satzende und signalisiert, daß sich ein Zustand in naher Zukunft verändern wird (a) bzw. nicht verändern wird (b).

a) Wǒ děi zǒu **le**. — *Ich muß gehen (Ich **werde** gehen müssen).*
b) Nà wǒ bù liú nǐ **le**. — *Dann **werde** ich dich nicht zurückhalten.*

Unterstützt werden Sätze mit «le» in dieser Bedeutung oft mit dem Adverb «**jiù-yào**» (sehr bald, gleich).

Wŏ **jiùyào** huí guó **le**. — ***Sehr bald werde*** *ich in meine Heimat zurückkehren.*

3. «**Yàoshì**» (wenn, falls) steht an Satzanfängen und leitet Bedingungssätze ein. Unmittelbar hinter der genannten Bedingung kann zusätzlich die Ergänzung «**... de huà**» stehen. «. . de huà» verwandelt aber auch ohne ein einleitendes «yàoshì» den Satz in einen Bedingungssatz.

Yàoshì	xià yŭ,		wŏ zuò chē qù.	***Wenn*** *es regnen sollte, dann fahre ich mit dem Bus*
Yàoshì	xià yŭ	**de huà**,	wŏ zuò chē qù.	
	Xià yŭ	**de huà**,	wŏ zuò chē qù.	

4. Das Verb «**gănxiè**» (danken, danken für) wird, im Gegensatz zum eher formlosen «xièxie», häufig in formellen Sprechsituationen verwendet. «Gănxiè» steht nie allein, sondern immer in einem Satz.

Fēicháng gănxiè nín de bāngzhù. — ***Besten Dank*** *für Ihre Hilfe.*

5. «**Sòng nĭ yīdiăn xiăo lĭwù**»: Selbst wenn es sich um ein großes und teures Geschenk handelt, gebietet es in China die Höflichkeit, von einem «kleinen Geschenk» zu sprechen. Falls der Beschenkte die Gabe – ebenfalls aus Höflichkeit – zunächst ablehnen sollte, bittet man ihn, notfalls auch mehrmals, um Annahme (qĭng shōu xià). In China gilt es übrigens als unhöflich, das Geschenk sofort und noch vor den Augen des Gebers auszupacken. Allenfalls ist dies im engen Freundeskreis möglich.

Wortfelder

Freundliche Wünsche

zhù nín / nĭ
shēntĭ jiànkāng *(Gesundheit)*
gōngzuò shùnlì *(daß bei der Arbeit alles gut läuft)*
xuéxí jìnbù *(Erfolg beim Studium)* yīlù píng'ān
lǚtú yúkuài *(Glückliche Reise)*
yīqiè shùnlì *(daß alles gut läuft)*
shēngrì kuàilè *(Alles Gute zum Geburtstag)*
chūnjié kuàilè *(Schönes Frühlingsfest)*
Shèngdàn kuàilè *(Frohe Weihnachten)*
xīnnián hăo *(Gutes neues Jahr)*

Einladungen

Huānyíng. Qĭng jìn. Qĭng zuò. Qĭng bié kèqi.
Màn zŏu. *(Kommen Sie gut nach Hause)*

Übungen

1. Basisübung

Lassen Sie sich von einem Partner oder einer Partnerin die folgenden Personen nennen und ergänzen Sie auf Chinesisch die Bitte, Grüße an diese auszurichten:

Beispiel: A: den jungen Wang — B: Qǐng wèn Xiǎo Wáng hǎo.

den Alten Li — deinen Vater und deine Mutter — Helen — Übersetzerin Zhang — Professor Klee — Generalmanager Wu — Herrn und Frau Liu — Ihren Nachbarn Herrn Schuhmann — Lehrerin Li

2. Austauschübung

a) Xiànzài cái shí'èr diǎn.

jīntiān	shí hào
míngtiān	sān yuè shí hào
tā	liù ge yuè
tā nǚ'ér	sì suì

b) Xièxie nǐ de zhāodài.
Búyòng xiè./Bú kèqi.

bāngzhù	lǐwù
yāoqǐng	diànhuà

c) Wǒ xīwàng néng yǒu jīhuì zài lái.

qù Déguó	cānjiā zúqiú bǐsài
xué Hànyǔ	zài dà gōngsī gōngzuò
zài qù	cānguān gōngyè zhǎnlǎnhuì

d) Nǐ qù kàn diànyǐng ma?
Yàoshì nǐ qù, wǒ yě qù.

qù kāi huì	xué Rìyǔ
zhù lǚguǎn	mǎi zhè zhǒng lùxiàngjī

e) Huānyíng nǐ lái wǒ jiā zuòkè.

wǒ jiā	kànkan
wǒ zhèr	zuòkè
wǒmen zhèr	cānguān
wǒmen gōngsī	gōngzuò

f) Zhù nǐ yīlù píng'ān.
Xièxie.

lǚtú yúkuài	yīqiè shùnlì	
gōngzuò shùnlì	shēntǐ jiànkāng	
shēngrì kuàilè	Shèngdàn kuàilè	xīnnián hǎo

3. Frage-Antwort-Übung

Beantworten Sie als Sprecher B, D oder F die Fragen von Sprecher A, C und E.

A: Nǐ hái yào lái diǎn shénme? B: .... (satt)
C: Xiànzài jǐ diǎn? D: .... (erst 11 Uhr)

C: Shíjiān bù zǎo le, ...

D: Zài zuò yīhuìr ba. Xiànzài cái zhōngwǔ...diǎn.

C: Bú zuò le, wǒ xiàwǔ hái yào............

E: Lǐ xiānsheng, xièxie nǐ de rèqíng zhāodài.

F:... .

G: Nǐ lái Zhōngguó duō jiǔ le?

H: Yǐjīng.. ..

I: Zhè shì yīdiǎn xiǎo lǐwù, qǐng shōu xià.

J:... .

K: Nǐ yǒu jīhuì qù Rìběn ma?

L: .... (nein)

K: Qù Xīnjiāpō ne?

L:... .

M: (Qǐng) wèn Liú xiānsheng hé Liú tàitai hǎo.

N:... .

O: Zhù nǐ yīlù píng'ān.

P: Wǒ yě zhù nǐmen ....

A: Lái, zài chī diǎn shénme!

B: .... (Nein danke.)

C: Nǐ (chī) bǎo le ma?

D: .... (noch nicht)

C: Nàme zài chī diǎn shénme?

D: Hǎo, zài lái diǎn ....

E: Wǒmen míngnián néng zài nǎr jiànmiàn?

F: Ich hoffe..

G: Wǒmen shénme shíhòu néng zài jiànmiàn?

H: Ich denke... .

I: Tāmen yǒu jīhuì zài lái ma?

J: Ich glaube nicht, daß ....

4. Wie sagt man's auf Chinesisch?

a) Sie ist (dieses Jahr) erst zehn Jahre alt.
b) Sie wird dieses Jahr schon zehn Jahre alt.
c) Ich hoffe, du kommst wieder als unser Gast zu uns.
d) Er hat keine Gelegenheit nach China zu fahren, um Chinesisch zu lernen.
e) Wenn du nicht fährst, fahre ich auch nicht.
f) Es ist spät geworden, ich muß zur Arbeit.
g) In letzter Zeit hatte sie keine Gelegenheit, nach Hongkong zu fahren.
h) Ich hoffe, wir können uns nächstes Jahr in Berlin sehen.
i) (Bitte) grüße Frau Zhang.
j) Falls du Zeit hast, bist du bei mir zu Hause als Gast willkommen.
k) Ich wünsche dir alles Gute zum Geburtstag.
l) Ich schenke dir eine kleine Sache.
m) Du bist, (wenn) du wiederkommst, herzlich willkommen.
n) Ich rufe ihn morgen bestimmt an.
o) Ich denke, dieser neue Film ist sicher sehr interessant.

a) Er ist schon satt, ich bin noch hungrig.
b) Ich hoffe, du kannst mit ihr Verbindung aufnehmen.
c) Hast du Gelegenheit, am diesmaligen Wettbewerb teilzunehmen?
d) Ich bin schon seit zehn Tagen in China. — Was, erst zehn Tage?

e) Wenn es morgen nicht regnet, (dann) können wir dorthin gehen.
f) Wenn du den Film morgen nicht anschaust, sag es ihm bitte vorher.
g) Nach meiner Rückkehr nach Peking werde ich dich bestimmt anrufen.
h) Im Winter in Peking ist es bestimmt sehr kalt, nicht wahr?
i) Es ist schon einen Monat her, daß ich nach China gekommen bin, und ich habe vor, nächste Woche in mein Heimatland zurückzufahren. Ich hoffe, später Gelegenheit zu haben, wiederzukommen. Nächstes Jahr will Herr Wang unsere Firma besichtigen kommen und ich freue mich, daß wir uns in Stuttgart treffen können.

5. Gelenkter Dialog

Übernehmen Sie die Rolle von A oder B (oder C) und führen Sie anhand der nachfolgenden Vorgaben einen Dialog mit einem Partner oder einer Partnerin.

A fragt nach der Uhrzeit. — **B** sagt ihm, daß es 12. 30 Uhr ist. — **A** meint gehen zu müssen, weil es bereits ziemlich spät ist. — **B** fragt A, ob er etwas vorhat. — **A** bestätigt. Er muß nachmittags noch etwas tun. — **B** erklärt, A am Gehen nicht hindern zu wollen.

Versuchen Sie, das Gespräch selbständig fortzuführen, indem beide zum Beispiel eine neue Einladung aussprechen oder sich auffordern, (wieder) zu Besuch zu kommen usw.

A bedankt sich bei B für die gute Bewirtung. — **B** antwortet mit einer höflichen Phrase. — **A** übergibt B ein Geschenk und hofft, daß diese es nicht ablehnt. — **B** bedankt sich und äußert die Hoffnung, A wieder als Gast empfangen zu können. — **A** versichert B dies und bittet sie, an X Grüße auszurichten. — **B** will das tun, und **B** und **A** verabschieden sich mit verschiedenen Wünschen.

+ Freier Dialog: Unterhaltung über spätere Besuchsmöglichkeiten/Geschenke überreichen.

Vorschläge zum Inhalt:

1. Man kann vielleicht ins Land des anderen kommen und seine Familie/Firma besuchen. War man vorher schon dort und wenn ja, wie oft? Weshalb fährt man hin (Studium, Arbeit, Praktikum, Freunde besuchen)?

2. Beide Dialogpartner müssen jemandem ein Geschenk machen. Wem und zu welchem Anlaß? Was wird geschenkt (gegenseitiges Erkundigen)? Was gefällt einem selbst? Schenkt man etwas Deutsches oder etwas Chinesisches?

Lösungen

Bitte beachten Sie:

1. Ein Schrägstrich «/» steht zwischen alternativen richtigen Formulierungen.
2. Steht ein Wort oder eine Wortgruppe in Klammern, so bedeutet dies, daß es oder sie nicht unbedingt erforderlich ist.

Lektion 1

5

a) Wǒ yě shì jīnglǐ.
b) Tā bú shì Wàn xiānsheng, tā shì Zhāng xiānsheng.
c) Tā bú shì mìshū, tā shì jīnglǐ.
d) Tā bú shì jīnglǐ, yě bú shì mìshū.
e) Tāmen dōu hěn hǎo.
f) Nín xiànzài yě hěn máng ma?
g) Tā zuìjìn yě hěn máng ma?
h) Luódé nǚshì xiànzài hěn máng, Shūmàn xiānsheng bù máng.
i) Mìshū dōu bú tài máng.
j) Mìshū bù dōu hěn máng.
k) Luódé nǚshì shì fùzǒngjīnglǐ, Shūmàn xiānsheng shì mìshū.
l) Wǒ zuìjìn bú tài máng. Lǐ nǚshì hé Hú xiānsheng dōu hěn máng. Hú xiānsheng xiànzài shì zǒngjīnglǐ.

6

a) **A:** Nín hǎo! — **B:** Nín hǎo! — **A:** Qǐngwèn, nín shì jīnglǐ ma? — **B:** Bú shì, wǒ shì mìshū. — **A**: Wǒ shì X. — **B:** Ò, huānyíng, huānyíng. Qǐng jìn. — **A:** Xièxie.

b) **A:** Nǐ hǎo ma? — **B:** Wǒ hěn hǎo, nǐ ne? — **A:** Wǒ yě hěn hǎo. Hú jīnglǐ hé Liú xiānsheng hǎo ma? — **B:** Tāmen dōu hěn hǎo. — **A:** Tāmen xiànzài dōu hěn máng ma? — **B:** Shì, tāmen xiànzài dōu hěn máng.

Lektion 2

5

a) Zhè shì Luódé xiānsheng de míngpiàn.
b) Tā jiào shénme míngzì?
c) Tā xìng Lǐ háishì xìng Wáng?
d) Zhè bú shì wǒ de míngzì.
e) Tā de Yīngguó míngzì bú shì «Helen».
f) Tā shuō Yīngyǔ háishì Fǎyǔ?

g) Zhè shì Hànyǔ háishì Rìyǔ?
h) Wàn jīnglǐ de mìshū jiào shénme míngzì?
i) Nǐmen jīnglǐ de mìshū jiào shénme míngzì?
j) Tā bàba shì Déguó rén, tā māma shì Zhōngguó rén. Tāmen dōu shuō Hànyǔ hé Déyǔ.
k) Tāmen bù shuō Hànyǔ, yě bù shuō Rìyǔ, tāmen shuō Déyǔ.
l) Zhè shì wǒ péngyǒu Hú Yīpíng. Nà shì wǒ tóngshì Bào'ěr.
m) Wǒ xìng Rohde. Wǒ shì Ōusīláng Gōngsī de fānyì. Wǒ de Zhōngguó míngzì shì Luódé.
n) Tā jiào Zuǒténg Yànlíng, shì Zhōngguó rén. Tā shì Àodí Gōngsī de fānyì. Tā de Yīngyǔ hé Rìyǔ dōu fēicháng hǎo.

6

a) **C:** Wǒ jièshào yīxià, zhè shì Wáng xiānsheng, zhè shì Xīménzǐ Gōngsī de Kèlè xiānsheng. — **A**: Nín hǎo. Jiàn dào nín (wǒ) hěn gāoxìng. — **B:** Wǒ yě hěn gāoxìng.

b) **A:** Nǐ de Yīngyǔ fēicháng hǎo. Nǐ shì fānyì ba? — **B:** Bú shì, wǒ shì Zhāng jīnglǐ de mìshū. — **A:** Qǐngwèn, nǐ jiào shénme míngzì? — **B:** Wǒ jiào Wáng Lù, nǐ ne? — **A:** Wǒ jiào Wolfgang. Zhè shì wǒ de míngpiàn. — **B:** Xièxie. Qǐngwèn, nǐ shì nǎ guó rén? — **A:** Wǒ shì Déguó rén.

Lektion 3

5

a) Wú nǚshì zài ma?/Wú nǚshì zài bu zài? — Bú zài.
b) Tā zài nǎr? — Tā zài bàngōngshì.
c) Yàzhōu Gōngsī zài nǎr?
d) Tāmen de diànhuà hé chuánzhēn shì duōshǎo?
e) Shéi shì tā de nán péngyǒu?
f) Nǐmen dōu rènshi tā ma?
g) Shéi zài tā bàngōngshì?
h) Tā de fānyì rènshi shéi?
i) Shéi rènshi Wáng nǚshì de mìshū?
j) Tā jiā de dìzhǐ shì bu shì Guǎngdōng Lù liù hào?
k) Zhè shì tāmen yǐqián de diànhuà hàomǎ. Xiànzài de diànhuà shì liù qī líng líng yāo yāo sān yāo.
l) Wǒmen gōngsī yǒu fānyì, tāmen gōngsī méiyǒu fānyì.
m) Tā yǐqián zài Měiguó gōngsī gōngzuò.
n) Tā yǐqián zài nǎr gōngzuò?
o) Nǐ rènshi tā ma? Tā yǐqián shì Běijīng Dàxué de jiàoshòu.
p) Wǒ rènshi Zhāng Lìjiā. Tā yǐqián shì Hànbǎo Dàxué de xuéshēng, xiànzài zài Tiānjīn gōngzuò. Wǒ hái méiyǒu tā jiā de diànhuà.

6

a) **A:** Nǐ rènshi Hú Yīpíng ma? — **B:** Rènshi, tā shì wǒ de péngyǒu. Tā xiànzài zài nǎr? — **A:** Tā zài Běijīng gōngzuò, shì fānyì. — **B:** Nǐ yǒu tā de dìzhǐ ma? Wǒ zhǐ yǒu tā yǐqián de dìzhǐ. — **A:** Yǒu, tā xiànzài de dìzhǐ shì Guǎngdōng Lù bā hào, yóubiān shì wǔ sān líng líng èr yāo. — **B:** Nǐ yǒu mei yǒu tā de diànhuà? — **A:** Méiyǒu.

b) **A:** Lǐ xiānsheng hái zài Shànghǎi ba? — **B:** Bú zài, tā xiànzài zài Tiānjīn gōngzuò. — **A:** Nǐ yǒu tā de dìzhǐ ma? — **B:** Wǒ yě méiyǒu. — **A:** X hé Y yǒu ma? — **B:** Tāmen dōu méiyǒu tā de dìzhǐ. — **A:** Nǐ rènshi bu rènshi tā de nǚ péngyǒu? — **B:** Tā de nǚ péngyǒu jiào shénme míngzi? — **A:** Tā jiào Z. — **B:** Wǒ rènshi, tā hái zài Shànghǎi ma? — **A:** Zài. — **B:** tā de diànhuà shì duōshǎo? — **A:** Shì bā qī èr sān yāo yāo yāo líng.

Lektion 4

4

a) xiàwǔ sì diǎn bàn — shàngwǔ shí diǎn yī kè — wǎnshàng jiǔ diǎn sān kè — zǎoshàng wǔ diǎn sān kè — xiàwǔ wǔ diǎn wǔshíwǔ fēn — zhōngwǔ shí'èr diǎn líng yī fēn

b) jīntiān zhōngwǔ shí'èr diǎn — míngtiān shàngwǔ shí diǎn bàn — zuótiān wǎnshàng bā diǎn yī kè — míngtiān wǎnshàng shíyī diǎn shí fēn — zuótiān zǎoshàng liù diǎn líng wǔ fēn — jīntiān xiàwǔ sān diǎn wǔshí fēn

c) xīngqīyī wǎnshàng jiǔ diǎn — xīngqīsān zhōngwǔ shíyī diǎn bàn — xīngqītiān zhōngwǔ shí'èr diǎn yī kè — xīngqīliù wǎnshàng shí diǎn shí fēn — xīngqī'èr xiàwǔ sān diǎn èrshí fēn — xīngqīsì zǎoshàng qī diǎn wǔshíwǔ fēn

d) Nǐ de shēngrì shì liù hào ba? — Wǔ yuè sānshíyī hào shì tā bàba de shēngrì. — Tā māma de shēngrì bú shì liù yuè shí hào, shì liù yuè èrshí hào.

e) Wáng jīnglǐ liù hào wǎnshàng bú zài bàngōngshì. — Zhāng nǚshì xīngqīyī shàngwǔ bú zài wǒ zhèr. — Wǔ yuè sānshíyī hào tā zài tā bàba nàr. — Liù yuè èrshí'èr hào wǎnshàng tā bú zài tā māma nàr. — Wǒmen zhèr méiyǒu Zhōngguó Rìbào. — Wáng jīnglǐ nàr yǒu Rénmín Rìbào.

f) Wǒ zài bàngōngshì kàn Zhōngguó bào(zhǐ), zài jiā kàn Déguó bào(zhǐ).

g) Shànghǎi (de) diànhuàbù zài shéi nàr? — Zài Wáng jīnglǐ nàr.

h) Nà shì qùnián de yuèlì. Nǐ kàn, zhè shì jīntiān de Jīngjì Rìbào. Jīntiān shì yī jiǔ jiǔ liù nián yī yuè shí rì xīngqīsān.

5

a) **A:** Jīntiān jǐ hào? — **B:** (Jīntiān) shíliù hào. — **A:** Bú duì, jīntiān shì shíqī hào. — **B:** Shì ma? Jīntiān shì wǒ gēge de shēngrì. — **A:** Wǒ māma de shēngrì yě shì jīntiān. /Jīntiān yě shì wǒ māma de shēngrì. — **B:** Jīntiān shì shíliù hào. Nǐ kàn, zhè shì jīntiān de Běijīng Wǎnbào. — **A:** Duì, duì, jīntiān shì shíliù hào, míngtiān shì wǒ māma de shēngrì.

b) **A:** Nǐ zhīdào xiànzài Zhōngguó jǐ diǎn? — **B:** Wǒmen zhèr shì xiàwǔ yī diǎn, Zhōngguó xiànzài shì wǎnshàng bā diǎn. — **A:** Wǒmen zhèr xiànzài shì xiàjì shíjiān. — **B:** Ò, duì, duì, Zhōngguó yīnggāi shì wǎnshàng qī diǎn. — **A:** Zhōngguó yǒu xiàjì shíjiān ma? — **B:** Zhōngguó méiyǒu xiàjì shíjiān. — **A:** Nǐ zuótiān wǎnshàng zài bu zài jiā ? — **B:** Wǒ zài jiā. — **A:** Nǐ qī diǎn zài jiā ma? — **B:** Bú zài, wǒ qī diǎn zài bàngōngshì kàn bào.

Lektion 5

5

a) Nín zhǎo shéi?
b) Nǐ zhǎo dìtú ba? Dìtú zài zhèr.
c) Zhè shì shénme? — Zhè shì diànhuàbù.
d) Nà shì shénme shū? — Nà shì Déyǔ shū.
e) Zhāng xiānsheng shénme shíhòu qù Xīnjiāpō?
f) Zhōngguó Rìbào zài tā de zhuō shàng.
g) Sān chējiān zài èr chējiān hòubiān.
h) Qiánbiān shì bàngōnglóu.
i) Qiánbiān de gāo lóu shì shénme lóu?
j) Qiánbiān de gāo lóu shì bàngōnglóu.
k) Shéi yǒu Déguó Dìtú?
l) Shéi yǒu Zhōngwén de Déguó Dìtú?
m) Liú gōngchéngshī de zhuō shàng yǒu diànhuàbù.
n) Shāfā shàng méiyǒu diànhuàbù.
o) Zhèr yǒu mei yǒu Déwén bàozhǐ?
p) Wǒmen zhèr yǒu mei yǒu Jīngjì Rìbào?
q) Bàngōnglóu zài yī chējiān pángbiān.
r) Zuótiān shéi zhǎo wǒ?
s) Zhè shì shéi de bàngōngshì?
t) Nǐ Rìběn péngyǒu xià xīngqī qù nǎr?
u) Nǐ kàn shénme bàozhǐ? — Nǐ kàn shénme zázhì? — Zhè shì liù hào de bàozhǐ. — Nà shì bā yuè èrshí hào de bàozhǐ. — Zhè shì xīngqīyī de Rénmín Rìbào. — Nà shì zuótiān de Běijīng Wǎnbào.
v) Wǒ zhǎo Shànghǎi Dìtú hé Pǔdōng Tèqū Dìtú. Shànghǎi Dìtú zài yīxiē shū xià(biān), Pǔdōng Tèqū Dìtú zài Wáng gōngchéngshī de zhuō shàng.

6

a) **A:** Zhè shì jīntiān de Zhōngguó Rìbào ma? — **B:** Bú shì, zhè shì zuótiān de Zhōngguó Rìbào. — **A:** Jīntiān de bàozhǐ zài nǎr? —

B: Zài shāfā shàng ba? — **A:** Zhè bú shì Zhōngguó Rìbào, zhè shì Jīngjì Rìbào. — **B:** Duì, duì, Zhōngguó Rìbào zài Kèlè xiānsheng nàr. — **A:** Kèlè xiānsheng zài ma? — **B:** Bú zài, tā zài sān chējiān.

b) **A:** Qǐngwèn, wǔ hào lóu zài nǎr? — **B:** Zài qiánbiān. — **A:** Yuǎn bu yuǎn? — **B:** Bú tài yuǎn. Nǐ kàn, zhè shì èr hào lóu. Èr hào lóu qiánbiān shì sān hào lóu, sān hào lóu qiánbiān shì sì hào lóu, wǔ hào lóu zài sì hào lóu qiánbiān. — **A:** Nǐ rènshi Lǐ jīnglǐ ba? — **B:** Rènshi, nǐ zhǎo Lǐ jīnglǐ ma? — **A:** Duì, tā zài bàngōngshì ba? — **B:** Tā bú zài bàngōngshì, tā zài èr chējiān. — **A:** Èr chējiān zài nǎr? — **B:** Zài sì hào lóu. — **A:** Xièxie. — **B:** Bú kèqi.

Lektion 6

5

a) Wàn xiānsheng kěnéng míngtiān lái.
b) Tā shuō tā bù xǐhuān lǚyóu.
c) Wǒ gàosù tā (zài) Shànghǎi rén tài duō, chē tài jǐ.
d) Tā xiǎng xiān qù Běijīng, ránhòu qù Tiānjīn.
e) Tāmen bù xiǎng qù Tiānjīn, xiǎng qù Qīngdǎo.
f) Wǒmen yīqǐ qù cānguān zhǎnlǎnhuì.
g) Tā wèishénme bù zhǎo Lǐ Gāng?
h) Yīnwèi Lǐ Gāng zuìjìn bú zài gōngsī.
i) Yīnwèi tā xiànzài bú zài bàngōngshì, suǒyǐ wǒ zhǎo Zhāng Gāng.

a) Yī nián yǒu sānbǎi liùshíwǔ tiān, yī tiān yǒu èrshísì xiǎoshí.
b) Kèlè nǚshì hěn xiǎng xuéxí Hànyǔ.
c) Wǒmen dōu hěn xǐhuān lǚyóu.
d) Tā yào xiān xuéxí Hànyǔ, ránhòu xuéxí Rìyǔ.
e) Tā bú tài xiǎng qù nàxiē dìfang.
f) Shūmàn jīnglǐ jīntiān xiàwǔ dào, Sāngdé xiānsheng kěnéng hòutiān lái, yīnwèi tā xiān yào qù cānguān yī ge zhǎnlǎnhuì. Tāmen dǎsuàn zài zhèr dāi yī ge xīngqī zuǒyòu.

6

A: Xiànzài jǐ diǎn? — **B:** Xiànzài liù diǎn. — **A:** Liú Jiàn shénme shíhòu dào? — **B:** Dàgài qī diǎn zuǒyòu. — **A:** Tā nǚ péngyǒu yě yīqǐ lái ma? — **B:** Tā nǚ péngyǒu jīntiān bù lái, kěnéng míngtiān lái. — **A:** Tā nǚ péngyǒu wèishénme jīntiān bù lái? — **B:** Tīngshuō tā xiànzài zài Guǎngzhōu. — **A:** Ò, duì, duì, tā zuìjìn zài nàr cānguān yīxiē gōngsī.

A: Nǐmen xiàtiān dǎsuàn qù nǎr? — **B:** Wǒmen xiǎng qù Qīngdǎo hé Běidàihé. — **A:** Nǐmen xǐhuān zhè liǎng gè dìfang ma? — **B:** Wǒ péngyǒu shuō xiàtiān wǒmen yīnggāi qù nàr. — **A:** Tīngshuō nà liǎng gè dìfang shì lǚyóu chéngshì. — **B:** Duì, nàr xiàtiān rén hěn duō. — **A:** Nǐmen qù bu qù Dàlián? — **B:** (Wǒmen) bú qù (Dàlián). — **A:** Wèishénme bú qù Dàlián? — **B:** Yīnwèi wǒmen zhǐ yǒu liǎng gè xīngqī.

Lektion 7

4.

a) Nǐ zěnme qù tā jiā? Zuò (qì)chē háishì zuò dìtiě? — Wǒ xiǎng zǒu qù.
b) Nǐ shénme shíhòu huílái? — Wǒ jīntiān bù huílái, kěnéng míngtiān huílái.
c) Qù huǒchēzhàn zuò shénme chē? — Nǐ kěyǐ zuò 3 lù qìchē.
d) Qù huǒchēzhàn zuò jǐ lù chē? — Nǐ kěyǐ zuò dìtiě.
e) Dào Wǔyī Lù xià chē, huàn 94 lù qìchē.
f) Huǒchēzhàn zài nǎr? — Zài nà ge gāo lóu fùjìn.
g) Nǐ jīntiān huí jiā ma? — Bù huí jiā.
h) Tīngshuō nǐ jīnnián bā yuè yào huí guó? — Duì, (wǒ bā yuè huí guó).

a) Nǐ shénme shíhòu huí guó? — Wǒ hái bù zhīdào, dàgài míngnián chūntiān.
b) Dìtiězhàn jiù zài qiánbiān lùkǒu.
c) (Nǐ) wàng yòu guǎi jiù shì 1 lù chēzhàn.
d) Nǐ zǒu yībǎi mǐ, wàng yòu guǎi jiù shì dìtiězhàn.
e) Wǒ bú zuò fēijī, yě bú zuò huǒchē, wǒ zuò chuán qù.
f) Bào'ěr xiānsheng zuò dìtiě qù Tàipíngyáng Gōngsī. Cóng tā jiā dào zhè gè gōngsī yào bàn gè xiǎoshí zuǒyòu. Tā xiàwǔ sān diǎn kěyǐ huí bàngōngshì.

5.

(1) **A:** Nǐ shénme shíhòu qù kàn X? — **B:** Wǒ dǎsuàn xīngqītiān qù. Nǐ qù ma? — **A:** Wǒ yě qù. — **B:** Nàme wǒmen zěnme qù? — **A:** Wǒ xiān lái nǐ zhèr, ránhòu wǒmen yīqǐ qù. — **B:** Wǒmen zuò Y háishì zuò Z? — **A:** Xīngqītiān de Y hé Z dōu hěn jǐ. — **B:** Nàme wǒmen zuò taxi qù. — **A:** Duì, zuò taxi bǐjiào fāngbiàn.

(2) **A:** Qǐngwèn, fùjìn yǒu mei yǒu X lù diànchē? — **B:** Zhèr méiyǒu X lù diànchē. Nǐ yào qù nǎr? — **A:** Wǒ qù Y. — **B:** Nǐ kěyǐ zuò Z lù qìchē. — **A:** Z lù chēzhàn lí zhèr yuǎn ma? — **B:** Bú tài yuǎn. Nǐ kàn, qiánbiān shì lùkǒu. — **A:** Duì. — **B:** Nǐ zài nàr wàng zuǒ guǎi, jiù shì Z lù chēzhàn.

A: Tīngshuō nǐ xīngqītiān yào qù X. — **B:** Duì, qù cānguān màoyì zhǎnlǎnhuì. — **A:** Shénme shíhòu huílái? — **B:** (Xià) xīngqī-Y huílái. Nǐ shénme shíhòu huí Z-guó? — **A:** Wǒ hái bù zhīdào, kěnéng xià gè yuè. — **B:** Kèlè xiānsheng yě huí Z-guó ma?

Lektion 8

4

a) Zhè zhǒng Suǒní lùxiàngdài duōshǎo qián yī ge?
b) Hěn bàoqiàn, wǒ méiyǒu zhè zhǒng cídài.
c) Nǐ kěyǐ qù biéde shāngdiàn kànkan.
d) Zhèxiē shū yīgòng duōshǎo qián?
e) Qǐng kāi yī zhāng fāpiào.
f) (Nǐ) yǒu mei yǒu piányì de jiákè?
g) Qǐng gěi wǒ kànkan.
h) Qǐng gěi wǒ kànkan zhè ge zhàoxiàngjī.
i) Zhè ge tài xiǎo le. (Nǐ) yǒu mei yǒu dà de?
j) Yībǎi wǔshí kuài yī ge zěnmeyàng?
k) Sānshí kuài mài bu mài?
l) Wǒmen zǒu ba.
m) Wǒmen huí jiā ba.
n) Nǐ de Běijīng Dìtú zài ma? — Hěn bàoqiàn, (wǒ de Běijīng Dìtú) zài Wáng lǎoshī nàr.
o) Wǒmen zěnme qù Dōngfāng Shāngdiàn? — Zuò dìtiě qù zěnmeyàng? — Hǎo.

a) Nín yào mǎi shénme? — Wǒ xiān kànkan.
b) Nǐ kěyǐ qù biéde shāngchǎng/gòuwù zhōngxīn kànkan.
c) Nǐ kěyǐ qù Wáng jiàoshòu nàr wènwen.
d) Zhè ge diànchí shì nǐ de háishì wǒ de?
e) Zhè zhǒng yánsè hěn hǎokàn.
f) Zhè zhǒng yánsè bú tài hǎokàn, wǒ bú tài xǐhuān.
g) Nǐ shuō duōshǎo qián?
h) Wǒ qù yī ge shāngdiàn mǎi jiāojuǎn hé xiǎo diànchí. Yī gè xiǎojiě shuō, tāmen zuìjìn méiyǒu xiǎo diànchí. Tā gàosù wǒ, biéde shāngdiàn kěnéng yǒu, wǒ kěyǐ qù nàr kànkan.

5.

A: Nín hǎo. Nín yào mǎi shénme? — **B:** Wǒ kànkan. — **A:** Zhè zhǒng lí búcuò. — **B:** Duōshǎo qián yī jīn? — **A:** X yī jīn. — **B:** Yǒu mei yǒu piányì de? — **A:** Yǒu, zhè zhǒng bǐjiào piányì, Y yī jīn. — **B:** Qǐng gěi wǒ kànkan. Hǎo, wǒ mǎi sān jīn zhè zhǒng lí. — **A:** Hái yào biéde ma? — **B:** Zài mǎi yī jīn júzi. Yīgòng duōshǎo qián? — **A:** Yīgòng Z (qián). — **B:** Zhè shì X. — **A:** Zhǎo nín Y, qǐng diǎn yīxià. — **B:** Zàijiàn. — **A:** Zàijiàn.

A: Zhè zhǒng chènshān duōshǎo qián yī jiàn? — **B:** Yībǎi líng jiǔ kuài. — **A:** Yībǎi líng jiǔ kuài? Tài guì le! — **B:** Nàme nǐ shuō duōshǎo qián. — **A:** Wǔshí kuài mài bu mài? — **B:** Wǔshí kuài? (Wǒ) bú mài. Qīshí kuài yī jiàn zěnmeyàng? — **A:** (Nà) hǎo. — **B:** Nǐ yào shénme yánsè de? Shēnhóng de háishì bái de? — **A:** Wǒ bú tài xǐhuān zhè liǎng zhǒng yánsè. Nǐ yǒu mei yǒu qiǎnlán de hé qiǎnlǜ de? — **B:** (Wǒ) xiànzài méiyǒu, dànshì...

Lektion 9

5.

a) Wǒmen zěnme qù? — Zuò huǒchē qù.
b) Tāmen zěnme lái? — Zuò chuán lái.
c) Wǒ zěnme jiē nǐmen? — Nǐ kěyǐ kāi chē jiē wǒmen.
d) Nǐ zěnme jiē wǒmen? — Wǒ xiǎng zuò dìtiě jiē nǐmen.
e) Wǒmen zěnme qù diànyǐngyuàn? — Wǒmen zǒu qù.
f) Wǒ zài nǎr děng tā? — Nǐ kěyǐ zài shāngchǎng ménkǒu děng tā.
g) Tā xǐhuān chī Zhōngguó fàn. — Wǒ xǐhuān chī Fǎguó fàn.
h) Wǒmen kāi chē qù jiē tāmen. — Tāmen kāi chē lái jiē wǒ.
i) Wǒ xiàwǔ yǒu (ge) yuēhuì. — Tā wǎnshàng yǒu ānpái.
j) Wǒmen qù tāmen gōngsī cānguān. — Tāmen lái wǒmen chējiān cānguān.

a) Míngtiān wǎnshàng wǒmen qù chī fàn, hǎo ma? Wǒ qǐng nǐ. — Nà tài hǎo le!
b) Wǒmen de diànyǐng (dào) jiǔ diǎn jiéshù. Tāmen de diànyǐng (cóng) jiǔ diǎn bàn kāishǐ.
c) Hěn bàoqiàn, wǒ míngtiān wǎnshàng yǒu ge huìyì. Hòutiān wǎnshàng zěnmeyàng?
d) Bào'ěr xiānsheng yào qǐng wǒ chī fàn. Wǒ xīngqīliù méiyǒu kòng, yīnwèi wǒ yǒu yī ge yuēhuì. Wǒ xīngqītiān méi shì. Tā shuō tā shí'èr diǎn kāi chē lái jiē wǒ.

6.

A: Nǐ zhè gè zhōumò dǎsuàn zuò shénme? — **B:** Xīngqīliù shì wǒ péngyǒu de shēngrì, wǒ xiǎng qù tā nàr. — **A:** Xīngqītiān ne? — **B:** Méi shì, wǒ xiàwǔ xiǎng zài jiā xiě xìn. — **A:** Nà wǎnshàng wǒmen qù X Fàndiàn chī fàn, hǎo ma? Wǒ qǐng nǐ. — **B:** Nà tài hǎo le! Wǒmen zěnme jiànmiàn? — **A:** Wǒ xiān lái nǐ zhèr, ránhòu wǒmen yīqǐ qù. — **B:** Nǐ jǐ diǎn lái? — **A:** Y diǎn zuǒyòu. — **B:** Hǎo, wǒ zài jiā děng nǐ.

A: Nǐ wǎnshàng yǒu shénme ānpái? — **B:** Wǒmen xiǎng qù kàn diànyǐng. — **A:** Gēn shéi yīqǐ qù? — **B:** Liǎng gè péngyǒu, nǐ rènshi tāmen, X hé Y. — **A:** Duì, wǒ rènshi tāmen. — **B:** Nǐ yě yīqǐ qù ma? — **A:** (Shì) shénme diànyǐng? — **B:** Shì Měiguó xīn diànyǐng, jiào «Gōngsī». — **A:** Hǎo, wǒ yě qù. Zài shénme diànyǐngyuàn? Jǐ diǎn kāishǐ?

Lektion 10

4.

a) Wŏ zhèr bú tài ānjìng.
b) Wŏ zhèr bĭ nĭ nàr ānjìng.
c) Tā bù xiăng jièshào tā de nǚ péngyŏu.
d) Wŏ de tóngshì Shūmàn xiānsheng bù chī ròu, wŏ bù chī yú.
e) Tā xĭhuān hē là de tāng, wŏ xĭhuān hē xián de.
f) Liú xiānsheng cháng guo Sìchuān cài, wŏ hái méi cháng guo.
g) Zhè ge diànyĭng wŏ hái méiyŏu kàn guo.
h) Tā de nǚ péngyŏu tīng bù dŏng wŏ de Yīngyŭ.
i) Tā bú ài hē zhèr de jiŭ.
j) Dànshì wŏ juéde zhèr de píjiŭ wèidào búcuò.
k) Zài lái liăng bēi pútaojiŭ, zĕnmeyàng?
l) Wèi wŏmen de yŏuyì gān bēi!

a) Zhāng xiānsheng zài zhèr shì yī ge yŏumíng de rén/míngrén.
b) Máotái shì Zhōngguó yŏumíng de jiŭ/míngjiŭ.
c) Zhè yĕ shì Zhōngguó yŏumíng de cài/míngcài.
d) Wŏ juéde yīnggāi zài lái jĭ ge cài.
e) Zhèr de tāng tài là. Wŏ xĭhuān hē dàn de.
f) Yīngguó dà háishì Déguó dà?
g) Tā tīng de dŏng Lăo Wáng de Déyŭ ma?
h) Sìchuān Fàndiàn de xiăojiĕ wèn wŏmen xiăng chī shénme. Wŏmen kàn bù dŏng càidān, tā jièshào yīxiē Sìchuān cài. Wŏmen xiăng chángchang sù de, yīnwèi wŏmen bù chī ròu.

5.

A: Nĭmen zuò zhèr ba. — **B:** Hăo, zhèr rén bù duō, bĭjiào ānjìng. — **C:** Zhè ge Guăngdōng Fàndiàn yŏu năxiē tèsè? — **B:** Wŏ xiān kànkan càidān...Nĭ xiăng chī shénme? — **C:** Wŏ chī yú, bù chī ròu. — **B:** Wŏ bù chī hūn de. — **C:** (Nàme) wŏmen yào liăng ge sù de, yī ge yú. — **A:** Hăo, nĭmen yào bu yào tāng? — **B:** Duì, zài lái yī wăn tāng.

A: Yú zĕnmeyàng? — **B:** Wèidào búcuò, nĭ yào bu yào chángchang? — **A:** Xièxie, wŏ bù chī hūn de. — **B:** Duì, duì, sù de wèidào zĕnmeyàng? — **A:** Yĕ búcuò, wŏ hĕn xĭhuān. — **B:** Yào bu yào zài lái xiē jiŭ? — **A:** Hăo a, xiānsheng, zài lái liăng bēi pútaojiŭ. ... (Lái, wèi wŏmen de yŏuyì hé hézuò gān bēi! — **B:** Gān bēi!)

Lektion 11

4.

a) Shūmàn hǎoxiàng zǒu le.
b) Tā méiyǒu gǎnmào, wǒ gǎnmào le.
c) Tā děi měi tiān chī yào.
d) Zuìjìn tiānqì bú tài hǎo, wǒmen dōu yǒudiǎn bù shūfu.
e) Tā bù xiǎng qù kàn yīshēng/dàifu. Tā shuō tā zìjǐ dài le gǎnmào de yào.
f) Kànlái tāmen dōu děi qù kàn yīshēng/dàifu.
g) Wǒ bú tài xíguàn zhèr de fàn.
h) Měi ge chéngshì yǒu zìjǐ de tèsè.
i) Tā měi tiān hěn zǎo dào gōngsī.

a) Zhè shì wǒ zìjǐ de zhàoxiàngjī.
b) Zhè ge zhàoxiàngjī shì wǒ zìjǐ de.
c) Zhè shì tā de shì, wǒmen zuìhǎo bié wèn.
d) Zuìhǎo míngtiān bú xià yǔ, wǒmen (jiù) kěyǐ zǒu qù.
e) Wǒ jīntiān tèbié lèi, xiǎng zǎo diǎn huí jiā.
f) Lǐbiān hé wàibiān yīyàng rè.
g) Bù, lǐbiān hé wàibiān bù yīyàng, lǐbiān rè, wàibiān lěng.
h) Tā měi tiān wǎnshàng hē jiǔ.
i) Zuótiān hé jīntiān wǒ yǒu hěn duō shìqing, bǐjiào lèi. Zhāng xiǎojiě juéde wǒ zuìhǎo zǎo diǎn huí jiā xiūxi. Wǒ bù xiǎng zài jiā xiūxi, wǒ xiǎng qù tīng yīnyuèhuì. Tīng yīnyuè yě shì hěn hǎo de xiūxi.

5.

A: Nǐ yǒu gǎnmào de yào ma? — **B:** Yǒu, zěnme le? Nǐ gǎnmào le? — **A:** Duì, wǒ yǒudiǎn bù shūfu. — **B:** Yào bu yào qù kànkan yīshēng? — **A:** Wǒ xiǎng búyòng le. — **B:** Zhè (ge) xīngqī měi tiān (dōu) xià yǔ. Wǒ yě juéde hěn bù shūfu. — **A:** Míngtiān tiānqì zěnmeyàng? — **B:** Míngtiān kěnéng qíngtiān. — **A:** Shì ma? Nà tài hǎo le!

A: Nǐ xíguàn zhèr de gōngzuò ma? — **B:** Hái bú tài xíguàn. — **A:** Nǐ hǎoxiàng hěn lèi? — **B:** Shì, jīntiān shìqing tèbié duō. — **A:** Nǐ měi tiān zhème máng ma? — **B:** Bù, (wǒ) xīngqīyī hé xīngqīwǔ bǐjiào máng. — **A:** Nà nǐ zhōumò yīnggāi xiūxi xiūxi. — **B:** Duì, yīnggāi xiūxi xiūxi, dànshì... — **A:** Zěnme le? — **B:** Zhè ge zhōumò wǒ hái děi...

Lektion 12

4.

a) Kěxī tā bù dǒng Rìwén.
b) Méi xiǎng dào nǐ yě zài ZKES Gōngsī gōngzuò.
c) Tā zài nàr kàn dào yīxiē yǒumíng de rén/míngrén.
d) Tā zài Zhōngguó hē guo yīxiē yǒumíng de chá/míngchá.

e) Wǒ zài Déguó hē hóngchá, zài Zhōngguó hē lǜchá.
f) Shūmàn xiānsheng hòutiān qù cānguān jīngjì zhǎnlǎnhuì.
g) Wǒmen děngyīhuìr qù mǎi dōngxi. Nǐ yě yīqǐ qù ma?
h) Wàn jīnglǐ yīhuìr jiù huílái.
i) Yàzhōu Gōngsī de rén míngtiān jiù dào.
j) Zúqiú bǐsài shénme shíhòu kāishǐ?
k) Nǐ xǐhuān yīnyuè jiémù háishì tǐyù jiémù?
l) Nǐ juéde Rìwén hǎo xué ma? — Bù hǎo xué. — Fǎwén ne? — Yě bù hǎo xué.
m) Zhèr yīzhí/jīngcháng/cónglái bù/hěn shǎo/yǒushí xià yǔ.

a) Kāfēi hé kělè wǒ dōu bù xǐhuān. Wǒ xǐhuān hē chá.
b) Tā zhǎo le bàn tiān, hái méi zhǎo dào nà zhāng zhàopiàn.
c) Wú xiānsheng míngtiān qù Shànghǎi cānjiā yī ge huìyì.
d) Zhè cì tā dǎsuàn cānjiā wǎngqiú bǐsài.
e) Lùshàng tā kàn dào yī ge yǐqián de tóngxué.
f) Tā zài huǒchē shàng cháng le Qīngdǎo píjiǔ hé Máotái.
g) Tā shuō tā kěyǐ zài fēijī shàng kàn bào.
h) Tā zìjǐ bù dǎ qiú, tā xǐhuān kàn qiú.
i) Wǒ jīntiān qù kàn le Sāngdé xiānsheng. Yīnwèi lùshàng chē tài duō, wǒ qù wǎn le. Sāngdé xiānsheng yībiān děng wǒ, yībiān kàn diànshì--zuótiān de wǎngqiú bǐsài. Tā gàosù wǒ, tā hěn xǐhuān kàn Bèikè'ěr de bǐsài.

5.

B: Ò, Kèlè xiānsheng lái le! Huānyíng, huānyíng, qǐng jìn. — **A:** Xièxie. — **B:** Qǐng zuò. Wǒmen zhèr hǎo zhǎo ma? — **A:** Hái kěyǐ. — **B:** Nǐ hē diǎn shénme? — **A:** Suíbiàn. — **B:** Hē diǎn chá zěnmeyàng? — **A:** Hǎo de. — **B:** Nǐ xǐhuān shénme chá? Hóngchá háishì lǜchá? — **A:** Wǒ zài Déguó jīngcháng hē hóngchá. Zhèr wǒ gèng xǐhuān hē lǜchá. — **B:** Nà hǎo, wǒ qǐng nǐ hē Hángzhōu de míngchá.

A: Nǐ xǐhuān shénme tǐyù? — **B:** Wǒ? Wǒ xǐhuān dǎ/tī X-qiú. Wǒ jīngcháng dǎ/tī X-qiú. — **A:** Nǐ hái xǐhuān shénme? — **B:** Y hé Z. Nǐ ne? — **A:** Wǒ bǐjiào xǐhuān X. — **B:** Nǐ zìjǐ tī/dǎ X-qiú ma? — **A:** Wǒ yǐqián tī/dǎ X-qiú. Xiànzài bù tī/dǎ le. — **B:** Xiànzài nǐ jīngcháng kàn X bǐsài ba?

Lektion 13

4.

a) Xiǎo Wàn Guǎngdōnghuà shuō de bǐjiào màn.
b) Tā nǚ'ér chī de bǐjiào hǎo.
c) Xiǎo Liú de Yīngyǔ bǐ Xiǎo Zhāng de hǎo.
d) Méi xiǎng dào tā Déwén shuō de búcuò.

e) Wǒ huì shuō Zhōngwén, dànshì bú huì xiě.
f) Nǐ huì kāi chē ma?
g) (Nǐ) hái yǒu wèntí ma?
h) (Nǐ) hái yǒu biéde wèntí ma?
i) «Fùjìn» shì shénme yìsi?
j) Néng bu néng yòng yīxià nǐ de chē?
k) Nín yǒu Dé-Hàn cídiǎn ma? Wǒ xiǎng kàn yīxià.
l) Zhè běn shū wǒ jīntiān jiè, míngtiān huán.
m) Nǐ zài xiě shénme? — Wǒ zài jì yī ge cí.
n) Zhè ge zì xiě cuò le.

a) Tā wèn le yī ge wèntí.
b) Tā nǚ'ér hěn xǐhuān wèn wèntí.
c) Nǐ néng bu néng jiěshì yīxià zhè ge zì de yìsi?
d) Shūmàn Yīngwén shuō de bǐjiào màn, Lǎo Wáng hái tīng bù dǒng.
e) Duìbuqǐ, néng bu néng bāng(zhù) wǒ yīxià?
f) Zāogāo, wǒ wàng le dài jīntiān de bàozhǐ.
g) Wǒ zài xué Hànyǔ, xué le sān ge yuè zuǒyòu, huì shuō yīdiǎn, dànshì hái bú rènshi Hànzì. Wǒ péngyǒu dōu shuō wǒ xué de hěn kuài, shuō de yě búcuò, dànshì wǒ juéde wǒ de Hànyǔ hái bú tài hǎo.

5.

A: Nǐ shuō Hànyǔ ma? — **B:** Huì shuō yīdiǎn. — **A:** Nǐ Hànyǔ xué le duō jiǔ le? — **B:** X zuǒyòu. — **A:** Shénme? Zhǐ xué le X? — **B:** Duì. — **A:** Nǐ shuō de búcuò. — **B:** Shì ma? Wǒ juéde wǒ de Hànyǔ hái bú tài hǎo. — **A:** Hànyǔ nán ma? — **B:** Hànzì bǐjiào nán (xué). — **A:** Nǐ rènshi duōshǎo Hànzì? — **B:** Wǒ zhǐ huì xiě jǐ gè Hànzì hé wǒ de míngzì.

A: Nǐ yǒu Yīng-Hàn cídiǎn ma? — **B:** Yǒu, nǐ yào yòng ma? — **A:** Wǒ xiǎng jiè yīxià, xíng ma? — **B:** Xíng, nǐ néng bu néng míngtiān huán wǒ? — **A:** Kěyǐ. Shùnbiàn wèn yīxià, «Umgangssprache» Zhōngwén zěnme shuō? — **B:** «Kǒuyǔ». — **A:** «Üben» ne? — **B:** Zhōngwén kěyǐ shuō «liànxí». — **A:** Nà néng bu néng shuō «wǒ liànxí kǒuyǔ»? — **B:** Duì, nǐ shuō de hěn hǎo. — **A:** Nǐ yǒu zhǐ hé bǐ ma? — **B:** Yǒu, zài zhèr. — **A:** Xièxie, wǒ jì yīxià.

Lektion 14

4.
a) Fùjìn yǒu yī ge mài qìchē de shāngdiàn.
b) Dǎ diànhuà de rén shì Xiǎo Wàn.
c) Wǒ jiè de (nà běn) shū búcuò.
d) Nàxiē bù hē jiǔ de rén hē chá./Nàxiē hē chá de rén bù hē jiǔ.
e) Tā kàn de diànyǐng jiào «Chūntiān».

5.

a) Nǐ dǎsuàn zài Xiānggǎng zhù jǐ tiān? Zhù zài nǎr?
b) Qǐngwèn, zhè zhāng biǎo zěnme tián?
c) Wǒ yīnggāi zài nǎr qiān zì?
d) Wǒ kěyǐ zài zhèr chōu yān ma?/Zhèr kěyǐ chōu yān ma? — Bù xíng.
e) Jīntiān hěn lěng, yóuyǒng de rén bù duō.
f) Zhè ge shāngdiàn hěn dà, dànshì qù de rén hěn shǎo.
g) «Diànyǐngyuàn» shì kàn diànyǐng de dìfang.
h) Nàr yǒu bù shǎo hē jiǔ de rén.
i) Nàxiē dōu shì cānjiā bǐsài de rén.
j) Tā mǎi de chē wǒ bù xǐhuān.
k) Tā yào de bàozhǐ zài zhèr.
l) Wǒ yào zhǎo de rén bú shì tā./Tā bú shì wǒ yào zhǎo de rén.
m) Wǒmen zuótiān kàn de diànyǐng jiào «Gōngsī».
n) Tā shì shénme shíhòu dào de? — Zuótiān wǎnshàng dào de.
o) Nǐ shì zài nǎr yóuyǒng de? — Zài dàxué.
p) Tāmen shì zěnme qù de? — Zuò fēijī qù de.
q) Nǐ shì shénme shíhòu qù Ruìshì de? — Jiǔ líng nián xiàtiān.
r) Nǐ shì zài nǎr xué Yīngwén de? — Zài Lúndūn xué de.
s) Tā shì zěnme xiě de? — (Tā shì) yòng diànnǎo xiě de.

a) Wǒ zuì xǐhuān chī wǒ māma zuò de fàn.
b) Zhè shì shéi jiè de shū? — Wǒ jiè de.
c) Tā mǎi de dōngxi dōu hěn guì.
d) Zhè zhǒng diànnǎo búcuò, dànshì tài guì le. — Suǒyǐ kàn de rén (hěn) duō, mǎi de rén bù duō.
e) Tāmen bú shì zài fàndiàn chī de, shì zài tóngshì de jiā chī de.
f) Tā jīntiān bìng le, suǒyǐ wǒ zìjǐ kāi chē.
g) Wǒ xīngqīyī yùdìng le liǎng zhāng jīpiào, jīntiān qù qǔ jīpiào. Wǒmen de fēijī shì CA 1502 hángbān, shí hào wǎnshàng bā diǎn fēi wǎng Shànghǎi. Liǎng zhāng jīpiào yīgòng sānqiān yībǎi kuài. Wǒ yòng xìnyòngkǎ fù qián.

6.

A: Nín hǎo! — **B:** Nín hǎo! — **A:** Qǐngwèn, nǐmen hái yǒu fángjiān ma? — **B:** Nín yǒu méi yǒu yùdìng guo? — **A:** Méiyǒu. — **B:** Nǐ-men jǐ ge rén? — **A:** Liǎng ge. — **B:** Wǒ kànkan... Shuāngrén fáng-jiān dōu mǎn le, yào bu yào dānrén fángjiān? — **A:** Yào (de). — **B:** Nǐmen zhù jǐ ge wǎnshàng? — **A:** X gè wǎnshàng. — **B:** Qǐng (xiān) tián yīxià biǎo. — **A:** Hǎo. — **B:** Nǐmen zhù Y hào hé Z hào fángjiān, zhè shì (fángjiān) yàoshi. Cāntīng zài nàr. — **A:** Xièxie.

A: Nǐ hǎo, wǒ xiǎng yùdìng liǎng zhāng jīpiào. — **B:** Nǐ yào qù nǎr? — **A:** Wǒ xiǎng jiǔ hào qù xī'ān. — **B:** Wǒ kànkan... Jiǔ hào xiàwǔ de hángbān dōu mǎn le. — **A:** Yǒu wǎnshàng de ma? — **B:** Yǒu. —

A: (Wǎnshàng de hángbān shì) jǐ diǎn de? — **B:** X diǎn de, shì Y hángbān. — **A:** Hǎo, yīgòng duōshǎo qián? — **B:** Yīgòng Z. — **A:** Wǒ qī hào xiàwǔ lái qǔ, xíng ma? — **B:** Kěyǐ. — **A:** Xièxie, zàijiàn. — **B:** Zàijiàn.

Lektion 15

4.

a) (Nǐ) néng bu néng mǎshàng gàosù tāmen?
b) (Nín) néng bu néng mǎshàng qǐng tāmen lái?
c) Zhèyàng xiě duì ma? — Duì. / Bú duì.
d) Zhèyàng xiě kěyǐ ma? — Kěyǐ./Bú tài hǎo.
e) Nǐmen shāngdiàn yǒu mei yǒu zhèyàng de yīfu?
f) Tā jiào wǒ qù yīxià.
g) Fùyìnjī huài le, wǒ jiào Lǎo Wáng lái kànkan.
h) Zhè ge fàndiàn jǐ diǎn guān mén? — Wǎnshàng shí'èr diǎn.
i) Qǐng shùnbiàn mǎi liǎng píng píjiǔ.
j) Wǒ xiǎng shùnbiàn qù kànkan tāmen.
k) Nǐ de qián gòu bu gòu? — Gòu le, xièxie.
l) Wǒ xiǎng huàn xiē língqián. — Hěn bàoqiàn, wǒ méiyǒu língqián.
m) Qǐngwèn, fùjìn nǎr kěyǐ huàn Měiyuán?
n) Wǒ xiǎng yòng lǚxíng zhīpiào huàn RMB.
o) Tā xiǎng yòng Mǎkè huàn RMB.
p) Jīntiān de páijià shì duōshǎo?
q) Jīntiān Mǎkè de páijià shì duōshǎo?
r) Tīngshuō tā yòu qù Xiānggǎng le.
s) Wǒ míngnián zài qù Bólín.

a) A: Tā jiào nǐ qù tā nàr.
B: Shéi jiào wǒ?
A: Lǎo Lǐ (jiào nǐ).
B: Shénme shì?
A: 1) Tā jiào nǐ qù tā nàr yīxià.
2) Tā jiào nǐ bāng(zhù) tā yīxià.

b) A: Bàngōngshì de fùyìnjī huài le.
B: Shénme? Yòu huài le?! Nǎr huài le?
A: Wǒ yě bù zhīdào.
B: 1) Nà zài qǐng tāmen lái xiū yīxià.
2) Kànlái wǒmen děi mǎi yī ge xīn de.
3) Nà nǐ xiān qù èr lóu fùyìn yīxià.

c) A: Nín de hùzhào zài ma?
B: 1) Jīntiān wǒ méiyǒu dài hùzhào. Yòng wǒ de jiàshǐ zhízhào xíng ma?
2) Ò, jīntiān wǒ méiyǒu dài hùzhào. Yòng wǒ de gōngzuòzhèng xíng ma?

3) Ò, jīntiān wǒ wàng le dài hùzhào. Yòng wǒ de shēnfènzhèng xíng ma?
A: Xíng./Kěyǐ.

d) Zhè gè zì yòu xiě cuò le. — Nà wǒ zài xiě yī biàn.

e) Wǒmen de chuánzhēnjī huài le, (suǒyǐ) wǒ děi qù yóujú fā chuánzhēn. Kèlè xiānsheng yào wǒ shùnbiàn jì yīxiē guàhàoxìn. Wǒmen yǒu yīxiē yóupiào, dànshì hái bú gòu. Wǒ hái děi mǎi yīxiē yóupiào.

5.

A: Zhè fèn wénjiàn qǐng nǐ zài fùyìn X fèn. — **B:** Bàngōngshì de fùyìnjī huài le. — **A:** Shénme? Yòu huài le? — **B:** Wǒ yǐjīng jiào xiūlǐgōng le. — **A:** Tāmen shénme shíhòu lái? — **B:** Dàgài Y lái. Wǒ xiān qù biéde dìfang fùyìn. — **A:** Hǎo, āi, nǐ nàxiē guàhàoxìn jì le ma? — **B:** Jì le. — **A:** Zhèr hái yǒu liǎng fēng (xìn), néng bu néng mǎshàng jì yīxià? — **B:** Hǎo, yě jì guàhào(xìn) ma? — **A:** Duì, dōu jì guàhào(xìn).

A: Qǐngwèn, fùjìn nǎr kěyǐ huàn Rénmínbì? — **B:** Qiánbiān yǒu yī gè yínháng, nǐ kěyǐ zài nàr huàn. — **A:** Wǒ xiǎng yòng Měiyuán huàn (xiē) Rénmínbì. — **C:** Nǐ yào huàn duōshǎo? — **A:** Wǒ yào huàn X-bǎi Měiyuán. Jīntiān de páijià shì duōshǎo? — **C:** Jīntiān de páijià shì 1: Y. — **A:** Zhè shì X-bǎi Měiyuán. Néng bu néng gěi wǒ xiē língqián? — **C:** Xíng, zhè shì Z Rénmínbì, qǐng diǎn yīxià. — A: Xièxie.

Lektion 16

4.

a) Shéi gěi shéi dǎ diànhuà?
b) Nǐ gěi shéi xiě xìn? — Gěi wǒ de Ruìshì péngyǒu xiě xìn.
c) Zhè fēng xìn wǒ zài kàn yī biàn.
d) Wǒ péngyǒu zuìjìn méiyǒu chū chāi.
e) Wǒ jīntiān gāng kàn dào zhè ge guǎnggào.
f) Diànyǐng shénme shíhòu kāishǐ? — Gāng kāishǐ.
g) Jīnglǐ huìyì gāng jiéshù.
h) Míngtiān huì bu huì xià yǔ? — Míngtiān bú huì xià yǔ.
i) Nǐ huì bu huì yòng zhè zhǒng jìsuànjī? — Wǒ bú tài huì yòng zhè zhǒng jìsuànjī.
j) Wǒ de Déwén bú tài hǎo, nǐ néng bu néng màn diǎn shuō?
k) Qǐng nǐ màn diǎn xiě.
l) Tā gàosù wǒ, tā liǎng tiān yǐhòu zài lái.
m) Nǐ yī (ge) xiǎoshí yǐqián zài nǎr? — Zài lǚguǎn kàn diànshì.

a) Tā wǎnshàng qī diǎn yǐqián (hé) shí diǎn yǐhòu bú zài jiā.
b) Tā xià bān yǐhòu jīngcháng hē jiǔ.
c) Nǐ shuō tā míngtiān huì huílái ma? — Wǒ yé bù zhīdào./Wǒ yě bú tài qīngchǔ.

d) Wǒ gěi nǐ xiě guo sān fēng xìn, dànshì nǐ méiyǒu gěi wǒ dǎ guo diànhuà.
e) Qǐng nín jīntiān wǎnshàng liù diǎn yǐhòu shí diǎn yǐqián gěi tā dǎ diànhuà.
f) Zhè ge zì xiě cuò le — zhè ge diànhuà dǎ cuò le — dìzhǐ shuō cuò le — diànhuà hàomǎ jì cuò le — chuánzhēn fā cuò le — dìzhǐ dǎ cuò le
g) Wǒ gěi Wàn xiānsheng dǎ diànhuà, tā de tóngshì gàosù wǒ, tā zuìjìn chū chāi le. Tā bù qīngchǔ tā shénme shíhòu huílái. Wǒ qǐng tā gàosù Wàn xiānsheng, huílái yǐhòu gēn guǎnggàobù liánxì yīxià.

5.

B: Wèi. — **A:** Wèi, nǐ shì Tàipíngyáng Gōngsī ma? — **B:** Shì de. — **A:** Qǐng zhuǎn 5 (hào) fēnjī... Wèi, nǐ shì X-bù ma? — **C:** Wǒ shì X-bù. — **A:** Lǐ xiānsheng zài ma? — **C:** Lǐ xiānsheng gāng chūqù. — **A:** Tā shénme shíhòu huílái? — **C:** Wǒ yě bù zhīdào./Wǒ bú tài qīngchǔ. Yǒu shénme shì? — **A:** Nǐ néng bu néng gàosù tā, qǐng tā míngtiān lái wǒmen gōngsī cānjiā yī gè huì(yì). — **C:** Hǎo, tā huílái yǐhòu wǒ mǎshàng gàosù tā.

B: Wèi. — **A:** Wèi, Lǎo Liú. — **B:** Nǐ shì Xiǎo Zhāng ba? — **A:** Duì, hǎo jiǔ bú jiàn le, jìnlái zěnmeyàng? — **B:** Hái kěyǐ, nǐ ne? — **A:** Lǎoyàngzi. — **B:** Tīngshuō nǐ zuìjìn jīngcháng chū chāi? — **A:** Duì, zuìjìn bǐjiào máng, míngtiān hé hòutiān wǒ xiūjià. — **B:** Shì ma? Nǐ dǎsuàn zuò shénme? — **A:** Wǒ hái méiyǒu dǎsuàn...

Lektion 17

4.

a) Tā jīnnián cái shí suì.
b) Tā jīnnián yǐjīng shí suì le.
c) Xīwàng nǐ zài lái wǒmen zhèr zuòkè.
d) Tā méiyǒu jīhuì qù Zhōngguó xué Hànyǔ.
e) Yàoshì nǐ bú qù, wǒ yě bú qù.
f) Shíjiān bù zǎo le, wǒ děi (qù) shàng bān le.
g) Zuìjìn tā méiyǒu jīhuì qù Xiānggǎng.
h) Xīwàng wǒmen míngnián néng zài Bólín jiànmiàn.
i) (Qǐng) wèn Zhāng nǚshì hǎo.
j) Yàoshì nǐ yǒu kòng, huānyíng nǐ lái wǒ jiā zuòkè.
k) Zhù nǐ shēngrì kuàilè.
l) (Wǒ) sòng nǐ yī ge xiǎo dōngxi.
m) Huānyíng nǐ zài lái zuòkè.
n) Wǒ míngtiān yīdìng gěi tā dǎ diànhuà.
o) Wǒ xiǎng zhè ge xīn diànyǐng yīdìng hěn yǒu yìsi.

a) Tā yǐjīng (chī) bǎo le, wǒ hái hěn è.
b) Xīwàng nǐ néng hé tā liánxì yīxià.
c) Nǐ yǒu mei yǒu jīhuì cānjiā zhè cì bǐsài.

d) Wǒ lái Zhōngguó yǐjīng shí tiān le. — Shénme? Cái shí tiān?
e) Yàoshì míngtiān bú xià yǔ, wǒmen kěyǐ qù nàr.
f) Yàoshì nǐ míngtiān bú kàn diànyǐng, qǐng xiān gàosù tā.
g) Wǒ huí dào Běijīng yǐhòu, yīdìng gěi nǐ dǎ diànhuà.
h) Běijīng de dōngtiān yīdìng hěn lěng, shì ma?
i) Wǒ lái Zhōngguó yǐjīng yī ge yuè le, dǎsuàn xià (ge) xīngqī huí guó. Wǒ xīwàng yǐhòu néng yǒu jīhuì zài lái. Míngnián Wáng xiānsheng yào lái wǒmen gōngsī cānguān, wǒ hěn gāoxìng wǒmen néng zài Sītújiātè jiànmiàn.

5.

A: Xiànzài jǐ diǎn le? — **B:** Xiànzài shí'èr diǎn bàn. — **A:** Shíjiān bù zǎo le, wǒ děi zǒu le. — **B:** Nǐ yǒu shì ma? — **A:** Duì, wǒ xiàwǔ hái děi... — **B:** Nà wǒ bù liú nǐ le.

A: Fēicháng gǎnxiè nǐ/nǐmen de zhāodài. — **B:** Nǐ tài kèqi le. — **A:** Zhè ge xiǎo lǐwù qǐng shōu xià. — **B:** Xièxie, huānyíng nǐ yǐhòu zài lái. — **A:** Wǒ yīdìng lái. Qǐng wèn X hǎo. — **B:** Hǎo, zhù nǐ yílù píng'ān. — **A:** Wǒ zhù nǐ yīqiè shùnlì.

第一课

对话 1:

A: 您好！

B: 您好！

A: 请问，您是王经理吗？

B: 是,我是王路。您是…？

A: 我是舒曼。

B: 哦，您是舒曼先生。欢迎，请进。

A: 谢谢。

对话 2:

A: 你好吗？

B: 我很好，你呢？

A: 我也很好，谢谢。刘女士和胡先生好吗？

B: 他们都很好。胡先生现在是总经理。

A: 他现在很忙吗？

B: 他最近很忙。你呢？你也很忙吗？

A: 我？我不太忙。

第二课

对话 1:

A: 我介绍一下，这是我朋友李先生。这是奥迪公司的克勒先生。

B: 您好！我姓李,叫李刚。认识您很高兴。

C: 我也很高兴。

B: 这是我的名片。

C: 谢谢。"Gang Edward Li"，请问李先生，您是哪国人？

A: 李先生是泰国人。

对话 2:

A: 她的英语非常好。她叫什么名字？

B: 她叫佐藤燕玲，是我们公司的翻译。

A: 佐藤燕玲…,她是中国人还是日本人？

B: 她是中国人，她说汉语，英语和日语。

A: "佐藤燕玲"是日本名字吧？

B: 是，她爸爸是日本人，妈妈是中国人。

第三课

对话 1:

A: Helen, 电话簿在哪儿?

B: 在这儿。

A: 里边有亚洲公司的电话号码吗?

B: 有, 他们的电话是四五零一一二。

A: 他们的传真是多少?

B: 是四五零二一一。

对话 2:

A: 听说张小姐现在在天津工作。

B: 张小姐? 张小姐是谁?

A: 张丽佳, 你认识她, 她以前是汉堡大学的学生。

B: 哦, 丽佳! 你有她的地址吗?

A: 有。她家在天津五一路十号, 邮编是一零二六四五。

B: 你有没有她的电话?

A: 我只有她办公室的电话, 她家还没有电话。

第四课

对话 1:

A: 现在几点?

B: 现在一点半。

A: 你知道现在德国几点?

B: 现在我们这儿是下午一点半, 德国是早上六点半。

A: 德国现在是夏季时间。

B: 哦, 对, 对, 那儿应该是早上七点半。

对话 2:

A: 刘先生, 今天几号? 星期几?

B: 今天? 昨天星期二, 是我妹妹的生日。今天是十号, 星期三。

A: 不对, 你看, 今天是十一号, 星期三。

B: 这是去年的月历。

A: 是吗?

B: 这是今天的报纸, 一九九六年一月十日星期三。

A: 哦, 对不起。

B: 没关系。

第五课

对话 1:

B: 桑德先生，你找什么？
A: 我找上海地图，上海地图在哪儿？
B: 在那些书下。你什么时候去上海？
A: 下星期一去。我们有没有浦东特区地图？
B: 有，在桌上。
A: 在谁的桌上？
B: 在万工程师的桌上。
A: 这是中文地图，我们有没有英文地图？
B: 我们还没有英文地图。

对话 2:

A: 请问，办公楼在哪儿？
B: 您找办公楼？办公楼在前边。
A: 大概多远？
B: 大概二百米。您看，前边的高楼是三车间，办公楼在三车间后边。
A: 谢谢。
B: 不客气。
A: 顺便问一下，销售部在几楼？
B: 销售部不在办公楼，在五号楼二楼。

第六课

对话 1:

A: 你们的负责人什么时候到？
B: 他下午到。
A: 刘先生也来吗？
B: 他可能后天来。
A: 他们为什么不一起来？
B: 刘先生先要去参观工业展览会。
A: 他们打算在这儿待几天？
B: 两个星期左右。

对话 2:

B: 听说你同事想去南方旅游？
A: 对，他告诉我他想今年秋天去。
B: 他要去哪些地方？
A: 他先去绍兴，然后去大理。
B: 为什么不去大城市？
A: 他说他不喜欢大城市。
B: 因为那儿人太多，车太挤吧？
A: 对，所以他不想去大城市。

第七课

对话 1:

A: 太平洋公司在哪个方向？

B: 在东方机场附近。你坐地铁去还是开车去？

A: 坐地铁要多久？

B: 从你那儿到东方机场大概要二十分钟。

A: 那么我坐地铁去。

B: 哎，你什么时候回办公室？

A: 我想我下午可以回来。有什么事吗？

B: 明天下午两点有个会议。

对话 2:

A: 请问，去火车站怎么走？

B: 去火车站？你先坐 1 路电车到五一路下车。

A: 还要换车吗？

B: 要的。在那儿再换 202 路汽车。

A: 1 路车站离这儿远吗？

B: 不远，往前走一百米，就在红绿灯那儿。

A: 谢谢。

B: 哎，你为什么不坐 taxi？坐 taxi 比较方便。

A: 对，我可以坐 taxi 去。

第八课

对话 1:

B: 您好，您要买什么？

A: 我想买些胶卷，科达胶卷多少钱一个？

B: 二十一块五毛八一个。

A: 我要四个。

B: 还要别的吗？

A: 还要两个录像带，两个这种电池。

B: 很抱歉，我们这儿没有这种电池。您可以去别的商店问问。

A: 好，这些一共多少钱？

B: 一共二百十六块三毛二。

A: 这是二百二十块。请开一张发票。

B: 找您三块六毛八，请点一下。

对话 2:

B: 老外，买特价衣服吗？

A: 有没有便宜的丝绸领带？

B: 有，你喜欢什么颜色？

A: 这条深蓝的不错，请给我看看。

B: 这种领带一百七十块一条。

C: 一百七？太贵了。五十块一条卖不卖？

B: 五十块一条？不卖。八十块一条怎么样？

A: 也不便宜，算了，我们走吧。

C: 谢谢，再见。

B: 这些老外！

第九课

对话 1:

A: 你这个周末上班吗?

B: 我上到中午十二点。有事吗?

A: 我请你去四川饭店吃午饭。

B: 哦,非常抱歉,我下午有个约会。

A: 那么,星期天中午你有空吗?

B: 有,我们怎么见面?

A: 我十二点开车去接你。

B: 那太好了,我们星期天十二点见。

对话 2:

A: 小李,你在做什么?

B: 我正在写信。

A: 在想男朋友吧?你晚上有什么安排?

B: 想去看张艺谋的新电影。听说这个电影很有意思。

A: 我跟你一起去,好吗?

B: 好啊。

A: 几点的电影?

B: 这个电影不太长,从九点一刻开始,到十一点结束。

A: 好,我九点在电影院门口等你。

第十课

对话 1:

A: 我们坐这儿吧,这儿比那儿安静。

C: 你们好,你们想吃什么?请看菜单。

B: 对不起,我们看不懂菜单。你能不能介绍一下?

C: 我们这儿的特色是四川菜。

A: 有没有素的?我们不吃肉。

C: 有啊。要几个菜?

B: 来两个素的,一碗酸辣汤,汤不要太辣。

C: 要不要尝尝四川担担面?

B: 好,再来半斤担担面。

对话 2:

A: 你觉得青岛啤酒怎么样?

B: 味道不错。但是我更爱喝这儿的葡萄酒。

A: 你茅台酒尝过吗?

B: 没尝过。听说茅台是中国最有名的酒。

A: 对,我们今天尝尝茅台,怎么样?

B: 好啊。

A: 小姐,再来两杯茅台。

B: 来,为我们的合作干杯!

A/B: 干杯!

A: 小姐,请结帐吧。

第十一课

对话 1:

B: 鲍尔工程师，您好象感冒了？

A: 对，我有点不舒服。

B: 要不要去看看医生？

A: 谢谢，不用了，我自己带了药。

B: 看来，您不太习惯这儿的生活。

A: 对，我第一次来沈阳，还不太习惯。

B: 这儿比你们那儿冷吗？

A: 跟我们那儿一样冷，但是这儿每天下雪。

对话 2:

B: 罗德先生，你怎么了？生病了？

A: 没病，只是有点累。

B: 你每天这么忙。

A: 是啊,今天事情特别多。

B: 那你早点回家休息休息。

A: 没关系，我还得打两个电话。晚上的音乐会几点开始？

B: 你太累了,最好别去了。

A: 没事，听音乐也是一种休息。

第十二课

对话 1:

B: 好久不见了，近来怎么样？

A: 老样子。你身体好吗？

B: 也是老样子。我们这儿好找吗？

A: 还可以。路上我问了几个人。

B: 来，请坐。抽烟吗？

A: 不，谢谢，我不抽烟。

B: 喝点什么？咖啡还是可乐？

A: 随便。你爱人呢？

B: 他出去买东西了，等一会儿就回来。

A: 这是你女儿吧？今年多大了？

B: 她二十一岁，在大学学企业管理。

对话 2:

A: 桑德先生，对不起，我来晚了。

B: 没关系，我一边看电视，一边等你。

A: 你刚才在看什么节目？

B: 昨天的足球比赛。

A: 巴拉克也参加了吧？

B: 对，可惜他这次踢得不太好。

A: 没想到你是个足球迷。

B: 你喜欢什么体育？

A: 我经常跑步、游泳。

第十三课

对话 1:

A: 请问，这几个字是什么意思？

B: 意思是"质量最重要"。

A: 怎么发音？

B: "质量第一"。你在学汉语吧？学了多久了？

A: 只学了几个月。

B: 你中文学得很快，说得也不错！

A: 是吗?我觉得还不太好。

B: 你觉得汉语难吗？

A: 不太容易。我会说一点，但是还不会写汉字。

对话 2:

A: 糟糕，我忘了带词典。借一下这本词典，行吗？

B: 行，你用吧。

A: 谢谢,我等一会儿还你。

B: 哎,我有个问题:"Computer"中文怎么说？

A: "计算机"或者"电脑",两个都可以。

B: 你有笔吗？我记一下拼音。这样写对不对？

A: "chi"写错了。这儿应该是"ji"，不是"chi"。

B: 对, 对, 谢谢你的帮助。

第十四课

对话 1:

B: 晚上好！

A: 晚上好！我想要一个单人房间。

B: 您预订过没有？

A: 没有。你们还有空的吗?

B: 请等一下…,单人房间已经满了, 双人房间行吗?

A: 也行,我想住两个晚上。

B: 请填一下表。

A: 好。…好了。

B: 您的房间是505号, 这是钥匙，电梯在右边。

A: 谢谢。我可以用一下电话吗？

B: 可以。

对话 2:

A: 您好，我想取预订的机票。

B: 您贵姓？

A: 我姓桑德，叫蕾娜特·桑德。我预订的是18号去北京的机票。

B: 好, 请等一下, 我看看…，您是什么时候预订的？

A: 是星期一预订的。

B: 是CA1502号航班,18号11:40飞往北京？

A: 对，我用信用卡付钱，可以吗？

B: 可以，请在这儿签字。这是机票。

A: 谢谢。

第十五课

对话 1:

A: Helen，请打一下这份文件。

B: 好。…克勒先生，这样行吗？

A: 行，先复印一份。能不能马上发传真？

B: 我们的传真机坏了。

A: 什么？又坏了？那再请修理工来修一下。

B: 我已经叫过了。我先去对面的邮局发吧。

A: 好，顺便寄一下这些信，都寄挂号。

B: 我们还有些邮票吧？

A: 我看看…，一共二十几块，大概够了。

B: 要不要再买一些？

A: 好啊，再买二十张两毛的邮票。

对话 2:

A: 银行几点关门？

B: 六点关门。
（在银行）

A: 您好，我想用旅行支票换人民币。

C: 您要换多少？

A: 三百欧元。今天的牌价是多少？

C: 一比五点六七九。能不能看看您的护照？

A: 可以。

C: 请在这儿签字。

A: 好。能不能多给我点零钱？

C: 可以，这是一千七百零三块七毛四分人民币。

第十六课

对话 1:

B: 喂。

A: 喂，你是市场部吗？

B: 不是，你打错了。这儿是人事部。市场部的电话是11243187。

A: 对不起，我的中文不太好，能不能再说一遍？

B: 好，我慢点说，市场部的电话是11243187。

……………

C: 喂，你找谁？

A: 万惊雷先生在吗？

C: 请等一下。…万先生刚出去。你是哪里？

A: 我叫克勒，在长城宾馆202房间。我有急事找他。

C: 好，他回来以后，我让他给你打电话。

A: 谢谢，再见。

C: 再见。

对话 2:

A: 喂，东亚集团总机吗？请转17号分机。

B: 请等一下。…喂，现在占线，请等一会儿再打吧。

A: 喂，修理部吗？
C: 我是修理部，你找谁？
A: 我找刘建先生，我是广告部的。
C: 刘先生最近出差了。
A: 他今天会不会回来？
C: 我也不太清楚。有什么事吗？
A: 请他尽快跟广告部联系一下。
C: 好，他回来以后，我告诉他。
A: 麻烦你了。
C: 没关系。

第十七课

对话 1:

B: 再来点什么？
A: 够了，够了，谢谢，我已经吃饱了。时间不早了，我得走了。
B: 再坐一会儿吧，现在才十点。
A: 不坐了，明天早上我还要出差。
B: 是吗？那我不留你了。
A: 老张，谢谢你的热情招待。
B: 你太客气了。希望你有机会再来。
A: 要是你来北京，欢迎你来作客。
B: 我一定来看你。
A: 再见。
B: 再见。

对话 2:

A: 王厂长，非常感谢你们的热情邀请和招待。
B: 时间过得真快，你就要回国了。
A: 是啊，我来中国已经一个月了。
B: 送你一点小礼物，请收下。
A: 你太客气了。非常感谢。
B: 欢迎你有机会再来。
A: 我也希望我们能在斯图加特见面。
B: 请问施密特先生好。
A: 我一定转告。
B: 祝你一路平安。
A: 我祝你们工作顺利。

Chinesisches Wörterverzeichnis

Das Verzeichnis gibt an, in welcher Lektion ein Wort zum ersten Mal vorkommt. Einträge der «Neuen Wörter und Ausdrücke» sind fettgedruckt. Die nicht fettgedruckten Wörter sind in den jeweiligen Wortfeldern zu finden. Die Zahlen verweisen auf die Lektionen.

Z

Deutsches Wörterverzeichnis

Das Verzeichnis gibt an, in welcher Lektion ein Wort zum ersten Mal vorkommt. Einträge der «Neuen Wörter und Ausdrücke» sind fettgedruckt. Die nicht fettgedruckten Wörter sind in den jeweiligen Wortfeldern zu finden. Die Zahlen verweisen auf die Lektionen.

Paolo Padoan / Dorothee Dauber

Sino-Sudoku, Band 1

Chinesische Schriftzeichen spielend lernen

176 Seiten, broschiert, 12.80 EUR, ISBN 3-89657-451-5

Für Chinesischlernende sind die Schriftzeichen oft ein Hindernis. Beim «Sino-Sudoku» kann man sich jetzt auf spielerische Weise mit ihnen anfreunden: Die neun Sudoku-Kästchen werden nicht wie sonst mit Zahlen gefüllt, sondern mit Schriftzeichen, die einem gebräuchlichen Satz entstammen. Beim Rätseln, Ausfüllen und Wiederausradieren wird jedes Zeichen mehrmals geschrieben und unzählige Male gesucht, gelesen und verglichen - so prägen sich Schreibweise und Bedeutung leichter ein. *«...im wahrsten Sinne des Wortes spielend Chinesisch lernen...»* - going global Infodienst

In Vorbereitung:

Sino-Sudoku, Vol. 1

The fun, playful way to learn Chinese

Englische Fassung, ca. 180 Seiten, broschiert, Ca. 13 EUR, ISBN 3-89657-452-3, erscheint ca. 9/2008

Sino-Sudoku, Band 2

Chinesische Schriftzeichen spielend lernen

180 Seiten, broschiert, 12,80 EUR, ISBN 3-89657-453-1

Sino-Sudoku, Band 3

Die 99 meist gebrauchten chinesischen Schriftzeichen

The 99 most frequent Chinese characters

Zweisprachig Deutsch/Englisch, ca. 200 Seiten, br., ca. 13 EUR, ISBN 3-89657-459-0, erscheint ca. 11/2008

Yi Zhou / Marion Rath

sān rén xíng

Annas Sommer in Beijing

Ein einfacher Roman in chinesischen Schriftzeichen

72 Seiten, broschiert, 10 EUR, ISBN 3-89657-450-7

Anna, Sinologie-Studentin in Berlin, hat im Internet den Chinesen Zhang Jie, der in Peking lebt, kennengelernt und sich mit ihm angefreundet. In den Sommerferien fliegt sie nach Peking und verbringt einige Zeit bei Zhang Jie.

Ein authentischer Text, bei dem aber nicht jedes dritte Schriftzeichen nachgeschlagen werden muss. Mit vertiefenden Übungen.

Dehua Sun (Hg.)

Chinesisch macht Spaß

Leichte chinesische Lektüren

72 Seiten, br., illustriert, 10 EUR, ISBN 3-89657-447-7

Neun kurze und didaktisch aufbereitete Geschichten und eine Tierfabel schließen eine empfindliche Lücke bei den Lernmaterialien für Chinesisch. Die extrem einfachen illustrierten Texte basieren auf heiteren Alltagssituationen und Witzen, die in China im Umlauf sind. Sie werden in Pinyin-Umschrift und in chinesischen Kurzzeichen sowie in deutscher Übersetzung angeboten. Hinzu kommen Schreibübungen sowie das komplette Vokabular.

Thomas Klimaschewski

Praktisches Schreibübungsbuch Chinesisch

152 S., br., A4-Format, 19.80 EUR, ISBN 3-89657-448-5

Wer chinesische Schriftzeichen erlernen will, hat mit diesem Buch ein umfassendes und anschauliches Hilfsmittel zur Hand. Anfänger werden buchstäblich Strich für Strich angeleitet, chinesische Schriftzeichen zu kreieren. Aber auch Fortgeschrittene können mit Hilfe dieses Werkes ihre Sprachkenntnisse abrunden bzw. auffrischen. Neben 24 Grundstrichen und 80 Radikalen stellt das Buch 400 in Wortfelder geordnete Schriftzeichen dar.

Es ist so strukturiert, dass es die wichtigsten Informationen zu den einzelnen Strichen und Schriftzeichen mitliefert.

schmetterling verlag